Ästhetische Bildung zur Einführung

Iris Laner

Ästhetische Bildung zur Einführung

JUNIUS

Junius Verlag GmbH
Stresemannstraße 375
22761 Hamburg
www.junius-verlag.de

Umschlaggestaltung: Florian Zietz
Titelbild: © kallejipp/photocase.de
Satz: Junius Verlag GmbH
Printed in the EU 2024
ISBN 978-3-96060-300-9
2., überarbeitete Aufl. 2024

Bibliografische Information der Deutschen Nationalbibliothek
Die Deutsche Nationalbibliothek verzeichnet diese Publikation in der Deutschen Nationalbibliografie; detaillierte bibliografische Daten sind im Internet über http://dnb.dnb.de abrufbar.

Zur Einführung ...

... hat diese Taschenbuchreihe seit ihrer Gründung 1977 gedient. Zunächst als sozialistische Initiative gestartet, die philosophisches Wissen allgemein zugänglich machen und so den Marsch durch die Institutionen theoretisch ausrüsten sollte, wurden die Bände in den achtziger Jahren zu einem verlässlichen Leitfaden durch das Labyrinth der neuen Unübersichtlichkeit. Mit der Kombination von Wissensvermittlung und kritischer Analyse haben die Junius-Bände stilbildend gewirkt.

Seit den neunziger Jahren reformierten sich Teile der Geisteswissenschaften als Kulturwissenschaften und brachten neue Fächer und Schwerpunkte wie Medienwissenschaften, Wissenschaftsgeschichte oder Bildwissenschaften hervor. Auch im Verhältnis zu den Naturwissenschaften sahen sich die traditionellen Kernfächer der Geisteswissenschaften neuen Herausforderungen ausgesetzt. Diesen Veränderungen trug eine Neuausrichtung der Junius-Reihe Rechnung, die seit 2003 von der verstorbenen Cornelia Vismann und zwei der Unterzeichnenden (M.H. und D.T.) verantwortet wurde.

Ein Jahrzehnt später erweisen sich die Kulturwissenschaften eher als notwendige Erweiterung denn als Neubegründung der Geisteswissenschaften. In den Fokus sind neue, nicht zuletzt politik- und sozialwissenschaftliche Fragen gerückt, die sich produktiv mit den geistes- und kulturwissenschaftlichen Problemstellungen vermengt haben. So scheint eine erneute Inventur der Reihe sinnvoll, deren Aufgabe unverändert darin besteht, kompetent und anschaulich zu vermitteln, was kritisches Denken und Forschen jenseits naturwissenschaftlicher Zugänge heute zu leisten vermag.

Zur Einführung ist für Leute geschrieben, denen daran gelegen ist, sich über bekannte und manchmal weniger bekannte Autor(inn)en und Themen zu orientieren. Sie wollen klassische Fragen in neuem Licht und neue Forschungsfelder in gültiger Form dargestellt sehen.

Zur Einführung ist von Leuten geschrieben, die nicht nur einen souveränen Überblick geben, sondern ihren eigenen Standpunkt markieren. Vermittlung heißt nicht Verwässerung, Repräsentativität nicht Vollständigkeit. Die Autorinnen und Autoren der Reihe haben eine eigene Perspektive auf ihren Gegenstand, und ihre Handschrift ist in den einzelnen Bänden deutlich erkennbar.

Zur Einführung ist in der Hinsicht traditionell, dass es den Stärken des gedruckten Buchs – die Darstellung baut auf Übersichtlichkeit, Sorgfalt und reflexive Distanz, das Medium auf Handhabbarkeit und Haltbarkeit – auch in Zeiten liquider Netzpublikationen vertraut.

Zur Einführung bleibt seinem ursprünglichen Konzept treu, indem es die Zirkulation von Ideen, Erkenntnissen und Wissen befördert.

Michael Hagner
Ina Kerner
Dieter Thomä

Inhalt

Vorwort

Die Ankündigung einer Neuauflage provoziert das Nachdenken über die Dringlichkeit, ja, vielleicht sogar die Notwendigkeit von Ergänzungen, Korrekturen, Revisionen und Streichungen. Statt den Band in seinen einzelnen Abschnitten zu überarbeiten, Teile hie und da zu ergänzen, anders zu kontextualisieren oder auch schlichtweg zu kappen, habe ich mich dafür entschieden, mit dieser zweiten Auflage die ursprünglichen Ausführungen der ersten Auflage so zu belassen, wie sie vor nunmehr rund sechs Jahren niedergeschrieben wurden, und sie stattdessen durch das Hinzufügen einer Rahmung zu akzentuieren. Dieses Vorwort versucht im Aufspannen dieser Rahmung den Weg hin zu bestimmten Entscheidungen zu skizzieren, die die Dimension, Auswahl und Komposition der hier versammelten Positionen betreffen. Es bezieht sich insofern auf etwas, das meinen verschriftlichten Überlegungen vorausgegangen ist und sie während des Schreibprozesses begleitet hat. Der neu hinzugefügte Abschnitt im vierten Teil versucht komplementär hierzu einen Blick auf etwas zu werfen, das – möglicherweise – kommen wird. Er spricht über die Zukunft und die Bedeutung, die ästhetische Bildung für ein Nachdenken über und ein Umgehen mit Künftigem haben könnte. Die Rahmung der zweiten Auflage besteht also im Hinzufügen eines Auftakts und eines neuen Schlussworts. Sie soll einerseits als eine Metareflexion verständlich machen, von wo aus diese Einführung auf die Ästhetische Bildung als Thema blickt;

andererseits überlegt sie inhaltlich, wohin Ästhetische Bildung auf theoretischer Ebene gedacht werden könnte, um damit nicht zuletzt die Dringlichkeit ihrer praktischen Umsetzung zu benennen.

Der erste Aspekt des Rahmens reflektiert die Art und Weise, wie die Zusammenschau der im Folgenden dargestellten Positionen erfolgt ist: Einschluss und Ausschluss sind zwei Operationen, die jeden diskursiven Aushandlungsprozess, auch jenen des Versammelns von Stimmen unter dem Dach eines geteilten Themas, notwendigerweise begleiten. Ohne Einschluss wäre keine Abarbeitung an Bestehendem möglich, ohne Ausschluss könnte keine Fokussierung stattfinden, die es wiederum erlaubt, ein Thema, ein Phänomen, eine Sache oder ein Feld systematisch zu erschließen. Schon der Begriff »Erschließen« zeigt mit dem ihm inhärenten »Schließen« das Motiv der Grenzziehung und einer damit verbundenen Abschottung an. Theorien, im ursprünglichen Verständnis des altgriechischen *theoria* als Anschauungen aufgefasst, perspektivieren Wirklichkeit von einem bestimmten Punkt aus und mit bestimmten (Voraus-)Setzungen versehen. Ausdruck dieser Perspektivierung ist die Summe an Aussagen, die sie über diese Wirklichkeit tätigen. Durch den spezifischen Anschauungspunkt, der eine Theorie als *theoria* bestimmt, treten gewisse Aspekte in den Fokus der Betrachtung, andere wiederum geraten aus dem Blick. Theoretisches Erschließen geht in ihrer Weise des Betrachtens in die Tiefe, um aber überhaupt zum Tiefgang ansetzen zu können, müssen Entscheidungen getroffen, Auswahlen vollzogen werden. Ähnlich verhält es sich mit einer einführenden Systematisierung von Theorien, wie sie in diesem Band unternommen wird. Systematisierungen werden in der Absicht vollzogen, die Motive einzelner Entscheidungs- und Auswahlprozesse zu benennen, um sie mit Blick auf ein geteiltes Anliegen in Beziehung zueinander setzen zu können. Gleichzeitig müssen dazu aber selbst Entscheidungen getroffen und Auswahlen vollzogen werden. Eine vermeintliche Vollständigkeit, die einer Einführung als Ideal angetragen werden könnte, muss daher von Anfang an mit einem Fragezeichen versehen werden, weil sie den Prozess des Sich-Abarbeitens, Vergleichens und letztlich eben Systematisierens von Positionen nicht ernsthaft mitbedenken kann. Diskursive Aushandlungen sind immer von Ein- und Ausschlüssen geprägt, auch dort, wo eine Zusammenschau gesucht und ein Überblick vermittelt werden soll.

Aufgrund dieser notwendigen, aber gleichzeitig stets problematischen Zweischneidigkeit diskursiver Aushandlungen möchte ich dieser Einführung eine kurze Erklärung voranstellen, die, bei Bedarf, auch als Leseanleitung fungieren kann. Die thematischen Schwerpunktsetzungen in den folgenden vier Kapiteln rücken zum Zwecke einer Systematisierung von *Theorien* der Ästhetischen Bildung einzelne Diskurse in den Vordergrund, drängen manche Diskussionen an den Rand und schließen viele andere aus. Das Voranstellen einer Besinnung auf die diskursiven Spannungsfelder, vor deren Hintergrund sich meine Darstellungen verstehen lassen, scheinen mir sinnvoll, um jene Ein- und manche Ausschlüsse anzudeuten, die meine einführenden Darstellungen bestimmen.

Diese Einführung besinnt sich schwerpunktmäßig auf Positionen aus der westlichen Philosophie. Verstehen lässt sich diese Setzung aus den ideengeschichtlichen Prägungen, die in einer Vielzahl an Positionen im Diskurs rund um Ästhetische Bildung im deutschsprachigen Raum ablesbar sind. Dieser Diskurs ist vielfältig, wird von mehreren Disziplinen bespielt und wirkt in bildungspolitische wie auch bildungspraktische Räume hinein. Ästhetische Bildung wird als für die Sportwissenschaften ebenso wie für Erziehungswissenschaften, für die Ethnografie, für die Soziologie oder für die unterschiedlichsten Didaktiken relevantes Konzept verhandelt. Die Vielfalt der Disziplinen, die sich für die Ästhetische Bildung interessieren und über sie nachdenken, wird auf den folgenden Seiten nur beizeiten angedeutet, wenn auf Bezüge verwiesen wird, die über das Feld der Ästhetik hinausgehen.

Meine Darstellungen wollen unterschiedliche Schwerpunktsetzungen in etablierten Diskussionen durch den Blick auf philosophische Ideen und Konzepte unterfüttern und hinsichtlich ihrer Implikationen und Hintergründe verständlich machen. An manchen Stellen schien mir neben diesem Versammeln einflussreicher, für den westlichen Denkraum relevanter und damit durchaus dominanter Diskurse die Öffnung für andere Positionierungen allerdings unabdingbar. Daher finden sich bisweilen auch Stimmen, die als Alternativen zu den prägenden Theorien hierzulande verstanden werden können. In der Philosophie zeigen sich nämlich, ebenso wie in den anderen für die Diskussion über Ästhetische Bildung besonders naheliegenden disziplinären Feldern, problematische Tendenzen einer Bevorzugung bestimmter Sprechweisen ebenso wie bestimmter theoretischer (Voraus-) Setzungen. Solche Bevorzugungen sind auffallend oft mit privilegierenden Exklusionen verbunden, wenn ästhetische Phänomene mit Bezug zu Kunst und Kultur im Fokus stehen. Im Hintergrund meiner Auseinandersetzung verbindet sich so das Versammeln, Gegenüberstellen und thematische Engführen, das die Wichtigkeit des Systematisierens zum Durchdringen und Begreifen von Diskursen anerkennt, mit einem Problematisieren, das sich der epistemischen Gewalt und Ungerechtigkeit der wissenschaftlichen (Fricker 2007), aber auch der sozialen Realität (Spivak 1999) bewusst ist. Während ich mich also einerseits im Gros dieser Einführung um eine systematische Darstellung von Positionen bemühe, die die Unterschiede und die Fokussierungen von unterschiedlichen Schwerpunktsetzungen im etablierten Nachdenken über Ästhetische Bildung stark macht, versuche ich andererseits an neuralgischen Punkten durch kritische Hinweise auf die Notwendigkeit von Korrektiven zu dieser Systematik hinzuweisen. Ein zumindest punktuelles Relativieren und Korrigieren scheint gerade mit Blick auf das Ästhetische angebracht, da eine Diskussion ästhetischer Phänomene, Dimensionen, Haltungen, Erfahrungen und Artefakte auffallend oft Hand in Hand mit Abgrenzungen und Privilegierungen geht (vgl. Nochlin 1988, Kernbauer 2011, Gikandi 2014, Mörsch 2019). Nicht nur ästhetische Praktiken, sondern auch diskursive Aushandlungsprozesse und Urteile über Ästhetisches sind nicht selten wenigen Auserwählten oder Glücklichen vorbehalten, wie schon Alexander G. Baumgartens Rede vom *felix aestheticus* im 18. Jahrhundert nahelegt (vgl. Gross 2001). Inwiefern sowohl der Zugang zu als auch die Auseinandersetzung mit ästhetischen Artefakten immer noch einer Elite vorbehalten ist (vgl. Bourdieu 1987, Bourdieu/Darbel 2006) oder vielleicht sogar bleiben sollte (vgl. Goodman 1976), wird im 20. und 21. Jahrhundert verstärkt diskutiert. Trotz einer wachsenden Skepsis gegenüber oder zumindest dem Versuch einer Begründung der in der Realität so rar anzutreffenden Figur wie dem *felix aestheticus* steht aber der Verdacht weiterhin im Raum, dass gerade weil sich das Ästhetische vom Alltäglichen abgrenzt, diesem eine besondere Zeit und ein besonderer Raum, verbunden mit den entsprechenden Privilegien, diese zur Verfügung und zu diesem Zugang zu haben, entsprechen müssen.

Wenn das Ästhetische im Wechselspiel mit Bildung zum Thema wird und als Diskurs-, Wirkungs- und Handlungsfeld in den Fokus der Auseinandersetzung tritt, ist es wichtig, jene Aushandlungsprozesse und Machtverhältnisse mit zu bedenken, die die Zugänge zum Ästhetischen beschränken, ästhetische Praktiken für wenige reservieren und Reden ebenso wie Urteile über das Ästhetische regeln. Privilegien existieren dabei sowohl in Bezug auf den Zugang zu (höherer) Bildung (Rieger-Ladich 2022) wie auch in Bezug auf den Zugang zu (den Reden über) ästhetische(n) Artefakte(n). In vielen pädagogisch geprägten Diskussionen über das Bildungspotenzial des Ästhetischen tritt der Aspekt der Privilegierung als zu problematisierender interessanterweise kaum in den Vordergrund. Auch wenn Bildungsprivilegien und Bildungsgerechtigkeit einen beträchtlichen Teil des gegenwärtigen erziehungswissenschaftlichen Diskurses mitbestimmen, zeigt sich der pädagogische Blick auf Ästhetische Bildung davon überraschend unberührt. Dieser Ausschluss der Thematisierung der Machtverhältnisse, die den ästhetischen Raum als exklusiven prägen, mag mit der Konzentration auf die Erschließung der Intensität, Kraft und Andersartigkeit des ästhetischen Erfahrens und Handelns zusammenhängen. Diese nämlich schürt eine für den deutschsprachigen erziehungswissenschaftlichen Diskurs auffallende Hoffnung in das immense Bildungspotenzial des Ästhetischen, das im Aufbrechen und Umstürzen verfestigter Verhaltensweisen, Regeln, Normen und Ordnungen besteht (vgl. Laner 2022). Akademisch so einzuordnende Pädagog*innen zeigen sich in ihren Überlegungen zum Ästhetischen hoffnungsvoll, schwärmerisch, manchmal sogar utopisch, wenn sie etwa wie Yvonne Ehrenspeck den »Versprechungen des Ästhetischen« (Ehrenspeck 1998) nachspüren.

In den vier Kapiteln dieser Einführung tauchen erziehungswissenschaftliche Positionen an der ein oder anderen Stelle auf. Sie stehen aber nicht im Zentrum der Darstellungen in diesem Band. Nichtsdestotrotz sind ihre Gedanken aber im Hintergrund mancherorts spürbar, da sie für den Diskurs im deutschsprachigen Raum durch prägende Figuren – wie beispielsweise Klaus Mollenhauer, Michael Parmentier, Karl-Josef Pazzini oder Käte-Meyer Drawe – in über die Erziehungswissenschaften hinausreichenden Disziplinen Spuren hinterlassen haben. Ein weiterer, für die Ästhetische Bildung zentraler Diskurs, der auf den folgenden Seiten ebenfalls nur am Rande Betrachtung findet, ist jener der Kunstpädagogik und der Kunstvermittlung. Viele Überlegungen, gerade die praktische Relevanz Ästhetischer Bildung betreffend, finden sich in diesem Feld. Die Randstellung dieser Positionen im vorliegenden Band erklärt sich daraus, dass sowohl Kunstpädagogik als auch Kunstvermittlung als angewandte Disziplinen zwar viel Spannendes zum Diskurs beitragen, dass sie aber in den wenigsten Fällen selbst an einer Theoriebildung interessiert sind.[1] Die Orientierung an der Praxis vollzieht sich nicht selten mit dem Ziel der Problematisierung und Relativierung bestehender Denkmodelle. Allerdings kann die Übersetzung in theoretische Positionen in diesem Text nicht geleistet werden. Das Ziel dieser Einführung ist es daher dezidiert nicht, diese Diskurse einzubetten in ein systematisiertes diskursives Feld mit philosophischer Fundierung. Vielmehr will sie eine andere Ebene des Nachdenkens über die theoretischen Konzepte und Ideen der Ästhetischen Bildung einziehen, die in einen hoffentlich produktiven Dialog mit den angewandten Disziplinen treten kann.

1. Ästhetik und Bildung

Bilder, Literatur und Musik verstehend betrachten, beschreiben und selbst kreativ hervorbringen können – so könnte eine sehr allgemeine Definition der Ziele ästhetischer Bildung lauten.[2] Die Bilder der bildenden Künste, die Texte der literarischen Künste und die Stücke der musischen und darstellenden Künste zählen zum Bereich des Ästhetischen. Das Ästhetische wird – sowohl im alltäglichen Sprachgebrauch wie auch über weite Strecken im Fachdiskurs – als das Schöne und Anregende verstanden, als das, was um seiner selbst willen gefällt.[3] Ästhetische Dinge sind selbstgenügsam: Sie werden nicht aufgrund ihrer Funktion oder ihres praktischen Nutzens geschätzt, sondern aufgrund ihrer Erscheinung. Gefallen bzw. Nicht-Gefallen ist daher Maßstab für die ästhetische Qualität von Dingen.[4] Ästhetische Dinge haben ihren eigenen Sinn, der sich nicht in ihrem funktionellen oder praktischen Wert erschöpft. Wer ästhetischen Dingen frönt, widmet sich, idealiter, ganz der Sache, ihrer Erscheinung und ihrem Sinn. Ästhetisch gebildet ist folglich, wer – in der Rolle der Rezipientin – Bilder, Texte und Stücke als Sinngebilde um ihrer selbst willen betrachten kann, wer sie verstehen und entziffern kann. Ästhetisch gebildet ist aber auch, wer Bilder, Texte und Stücke hervorbringen kann, wer kreativ ist und ein Werk gestalten kann, das nicht nur von seinem Urheber als ansprechend und sinnhaft empfunden wird, sondern auch von anderen so aufgefasst werden kann.

Ästhetische Bildung ist als Schlagwort aus rezenten Bildungsdebatten kaum mehr wegzudenken. Unter verschiedenen Termini rubriziert – es wird über die Notwendigkeit kultureller Bildung, die auf eine kompetente Auseinandersetzung mit Kunst und Kultur abzielt, ebenso wie über die Irreduzibilität der Ausübung ästhetischer Praktiken und der Partizipation in ästhetischen Problemlösungsverfahren, aber auch über Kompetenzerwerb und Transfereffekte im Rahmen der Kunsterziehung diskutiert –, ist sie ein Sinnbild für ganzheitliche Erziehung und integrative Bildungsansätze. Ästhetische Bildung soll heute nicht mehr ein Privileg jener Eliten sein, die sich durch anerzogene Neigungen gern mit den Künsten beschäftigen und regelmäßig Kulturinstitutionen besuchen. Im Gegenteil soll sie jedem offenstehen und für jede greifbar sein. Ästhetische Bildung ist damit zu einem viel und durchaus kontrovers debattierten Thema geworden, an dem sich nicht nur Diskussionen über Wert und Reichweite von Kunst und Kultur neu, sondern auch Fragen über Bildungsgerechtigkeit paradigmatisch entzünden.

In Zeiten der sogenannten Kompetenzorientierung ist es wichtiger denn je, eine klare Bestimmung dessen vorzunehmen, worauf spezifische Bildungsprozesse abzielen, welches Know-how sie hervorbringen und inwiefern ebendieses Wissen als wertvoll und wichtig eingeschätzt wird (vgl. Burns & Klingstedt 1972, Hall 1976, Burke 1989, Rychen & Tiana 2004). Auch wenn nicht durchweg und bei Weitem nicht von allen Bildungspolitiken und -institutionen der Standpunkt vertreten wird, dass ästhetische Bildung, ästhetisches Wissen oder ästhetische Kompetenz für sich genommen erstrebenswert und für die Gesellschaft unverzichtbar wären, so herrscht doch in den allermeisten Kontexten die, wenn nicht ausdrückliche, dann zumindest stille Überzeugung, dass ästhetische Bildungsprozesse eine Verbesserung von nicht dezidiert ästhetischen Fertigkeiten mit sich bringen, die für viele wissenschaftliche, politische, soziale und auch ökonomische Zusammenhänge eine Rolle spielen. Eine Kernfrage, die in zahlreichen Diskussionen dabei immer wieder auftaucht, ist jene, ob ästhetische Bildung für die Ausbildung bestimmter nicht primär oder allein ästhetischer Kompetenzen, wie zum Beispiel für kreatives Denken und Handeln, notwendig ist (vgl. Bamford 2006, Rittelmeyer 2017). Eng an diese Gretchenfrage der ästhetischen Bildung ist die allgemeinere Frage nach dem gesellschaftlichen Wert und Nutzen von ästhetischen Werken und Praktiken, spezifischer von Kunst und Künsten, selbst geknüpft.

Dass das Verständnis des gesellschaftlichen Werts künstlerischer Artefakte und Praktiken mit der Problematisierung einer kulturellen Elite zusammenhängt, die nur wenige ein- und viele ausschließt, hat einen historisch gewachsenen Grund. Dem Traum von einer gerechten, weil allen zugänglichen und allen verfügbaren ganzheitlichen Bildung stehen die eingeschränkte Zugänglichkeit von Kunst und Kultur und die auf diese Weise begrenzte Möglichkeit ästhetischer Erfahrung und Praxis entgegen. Die Einsicht in ein über Jahrtausende praktiziertes Missverhältnis zwischen dem, was die Künste können sollen – nämlich die Menschen ansprechen und zum Fühlen und Denken, wenn nicht gar zum Handeln bewegen –, und dem, was sie de facto tun – nämlich zumeist nur eine privilegierte Elite erreichen, die die nötige Zeit, den Zugang zu den richtigen Räumen und die entsprechenden Mittel hat –, rückt die ästhetische Bildung ins Zentrum gerade jener Debatten, die in umfassender und ganzheitlicher Bildung eine Möglichkeit zur Entwicklung kompetenter und selbstbewusster Individuen wie auch zur Schaffung einer gerechteren Welt sehen. Nicht mehr nur das Kind aus gutem Hause, das Balletttanzen gelernt, privaten Musikunterricht genossen, den freien Zugang zur familiären Bibliothek genutzt und vom Kleinkindalter an regelmäßig Theater und Museen besucht hat, sondern auch jene mit weniger ererbten Möglichkeiten sollen die Chance bekommen, mit ästhetischen Erfahrungen vertraut zu werden und ästhetische Praktiken auszuüben. Ein aktuelles Vorzeigeprojekt des Deutschen Bundesministeriums für Bildung und Forschung ist beispielsweise die Initiative »Kultur macht stark. Bündnisse für Bildung«, das seit 2013 die Affinität Kinder und Jugendlicher aus den weniger privilegierten Bildungsschichten zu Kunst und Kultur gezielt fördern und damit ihre kulturell-ästhetische Kompetenz verbessern will. Mit dieser Förderung der kulturell-ästhetischen Kompetenz soll auch der schulische und später akademische, daran freilich eng gebunden der ökonomische Erfolg in greifbarere Nähe rücken. Ästhetische Bildung ist also ein Thema, an dem aktuelle Bildungspolitiken kaum vorbeikommen und zu dem sich auch jene Bildungsinstitutionen positionieren müssen, die nicht dezidiert mit ästhetischen Bildungsprozessen befasst sind. Selbst dann, wenn, wie in der seit einigen Jahren laufenden »Rethinking Education«-Initiative der Europäischen Kommission, ästhetische Bildung keine explizite Rolle spielt, wird doch versucht, mit unterschiedlichen Mitteln, wie etwa einem Fokus auf kulturelle Kompetenzen, jenes Feld, das paradigmatisch durch ästhetische Bildungsprozesse eröffnet wird, in das Bildungsprogramm zu integrieren.

Wenn man einen näheren Blick auf die unterschiedlichen Debatten wirft und die Rolle der ästhetischen Bildung in den jeweiligen Bildungssystemen verstehen will, taucht eine Reihe von Fragen auf, die durch die Curricula, Lehrpläne, Programme und Initiativen nicht direkt beantwortet werden: Was genau ist überhaupt unter ästhetischer Bildung zu verstehen? Inwiefern kann ästhetische Bildung als eine irreduzible, ja tragende Komponente von Bildung im Allgemeinen angesehen werden? Wie müssen ästhetische Bildungsprozesse verstanden werden, damit sie als Chance auf individuelle Entwicklung wie auch als Möglichkeit zur Durchbrechung ungerechter sozialer Verhältnisse gelten können? Und wie kann erreicht werden, dass gerade in Zeiten einer immer stärker auf ökonomisch nutzbare Kompetenzen abzielenden Erziehung die ästhetische Bildung nicht unter die Räder gerät?

Auf den folgenden Seiten sollen nicht nur Brisanz und Reichweite dieser Fragen erörtert, sondern auch unterschiedliche Antworten gesucht und gegeneinander abgewogen werden, und zwar indem das Nachdenken über ästhetische Bildung in der abendländischen Geistesgeschichte seit der griechischen Antike kursorisch nachvollzogen und systematisch geordnet wird.[5] Ich werde versuchen zu zeigen, dass die Theoriebildung in den vergangenen 2500 Jahren zwar entscheidende Wenden genommen, die Relevanz nicht-zeitgenössischer Theorien für ein zeitgemäßes Verständnis von ästhetischer Bildung sich dadurch aber nicht aufgelöst hat. Die Theorien ästhetischer Bildung, die hier vom platonischen und aristotelischen Denken über neuzeitliche Reflexionen bis hin zu jüngeren Diskussionen vorgestellt und erläutert werden, sind jeweils Ausdruck eines nicht zuletzt pädagogischen Zeitgeists, der immer auch sozialgeschichtlich bedingt ist. Obwohl die Theorien also Ausdruck ihrer Zeit sind, stellen sie weiterhin wichtige Impulse bereit, um Aufgaben, Ziele und Wert ästhetischer Bildung nicht nur oberflächlich zu benennen, sondern von Grund auf zu durchdringen. Das Verhältnis zwischen den zu einem bestimmten historischen Punkt und in einem bestimmten sozialen, politischen und ökonomischen Milieu herrschenden und gelebten Überzeugungen und der Theoriebildung ist für das Verständnis des Nachdenkens über ästhetische Bildung gerade dann wichtig, wenn die entstehenden Theorien auch als Kommentare zum Zeitgeschehen verstanden werden. Für eine erste Konzeption dessen, was ästhetische Bildung ist oder sein kann, ist es daher notwendig zu verstehen, was im Kontext von öffentlichen Diskussionen und Praktiken als Aufgabe, Ziel und Wert ästhetischer Bildung ins Spiel gebracht wird, wie auch zu sehen, wer überhaupt als das Subjekt ästhetischer Bildungsprozesse adressiert wird.

Nicht nur konkrete Bildungspraktiken sowie in öffentlichen Räumen oder gesellschaftlichen Institutionen entwickelte und ausgetragene Überzeugungen sind aber Orte der Aushandlung von Bedeutungen wie auch der Chancen und Probleme ästhetischer Bildungsprozesse. Es sind auch und gerade die deskriptiv wie auch normativ arbeitenden Theoretisierungsbewegungen, die sich an der Herausforderung abarbeiten, die die Künste im Speziellen und das Ästhetische allgemein an Erziehungs- und Bildungsfragen herantragen. Die Theorien ästhetischer Bildung stehen daher auch von jeher in einem besonderen Spannungsverhältnis zu institutionalisierten Überzeugungen.

1.1 Was ist ästhetische Bildung? Eine erste theoretische Annäherung

Ästhetische Bildung wird heute zumeist als Erweiterung des perzeptiven, emotionalen und kognitiven Erfahrungsspektrums definiert (vgl. Osborne 1970, Broudy 1977, Selle 1988, Smith/Simpson 1991, Peez 2008). In einem ästhetischen Sinne gebildet zu werden bedeutet demnach, mehr, bewusster und anders wahrzunehmen, zu fühlen und zu denken, als das in alltäglichen, normalisierten Weisen des Erfahrens der Fall ist. Durch eine Veränderung von Wahrnehmung, Fühlen und Denken kann sich die Einstellung zur Welt und zu sich selbst ändern. Erfährt man sich und seine eigene Wahrnehmung, sein eigenes Fühlen und Denken in oder als Folge von ästhetischen Erfahrungen als anders, so kann man von einem Bildungsprozess im starken Sinn des Wortes, nämlich von einem Prozess der (Selbst-)Transformation (vgl. Marotzki 1990, Kokemohr 2000, Koller 2012) sprechen. So verstanden kommt der ästhetischen Bildung im Kontext allgemeiner Bildungsdebatten ein mitunter programmatischer Anspruch zu, der alle Sparten der Bildung betrifft.

Sieht man sich jene neueren Denkansätze an, die gegenwärtige Bildungsprogramme und -initiativen unterfüttern, so wird man sich als Uneingeweihte eventuell wundern, was der ästhetischen Bildung so alles zugemutet wird: Ästhetische Bildung verbessert die perzeptiven Fertigkeiten und die Aufmerksamkeit, insofern sie auf einem besonders intensiven sinnlichen Erleben fußt. Sinnlich gesehen, geht in ästhetischen Erfahrungen eine neue Welt auf: Man sieht mehr, als man zuvor gesehen hat, man hört mehr, als man zuvor gehört hat. Man tastet, fühlt, schmeckt und riecht mehr, als man getastet, gefühlt, geschmeckt und gerochen hat, bevor man eine entsprechende ästhetische Erfahrung gemacht hat.[6] Darüber hinaus können sich die einzelnen Sinneseindrücke im Angesicht von ästhetischen Dingen auch so miteinander verzahnen, dass vom Aufgehen synästhetischer Erfahrungsräume gesprochen werden kann. Da die Erfahrungen, die ästhetische Bildungsprozesse auslösen, derart intensiv und einnehmend sind, steigern sie das emotionale Erleben und können hierin die Dringlichkeit befördern, sich mit den eigenen Gefühlen und denjenigen anderer näher auseinanderzusetzen. Gefühle, die oft nur als Begleiterscheinung von im Alltag gelebten Situationen empfunden werden, treten in den Vordergrund und lösen Bewegungen der Reflexion aus. Die Perspektivenübernahme und die Empathie, die zum Beispiel das mitlebende Lesen eines Romans, das Schauen eines Films oder das Verfolgen eines Theaterstücks verlangt, implizieren den Nachvollzug anderer, bisweilen vielleicht fremder und unbekannter Gefühle. Die Bereitschaft, sich in einen Protagonisten hineinzuversetzen, kann als Anlass für das Training des Empathievermögens verstanden werden. Doch das ist noch nicht alles: Da das ästhetische Erleben quer zum alltäglichen, normalisierten Erleben steht, eröffnet es einen alternativen Raum – den poetischen Raum der Dichtung, den fiktionalen Raum der Literatur, den diegetischen Raum des Films, den Bildraum der bildenden Kunst usw. –, der gedanklich erkundet werden und hierin positiven Einfluss auf kognitive Fähigkeiten haben kann. Eine andere Welt im Bild anzusehen oder sich in der Lektüre lesend zu erschließen bedeutet auch, sich in eine andere Welt einzudenken und so etwa den Unterschied zwischen einem tatsächlichen und einem fiktiven Szenario gedanklich durchzuspielen. Science-Fiction-Erzählungen entwerfen, so verstanden, nicht nur raffinierte, technisch ausgeklügelte Universen, sondern sie können auch dazu veranlassen, über Alternativen zum Bestehenden, über andere Ordnungen und Systeme nachzudenken, einen neuen Blick auf das Gegebene zu bekommen, zu vergleichen, abzuwägen, zu relativieren, zu kritisieren.

Im Angesicht der Vielfalt rezenter Diskussionen lässt sich die Frage stellen, ob es bestimmte Moden oder die technischen Entwicklungen unserer Zeit sind, die immer mehr ästhetische Räume schaffen (können), welche das Verstehen von Wert und Bedeutung ästhetischer Bildung motivieren. Oder ob es umgekehrt gerade die Existenz neuer Technologien und der durch sie entstehenden Praktiken sein könnte, die ein Nachdenken über ästhetische Bildung heute wichtiger macht denn je. So überzeugend das Argument für die zunehmende Ästhetisierung der Lebenswelt erscheinen und so verlockend der Gedanke sein mag, dass ästhetische Bildung gerade dann und dort notwendig ist, wo wir uns quasi unablässig in ästhetische Geschehnisse verstrickt finden, so gilt doch zu bedenken: Praktiken ästhetischer Bildung und der mit ihnen verbundene Diskurs sind keineswegs neu, nicht einmal modern. Im Gegenteil gehen sie weit in die abendländische Denkgeschichte zurück. Was genau aber kann aus diesen alten Theorien gewonnen werden für die Diskussion von Phänomenen, die auch für die heutige Zeit noch relevant, ja vielleicht sogar bezeichnend sind?

Schon in der griechischen Antike wird immer wieder über die Rolle der Künste für Erziehung und Bildung diskutiert. Bereits für das Zusammenleben in der griechischen Polis werden gezielt jene pädagogischen Räume durchdacht und erschlossen, die Musik, Dichtung, Tanz und Theater bereitstellen. Kindern und Jugendlichen durch eine spezifisch ästhetische Ausbildung Ordnungssinn und strukturiertes Denken spielerisch näherzubringen sowie durch das Erzählen von Geschichten die Formation eines für Recht und Unrecht sensiblen moralischen Charakters zu fördern sind feste Bestandteile in der Organisation der Polis. Schon vor Eintritt ins Gymnasium üben sich Kinder regelmäßig im Tanzen und Musizieren. Von Geburt an werden ihnen Geschichten erzählt, die ihren Sinn für das moralisch Gute und Richtige wie auch für das Schlechte und Verwerfliche schärfen sollen. Die sogenannte musische[7] Erziehung steht damit sogar noch vor der für die alten Griechen so zentralen physischen Erziehung. Die eigentliche Konzentration auf die kognitive Bildung im engeren Sinne, die logisches und dialektisches Denken umfasst, baut in den antiken pädagogischen Praktiken somit auf elementare ästhetische Kompetenzen auf. Die praktizierende wie auch die rezipierende Auseinandersetzung mit den Künsten ist über den schulischen Kontext hinaus ein fester Bestandteil des Lebens.

Sind die Künste bei den Griechen, zumindest der Theorie nach, Sache des Volkes, so beginnt in der Frühen Neuzeit eine Elitenbildung, die schließlich in der Verbürgerlichung der Kunst und dem Geniekult der Romantik ihren Höhepunkt erreicht. Ästhetische Räume werden stärker und entschiedener von nicht-ästhetischen Bereichen getrennt, was nicht zuletzt durch die in vielen modernen Ästhetiken vertretene Autonomiethese theoretisch untermauert wird. Dass die Künste immer elitärer werden, ändert allerdings nichts daran, dass das Nachdenken über ästhetische Bildung im 18. Jahrhundert eine neue Dringlichkeit und eine zuvor nicht in gleicher Weise ausdrücklich gemachte Dimension bekommt. Gerade mit der Konzentration auf die Wahrnehmung und die an die Sinne geknüpfte Erkenntniskraft wird das Ästhetische dabei erstmals explizit als ein eigener theoretischer Topos bestimmt. Das Nachdenken über die sinnliche Grundlage von Erkenntnisprozessen hat unmittelbare Auswirkungen auf den Diskurs über den Stellenwert ästhetischer Bildung. Wenn man durch die Schärfung der eigenen Sinne zu mehr und verlässlicherer Erkenntnis gelangen kann, dann ist es auch notwendig, die Sinne zu schulen. Die Schulung der Sinne ist ein Thema, für das sich sowohl der englische und französische Sensualismus wie auch jene Spielart des Rationalismus stark machen, die durch Alexander Gottlieb Baumgartens Definition der Ästhetik als einer Lehre vom sinnlichen Denken eingeleitet wird.

Mit dem Deutschen Idealismus tritt die Erörterung der politischen und ethischen Möglichkeiten der ästhetischen Bildung in den Vordergrund, die schon für Platon und Aristoteles ein Thema, danach allerdings nicht mehr vordergründig waren. Friedrich Schillers berühmte und viel gelesene *Briefe über die ästhetische Erziehung des Menschen* stellen die ästhetische Bildung als *die* Bedingung des Humanismus vor: Nur durch ästhetische Erziehung kann der Mensch ein durchwegs menschlicher Mensch werden, der in Gemeinschaft mit anderen verantwortungsvoll zusammenlebt. Schillers Traum von einer besseren Welt, die ihren Ausgang von einer umfassenden Reform des Bildungssystems nehmen muss, hat wie kaum eine andere Theorie das Nachdenken über ästhetische Bildung bis heute beeinflusst. Schiller folgend berufen sich viele Theoretiker_innen auf die ästhetische Bildung, wenn es um die Frage nach den Voraussetzungen für ein politisch und ethisch erstrebenswertes Leben geht.

Heute wird der ästhetischen Bildung fast durchgängig – sowohl im schulischen wie auch im außerschulischen Kontext – eine wichtige Rolle zugesichert. In den Lehrplänen und Curricula sind vor allem die musischen und bildnerischen, weniger oft die darstellenden Künste ein fixer Bestandteil. Die literarischen Künste fallen in den Rahmen des obligaten Sprachunterrichts. Im außerschulischen Kontext zeigt sich die Bedeutung der ästhetischen Bildung vor allem in der Stellung von Kunstvermittlung und Kulturprogrammen.

Ästhetische Bildung wird heute oft als eine Säule im Bereich der Allgemeinbildung definiert, die anders als sprachliche, logische, technische und naturwissenschaftliche Bildung zwar nicht unmittelbar nutzbares Wissen und entsprechende ökonomisch verwertbare Kompetenzen vermittelt, aber wesentlich dafür mitverantwortlich ist, das humanistische Ideal verantwortungsvoll zusammenlebender, frei denkender, autonom handelnder und selbstbewusster Individuen umzusetzen (vgl. Smith 2006). Abseits von dieser grundsätzlichen Bestimmung, die ihre Spezifität und ihren Eigenwert unterstreicht, wird ästhetische Bildung vermehrt mit nicht-ästhetischen Formen der Bildung zusammengedacht, und es wird lebhaft über die Synergieeffekte zwischen ästhetischer Bildung und Lese- und Schreibkompetenz wie auch mathematischen Fertigkeiten diskutiert (vgl. Sinatra 1986, Bastian 2001, Asbury/Rich 2008). Auch die positiven Auswirkungen von ästhetischer Bildung auf den akademischen und beruflichen Erfolg stehen dabei im Zentrum des Interesses (vgl. Winner/Hetland 2000, Deasy 2002). Generell kann man wohl sagen, dass die Rolle von ästhetischer Bildung im Rahmen der Kompetenzorientierung – wenn es nicht darum geht, was oder wie viel jemand weiß, sondern was oder wie viel jemand (leisten) kann – nicht mehr diejenige der Schaffung eines autarken Raums sein kann, in dem eine von anderen Praktiken abgetrennte künstlerisch-ästhetische Praxis um ihrer selbst willen eingeübt werden kann. Im Gegenteil wird es de facto viel eher darum gehen müssen zu verstehen, wie sich sowohl die aktiv gestaltende wie auch die passiv rezipierende Auseinandersetzung mit ästhetischen Dingen auf jene Fertigkeiten auswirken, die über das bloß ästhetische Feld hinaus von Interesse sind. Bevor von den konkreten Aufgaben, Zwecken und Zielen ästhetischer Bildung und ihrer Beziehung zur Allgemeinbildung die Rede ist, sollen nun in den folgenden beiden Abschnitten zunächst das Verhältnis von Ästhetik und Bildung sowie Ort und Gegenstand ästhetischer Bildung – ästhetische Erfahrungen und ästhetische Dinge – erläutert werden.

1.2 Bildung trifft Ästhetik: Ästhetische *Bildung* und *ästhetische* Bildung

Was ist nun überhaupt unter Bildung zu verstehen? Und wie können ästhetische Erfahrungen von ästhetischen Dingen zu Trägern von Bildungsprozessen werden? Wie transformiert sich der Bildungsgedanke, wenn nicht mehr das ethische, politische oder epistemische Subjekt, sondern die ästhetische Akteurin Adressatin von Erziehungs- und das Zentrum von Bildungsprozessen ist?

Im zeitgenössischen deutschsprachigen Diskurs gilt Bildung nicht nur als einer der theoretischen Kernbegriffe allgemeinpädagogischer Überlegungen, sondern auch als praktische Leitidee. Man denke nur an die Rede von Bildungsreform, Bildungskatastrophe oder Bildungsarmut. Bildung beschreibt einen offenen

Prozess der Subjektwerdung (Reichenbach 2001: 29), eine Bewegung also, in der sich ein sich Bildender als Subjekt formiert und so in der Auseinandersetzung mit der Welt, mit anderen und mit sich selbst eine eigene Weise wahrzunehmen, zu denken und zu handeln, schlicht: zu sein, entwickelt. Bildung findet, etwas spezifischer formuliert, dort und dann statt, wenn sich jemandes Welt- und Selbstbezug durch die gemachten Erfahrungen verändert. Insofern ist Bildung ein subjektiver Transformationsprozess, der sich in der Auseinandersetzung mit sich selbst und der Welt, mit Personen und Dingen, vollzieht (Dörpinghaus/Poenitsch/Wigger 2012: 154). Neue, also nicht alltägliche, ungewohnte, bisweilen irritierende und aufreibende Erfahrungen sind daher die typischen Auslöser von Bildungsprozessen (vgl. Buck 1969, Benner 2005, Meyer-Drawe 2008). Sie können die bestehende Sicht auf sich selbst, auf andere und die Dinge, das etablierte Selbst- und Weltverhältnis also, infrage stellen und hierin nach einer Transformation des Eigen- und Fremdbezugs verlangen. Neue Erfahrungsräume bereitzustellen und zu eröffnen ist daher eine wichtige Strategie zur Initiierung von (Selbst-)Transformationsprozessen.

Im Gegensatz zur Erziehung ist Bildung nicht als eine direkte Auseinandersetzung zwischen mehreren Personen zu verstehen. Erziehung hat stets eine handlungspraktische Perspektive, insofern im erzieherischen Geschehen immer mindestens zwei Personen miteinander interagieren: ein Erzieher und ein zu Erziehender. Bildung bezeichnet dagegen einen nicht fremdbestimmten, autonomen, theoretisch zumindest solitären Prozess der Selbstwerdung, eine »Personwerdung unter dem Gesichtspunkt der Eigenaktivität des sich Bildenden: Bildung, so könnte man vielleicht sagen, ist immer Selbstbildung.« (Schäfer 2005: 153) Oder aber: »Während es bei Erziehungsarbeiten um Vermittlung von für wichtig gehaltenen Verhaltensweisen, Einstellungen, Fähigkeiten usw. geht, bezieht sich Bildung vor allem auf den Umgang mit diesem Vermittelten und diese Weise, über den Umgang mit dem Vermittelten, auch mit sich selbst.« (Dietrich/Krinninger/Schubert 2012: 24) Auch wenn Erziehung und Bildung insofern nahezu konträre Perspektiven und Methoden besitzen, geht es doch in beiden letztendlich um die Selbstwerdung des Subjekts.

Seit ihrer Etablierung im pädagogischen Diskurs gilt Bildung als Selbstermächtigung des Menschen und steht mit den Ideen Autonomie, Mündigkeit, Freiheit und Emanzipation in Verbindung. Es geht in Bildungsprozessen um das Finden seiner selbst in einer Bewegung der kritischen Abgrenzung von anderem und anderen. Während idealistische Bildungsbegriffe die Möglichkeit einer kumulativen Selbstwerdung betonen, in der gemachte Erfahrungen entweder in die Idee eines vernünftigen, souveränen Ich integrierbar sind oder aber als irrelevant verworfen werden, findet vor allem in der zweiten Hälfte des 20. Jahrhunderts eine verstärkte Reflexion auf das Sich-selbst-Fremdwerden (und jenes der eigenen Vernunft wie auch Souveränität) im Rahmen von Bildungsprozessen statt. Ein kritischer Bildungsbegriff, der die idealistischen Ideen nicht gänzlich verwirft, aber doch die kritische Wende nach 1945 ernst nimmt, würde »*Sachkompetenz*«, »*das Kunststück individueller Selbstkonstitution*« und eine nicht-kumulative Selbstkonstitution in der kritischen, nicht ausschließenden Auseinandersetzung mit dem anderen als die drei Kerndimensionen von Bildung miteinbeziehen (Bünger/Pongratz 2012: 116 f.). Die wesentliche Herausforderung des Bildungsgeschehens ist, so verstanden, eine Subjektivierung, die um das Austarieren des Verhältnisses zwischen Eigenem und Fremdem kreist, wobei diese beiden Pole nie vollständig zur Deckung gebracht werden können und sich daher stets gegenseitig herausfordern (vgl. Koller 1999, Ricken 1999).

Ästhetische *Bildung* würde bezugnehmend hierauf bedeuten, dass ästhetische Erfahrungen in eine (Selbst-)Transformation münden, sprich: dass sie Anlass zu einer Subjektwerdung geben, die eine Neupositionierung und Infragestellung von bereits gemachten Erfahrungen miteinschließt. Ästhetische Erfahrungen können Initiatoren von Bildungsprozessen sein, wenn sie die ästhetische Akteurin herausfordern, wenn sie neue Erfahrungen sind im Sinne von nicht alltäglichen, ungewohnten, irritierenden, aufreibenden Erfahrungen (vgl. Velthaus 2002). Ästhetische Erfahrungen werden in der Theorie sehr oft mit der Qualität des Neuen, Ungewohnten, Irritierenden, Aufreibenden in Verbindung gebracht. Im Folgenden wird darauf noch genauer eingegangen. Es lässt sich aus dem Gesagten aber schon jetzt schließen, dass ästhetische Erfahrungen mögliche Auslöser von Bildungsprozessen sind, wenn in ihnen eine neue, andere Sicht auf die Dinge, auf andere und/oder uns selbst gegeben ist. Insofern sind ästhetische Erfahrungen schließlich nicht als selbstgenügsame, von anderen Erfahrungen abgrenzbare Erfahrungen zu betrachten: Sie schreiben sich dagegen tief in das Selbst- und Weltverhältnis der Erfahrenden ein. »Äußerungen von Kunst treffen sich in dem Anspruch, den Menschen in einer menschlichen Welt zu sich selbst freizusetzen [...].« (Menze 1991: 85)

Ästhetische Bildung dagegen würde bedeuten, dass das Bildungsgeschehen sich in einem besonderen Medium, nämlich dem des Ästhetischen, vollzieht und damit eine besondere Qualifizierung erfährt. Sie meint insofern nicht bloß irgendeine, sondern eine spezifische Subjektivierung, die an das ästhetische »Ich-Selbst-Verhältnis« (Mollenhauer 1990: 492) rührt und damit das sinnliche, leibliche, aber auch frei imaginierende Tun und Sein des Menschen betrifft. Wenn ästhetische Bildung »Persönlichkeitsbildung in und durch ästhetische Erfahrungen« (Dietrich/Krinniger/Schubert 2012: 9) meint, dann bekommt die Persönlichkeitsbildung respektive Subjektwerdung durch die ästhetische Erfahrung, die sie auslöst, bereits eine besondere Orientierung: In ihr geht es um jene Bereiche, die für das Ästhetische charakteristisch sind, nämlich Sinnlichkeit, Leiblichkeit und Imagination.[8] Was diese Qualifikation des Bildungsbegriffs schließlich impliziert, wird in der genaueren Auseinandersetzung mit den unterschiedlichen Theorieansätzen in den folgenden Kapiteln noch im Detail erläutert. Vorerst soll aber festgehalten werden, dass ästhetische Bildung (Selbst-)Transformation im Register des Sinnlichen, Leiblichen und/oder Imaginativen ist.[9]

Die hier erörterten Theorien ästhetischer Bildung werfen Themen auf, die die immense Bandbreite von ästhetischen Bildungsgeschehen anzeigen. Ästhetische Bildung meint dabei keinesfalls nur Bildung im emphatischen Sinne des Wortes einer umfassenden Transformation des Selbst- und Weltverhältnisses. Bildung ist auch gemeint als ein Offenwerden für bestimmte Erfahrungen und Erfahrungsweisen. Sie kann sich implizit, weitestgehend unbewusst vollziehen in Form von Inkorporierungs- oder Gewöhnungsprozessen. Ebenso kann sie sich aber auch explizit, bewusst vollziehen im Rahmen von Lern- und Aneignungsprozessen. Wenn ich im Folgenden auf den Unterschied zwischen den bildenden Voraussetzungen und den bildenden Wirkungen von ästhetischen Erfahrungen und ästhetischen Praktiken zu sprechen komme, ist damit auch gesagt, dass Bildung nicht nur als das Resultat von transformatorischen Erfahrungen verstanden wird. Bildung wird vielmehr auch als der (passive oder aktive) Erwerb von Voraussetzungen verstanden, die jene Erfahrungsfelder überhaupt erst eröffnen, welche die Erfahrenden wiederum verändern können. Gerade weil der Bildungsbegriff, so wie er im rezenten deutschsprachigen Diskurs häufig benutzt wird, eher auf die Wirkungsdimension abzielt und umfassend benutzt wird, möchte ich neben dieser auf die Konzepte Lernen, Wissen und Erkenntnis zurückgreifen. Das ermöglicht einerseits, die Rede nicht auf Bildung als Wirkung, eben Transformation, zu beschränken, sondern ebenso Bildungsprozesse als Voraussetzung von Erfahrungen und Praktiken zur Sprache zu bringen – ein Aspekt, der mir gerade für eine nicht-reduktionistische Diskussion über ästhetische Bildung zentral zu sein scheint. Andererseits können auf diese Weise auch solche Prozesse der Veränderung von ästhetisch Erfahrenden und ästhetischen Akteuren in den Blick genommen werden, die nicht das gesamte Selbst- und Weltverhältnis, sondern auch Bewegungen im Kleinen betreffen.

Neben der Thematisierung der Bildungsdimension von ästhetischen Erfahrungen bzw. Praktiken und der ästhetischen Qualifizierung von Bildungsprozessen will ich zumindest kurz auf die terminologische Unterscheidung von ästhetischer Erziehung und ästhetischer Bildung eingehen. Während es mit einer Betonung des Erziehungsaspekts im rezenten Diskurs[10] vornehmlich um die Frage geht, was im Rahmen einer Anleitung zum ästhetischen Tun und Erfahren vermittelt werden kann bzw. welche Verhaltensweisen, Fähigkeiten, Überzeugungen durch den gezielten Einsatz von ästhetischen Dingen gefördert werden können, würde sich der Bildungsaspekt an folgender Aufgabenstellung orientieren: Wie kann sich ein Subjekt in der eigenständigen Auseinandersetzung mit ästhetischen Dingen selbst bilden? Damit wäre ästhetische Bildung definiert als etwas, das dem Einzelnen aufgegeben ist. In welchem Rahmen dieser sich aber nun ästhetisch bilden kann, soll im folgenden Abschnitt besprochen werden.

1.3 Die Aisthesis als Träger und die Künste als Orte der Bildung

Bisher wurde eine erste allgemeine Definition von ästhetischer Bildung gegeben: Ästhetische Bildung ist eine durch ästhetische Erfahrungen ausgelöste (Selbst-)Transformation, die vor allem das sinnliche, leibliche und imaginative Tun und Sein betrifft. Ästhetische Erfahrung ist dabei ein Sammelbegriff für eine Klasse von Erfahrungen, die eine bestimmte Qualität besitzen und sich hierin von anderen Erfahrungen unterscheiden. Ästhetische Dinge sind die Gegenstände ästhetischer Erfahrung. Die Künste wiederum sind die Praxisfelder, die ästhetische Dinge als Gegenstände ästhetischer Erfahrungen vorzugsweise hervorbringen. Kunstwerke sind allerdings nicht die einzigen ästhetischen Dinge. Im Folgenden soll daher einerseits die Qualität von ästhetischen Erfahrungen generell dahingehend bestimmt werden, dass verständlich wird, inwiefern durch sie Bildungsprozesse ausgelöst werden können. Andererseits sollen die ästhetischen Dinge als die allgemeinen Gegenstände und die Kunstwerke als die besonderen Gegenstände des ästhetischen Bildungsgeschehens verstanden werden. Die Künste werden als jene Praxisfelder beschrieben, die Kunstwerke hervorbringen und denen mitunter eine dezidierte Bildungsaufgabe zugesprochen wird.

Da Bildungsprozesse aber nicht nur im Rahmen von ästhetischen Erfahrungen, sondern auch mit Blick auf die ästhetische Praxis erörtert werden können, soll diese ebenso thematisiert werden. Zum Abschluss dieses Abschnitts wird schließlich auf die für die weiteren Überlegungen zentrale Unterscheidung zwischen bildenden Voraussetzungen und bildenden Wirkungen von ästhetischen Erfahrungen und ästhetischen Praktiken eingegangen.

Ästhetische Erfahrungen sind Erfahrungen, die sich durch eine besondere Betonung der sinnlichen Wahrnehmung auszeichnen. Freilich gibt es auch sinnliche Wahrnehmungen, die nicht als ästhetische Erfahrungen ausgezeichnet sind. Schließlich nehmen wir doch ständig unsere Umwelt sinnlich wahr und würden nicht davon sprechen, dass wir ununterbrochen ästhetische Erfahrungen haben. Es muss also ein Kriterium geben, hinsichtlich dessen sich ästhetische Erfahrungen von anderen Wahrnehmungsweisen unterscheiden. In der Geistesgeschichte haben sich viele Denker_innen der Frage gewidmet, wie dieser Unterschied zu bestimmen ist. Einige davon werden in diesem Buch noch zu Wort kommen. Zunächst ist für eine erste Annäherung an die ästhetische Erfahrung aber interessant zu sehen, dass die Disziplin Ästhetik, wie Alexander Gottlieb Baumgarten sie einführt, nicht allzu viel Wert auf die Beschreibung ästhetischer Erfahrungen im zeitgenössischen Sinne legt. Nichtsdestotrotz liefert seine Beschreibung einige Hinweise darauf, worin die Besonderheit bestimmter sinnlicher Wahrnehmungen liegt, die nicht nur beiläufig gemacht werden, sondern die sich durch eine besondere Lebendigkeit[11] auszeichnen und darin von anderen abheben. Baumgarten betont zwar, dass die Lebendigkeit sinnlicher Wahrnehmungen auch eine negative Schlagseite hat, nämlich diejenige, dass sinnliche Wahrnehmungen unklarer und analytisch weniger greifbar sind als Kognitionen. Er unterstreicht aber die besondere Qualität sinnlicher Wahrnehmungen, die Wahrnehmenden durch einen konkreten Eindruck einzunehmen und emotional zu bewegen (vgl. Baumgarten 2011: §CXVI). In seiner bekannten Schrift *Aesthetica* beschreibt Baumgarten die Ästhetik als die Kunst, »schön zu denken«, und weist damit auf die enge Verbindung von Wahrnehmung und Denken hin, die schließlich auch die Erkenntnisfunktion des ästhetischen Erfahrens unterstreicht. Wer im ästhetischen Sinne wahrnimmt, hat seiner Ansicht nach nicht nur eine außerordentliche Sensitivität für sinnliche Eindrücke, sondern auch ein überdurchschnittlich hohes Einfühlungsvermögen. Aus Baumgartens Beschreibung der Wahrnehmung als schönes Denken lässt sich ein Begriff ästhetischen Erfahrens gewinnen, dem entsprechend dieses durch seine Kraft und Lebendigkeit nicht nur perzeptiv und emotional, sondern auch kognitiv einzunehmen vermag. Wenn sinnliches Wahrnehmen generell die von Baumgarten explizierten Eigenschaften besitzt, so könnte man in moderner Wendung seines Ansatzes sagen, dass ästhetisches Erfahren sich von anderen Formen des sinnlichen Wahrnehmens unterscheidet, sofern es diese Eigenschaften so stark in den Vordergrund rückt, dass sie die Erfahrung dominieren und nicht nur beiläufig sind.

Versteht man ästhetische Erfahrungen als besonders lebendige, emotional einnehmende, Reflexionen auslösende sinnliche Wahrnehmungen, so entpuppen sie sich in der Tat als ideale Träger von Bildungsprozessen. Denn wenn eine Erfahrung einnehmend ist, d.h. wenn sie sich aufdrängt und einen nicht mehr loslässt, wenn sie sich durch ihre Lebendigkeit in den Fokus der Aufmerksamkeit drängt und wenn sie Reflexionsbewegungen anstößt, dann nötigt sie geradezu, den eigenen sinnlichen Bezug zum Erfahrenen und zu sich selbst als Erfahrendem neu zu bestimmen.

Ästhetische Dinge und Kunstwerke als Gegenstände ästhetischer Bildung

Ästhetische Erfahrungen als Träger von Bildungsprozessen sind gebunden an das Erscheinen bestimmter Gegenstände, ästhetischer Dinge. In der Ästhetik herrscht über weite Strecken Einigkeit darüber, dass das Ästhetische keine einfache Eigenschaft eines Dings ist, wie etwa seine Größe, sein Gewicht oder seine Form. Das Ästhetische so zu verstehen würde bedeuten, dass es nicht nur eindeutig mess- und beschreibbar, sondern auch quantifizierbar wäre. Der ästhetische Charakter eines Dings verdankt sich nicht einer Eigenschaft, die dieses Ding hat, sondern dessen Erscheinung, und steht deshalb in Verbindung mit einer bestimmten Art und Weise, wie es angesehen wird. Geknüpft hieran kann ein Ding kaum als objektiv ästhetisch bezeichnet werden. Über seine ästhetische Auszeichnung kann nur im Rahmen seines Erscheinens gesprochen werden.[12] Die Möglichkeit dieses spezifischen Erscheinens eines Dings bedarf allerdings mitunter bestimmter Voraussetzungen, zu denen ein gewisser Grad an Zweckfreiheit, Entbundenheit von klarer Funktion und Nutzen sowie seine Unterscheidbarkeit von anderen Dingen[13] zählen.

Zweckfreiheit, Entbundenheit von Funktion und Nutzen sowie klare Unterscheidbarkeit von anderen Dingen zeichnen auch jene Klasse von Dingen aus, die unter den Begriff Kunstwerke subsumiert werden. Kunstwerke sind spezifische ästhetische Dinge, die im Rahmen künstlerischer Praktiken geschaffen und in institutionalisierten Settings ausgestellt werden. Anders als die Zuschreibung »ästhetisch« steht die Bezeichnung eines Dings als Kunstwerk meistens nicht direkt mit einer subjektiven Erfahrung in Zusammenhang, sondern sie ist eine institutionalisierte und hierin objektivierte Attribution. Kunstwerke können daher, müssen aber nicht per definitionem ästhetische Dinge sein.

Bildungspotenzial und Bildungsaufgabe der Künste

Diese holzschnittartige Annäherung an die Qualität ästhetischer Erfahrungen und die Klassifikation ästhetischer Dinge soll einen ersten Einsatzpunkt markieren, um über Träger und Gegenstand des ästhetischen Bildungsgeschehens nachzudenken. Sie stellen einen vorläufigen theoretischen Rahmen bereit, der im Folgenden allerdings immer wieder herausgefordert, problematisiert und dekonstruiert wird. Terminologisch bildet er die Basis für die weitere Untersuchung.

Wenn nun gefragt wird, wo ästhetische Bildung stattfindet, dann werden – neben den spezialisierten Bildungsinstitutionen – häufig Orte genannt, an denen Kunst gemacht und aufgeführt wird. Die Künste scheinen dabei nicht nur durch das ihnen eigene Abzielen auf die Produktion von ästhetischen Dingen und damit das Ins-Werk-Setzen einer spezifisch ästhetischen Erfahrungsweise besonders prädestinert, um ästhetische Bildungsprozesse in Gang zu bringen. Ihnen wird darüber hinaus nicht selten eine ausdrückliche Bildungsaufgabe übertragen. Damit ist aber die Ausgangslage für die ästhetische Bildung nicht nur vielschichtig, sondern kann sogar als paradox angesehen werden: Nehmen die Künste ihre Bildungsaufgabe nämlich ernst, dann verlieren sie jene Autonomie, die es ihnen freistellt, quer zu gesellschaftlich und politisch institutionalisierten Normen alternative Welten zu entwerfen. Wenn sich, anders formuliert, die Künste den Normen des Bildungssystems unterwerfen lassen, dann beginnen sie sehr wahrscheinlich, gemäß diesen Normen zu erziehen, und hören auf, Auslöser von Bildungsprozessen zu sein. Ich werde noch näher auf dieses Thema eingehen.

Ästhetische Praxis

Zunächst soll allerdings ein weiterer Ort des ästhetischen Bildungsgeschehens beschrieben werden, derjenige der ästhetischen Praxis. Während mit ästhetischer Erfahrung in erster Linie das Geschehen der Kontemplation von ästhetischen Dingen beschrieben werden kann, ist mit ästhetischer Praxis das imaginativ-geistige, aber auch das konkret technisch-gestalterische Hervorbringen ästhetischer Dinge gemeint.

Im 18. Jahrhundert werden mit der Etablierung einer disziplinären Ästhetik nicht nur Erfahrungsformen, die sich von alltäglichen Erfahrungen unterscheiden, interessant. Es wird auch intensiv über die Einbildungskraft und ihren generativen, schöpferischen Charakter nachgedacht. Die Entstehung von Neuem, innerhalb und außerhalb des Bereichs der Künste, steht im Zentrum vieler Debatten. Der Geniebegriff, der in dieser Zeit Konjunktur hat, zeugt von einer tiefen Faszination für das Schaffen von zuvor nicht dagewesenen Ausdrücken und Ideen. Ästhetische Praxis meint aufbauend hierauf immer auch kreatives Hervorbringen von Neuem, Originalität und das Vermögen zur Innovation. Kunst als das Produkt einer ästhetischen Praxis kann Dinge hervorbringen, die so in der Natur nicht vorkommen. Damit erschafft die Dichtung etwa »new worlds of its own« (Addison 1813: 90), die als neue Quellen des ästhetischen Lustempfindens dienen.

Für die Frage nach der ästhetischen Bildung ist es zum einen von Interesse, was ästhetische Praxis generieren kann. Wenn ästhetische Praxis Neues schafft, dann öffnet sie definitiv einen bildungsrelevanten Raum. Es ist daneben aber auch wichtig zu verstehen, ob und inwiefern ästhetische Praxis der Bildung bedarf. Gerade mit Blick auf die Geniediskussionen wird diese Frage oft verneint. Die Möglichkeit des künstlerischen Schaffens wird vielmehr einigen wenigen zugesprochen, die über das Privileg des seltenen Talents verfügen. Ästhetische Praxis folgt laut Immanuel Kant etwa einem regelhaften Tun, das allerdings nicht erlernt werden kann, sondern das natürlich vermittelt wird (vgl. Kant 2001: B 183). Das Schaffen von Neuem in der Kunst unterscheidet sich vom Erfinden in der Wissenschaft, insofern das Genie keineswegs nachahmend vorgeht. Künstlerisches Schaffen kann weder gelernt noch gelehrt werden. Es verdankt sich dagegen dem Verhältnis, in dem das Genie zur Natur steht.

Ästhetische Praxis als nicht erlernbare Tätigkeit einer genialen Elite zu betrachten ist eine Idee, die für die modernen Debatten im 18. und 19. Jahrhundert charakteristisch ist. Neben einem weitgehend als nach außen hin abgeschottet verstandenen Tun eines einzelnen Individuums wird im 20. und 21. Jahrhundert das Augenmerk mehr und mehr auf die ästhetische Praxis als intersubjektives und institutionalisiertes Feld gelegt. Es werden also die Produktionsbedingungen von ästhetischen Dingen wie auch der historische, politische und soziale Kontext des künstlerischen Schaffens thematisiert. Die Künstlerin wird immer weniger als aus sich selbst heraus – sei es mittels der Einbildungskraft oder aufgrund einer genialen Disposition – Neues hervorbringend verstanden. Damit kehrt aber auch eine Reihe von antiken Themen wieder, die in der modernen Ästhetik zum Teil eine eher untergeordnete Rolle spielen: die Position der ästhetischen Akteur_innen im gesellschaftlichen Raum; die politische, soziale und moralische Verantwortung des Künstlers; die Frage nach adäquaten und nicht-adäquaten künstlerischen Praktiken; die Plan- und Steuerbarkeit von Werken und deren ästhetischer Wirkungen.

Nichtsdestotrotz bleibt das Thema des (Er-)Findens von Neuem als Effekt der ästhetischen Auseinandersetzung zentral. Neben dem Verstehen und der Fähigkeit zur Anwendung ästhetischer Codes und Regeln bestimmt das innovative Gestalten und Tun insbesondere die Debatten rund um ästhetische Bildung. Während das Erlernen eines Regelwerks – neben den jeweiligen Techniken freilich – zu den Bedingungen ästhetischer Praxis zählt, ist das Hervorbringen von Neuem ein Aspekt von Bildung, der im künstlerischen Tun selbst entsteht und hierin außerdem zu den bildenden Erfahrungen anderer Anlass geben kann. Daher ist es auch nicht verwunderlich, dass in jüngeren Überlegungen der Kreativität als Grundzug ästhetischen Tätigseins eine besondere Wichtigkeit zugesprochen wird. Kreativität und Handlungsfähigkeit als Voraussetzung bzw. Wirkung ästhetischer Praxis werden deshalb neben der Einbildungskraft im Zentrum des letzten Kapitels dieses Buches stehen.

Bildende Voraussetzungen und bildende Wirkungen

Mit Blick auf die eingeführten Grundbegriffe »ästhetische Erfahrung«, »ästhetische Dinge«, »Kunst und Künste« sowie »ästhetische Praxis«, die das Feld für die folgenden Diskussionen abstecken, will ich schließlich die Leitdifferenz benennen, die der in diesem Buch entwickelten Systematisierung der Theorien ästhetischer Bildung zugrunde liegt: die Differenz zwischen bildenden Voraussetzungen und bildenden Wirkungen. Viele Ansätze – sei es in der Ästhetik, in der Kunstpädagogik oder in der Erziehungswissenschaft – verzichten darauf, zwischen diesen beiden Aspekten von Bildung zu unterscheiden. Konsequenzen davon können eine wenig präzise Diskussion des Bildungsgeschehens, eine verallgemeinernde Sicht auf Bildungssubjekt, Bildungsgemeinschaft und Bildungsinstitutionen wie auch ein fehlender Blick auf den Zusammenhang von Bildungsbereitschaft und Bildungsmöglichkeit sein. Die Chancen, im Rahmen von ästhetischen Erfahrungen gebildet zu werden, können noch so groß sein und doch nicht wahrgenommen werden, wenn jemand der Erfahrung gegenüber nicht offen ist. Daher ist es meines Erachtens für jede Diskussion über ästhetische Bildung zentral, das Verhältnis zwischen bildenden Voraussetzungen und bildenden Wirkungen mitzureflektieren.

Unter bildenden Voraussetzungen verstehe ich jene durch Bildungsprozesse erwerbbaren Bedingungen, die es uns erlauben, ästhetische Erfahrungen zu machen, ästhetische Praktiken auszuüben, sich engagiert mit Kunst und den Künsten auseinanderzusetzen, ästhetischen Dingen als solchen zu begegnen. Diese explizit zu thematisieren scheint mir besonders wichtig, denn viele – sowohl klassische wie auch neuere – ästhetische Theorien operieren entweder mit der Annahme, dass es solche Voraussetzungen nicht gibt, oder schweigen sich über sie aus.[14] Bildende Voraussetzungen beschreiben Bildung *zu* ästhetischer Erfahrung und ästhetischer Praxis.

Bildende Wirkungen markieren demgegenüber das Feld jener Bildungsprozesse, die *durch* ästhetische Erfahrungen und ästhetische Praktiken ausgelöst werden können. Sie betreffen Veränderungsgeschehen im Bereich der Wahrnehmung, des Fühlens oder des Denkens, wie sie weiter oben beschrieben wurden. Für eine differenzierte Diskussion über ästhetische Bildung als Bildung *durch* ästhetische Erfahrung und ästhetische Praxis ist es zentral, nicht zu vergessen, inwiefern sie von einer Reflexion über die Voraussetzungen, sprich die Zugänglichkeit, dieser Erfahrung und Praxis nicht zu trennen ist. Ich werde daher im Folgenden auch immer wieder darauf hinweisen, dass in vielen der besprochenen Theorien lediglich einer dieser zwei Aspekte zur Sprache kommt. Für meine Systematisierung ist diese Differenzierung als Leitlinie grundlegend.

1.4 Ziele, Zwecke und Aufgaben ästhetischer Bildung

Vom Träger, Gegenstand und Ort der ästhetischen Bildung ist es nur ein kleiner Schritt zur Frage nach ihren Zielen, Aufgaben und Zwecken und damit ihrer intendierten sowie ihrer tatsächlichen Wirkweise. Die Wirkungsdimension ästhetischer Bildungsprozesse ist zwar ein Thema, das schon in der griechischen Antike erörtert wird. Systematisch erforscht wird der Zusammenhang allerdings vermehrt ab dem 20. Jahrhundert. Neuere Theoretisierungsbestrebungen treten dabei nicht selten in einen Dialog mit den empirischen Wissenschaften, wie beispielsweise der Psychologie, den Neurowissenschaften oder der Soziologie. Diese interdisziplinären Gespräche zeugen von dem Versuch, ein festes Fundament für die Theorien zu finden, indem faktenbasiertes Wissen über Lern- und Subjektivierungsprozesse in das Verständnis des ästhetischen Bildungsgeschehens miteinbezogen wird. Nicht alle Theorien lassen sich aber aus empirischen Daten herleiten. Im Gegenteil fungieren die Theorien oft als Weiterführung und nicht selten auch als Korrektiv zu quantitativen und qualitativen Studien. Theoriebildung lässt sich, sowohl in affirmativer als auch in abgrenzender Weise, als Antwort auf den bestehenden Wissensschatz verstehen. Es ist daher besonders interessant, darauf zu achten, wo die Theoriebildung auf Fakten und empirische Daten zurückgreift und wo sie sich dagegen klar von den »harten« Forschungsmethoden abgrenzt und in kritischem Rückbezug die Notwendigkeit unterstreicht, andere, gerade nicht auf positivistischem Wissen gegründete Formen des Nachforschens zu entwickeln.

Die in klassischen wie auch jüngeren Diskussionen benannten Ziele, Aufgaben und Zwecke ästhetischer Bildung ähneln sich nichtsdestotrotz sehr. Sie lassen sich grob in fünf Teilbereiche untergliedern, die folgende Gebiete betreffen: a) Sinnlichkeit, b) Einbildungskraft, c) Verstehen und Kommunikation, d) Urteilskraft sowie e) technische Fertigkeiten, Körperbeherrschung und kreatives Handeln.

A) Sinnlichkeit: Ästhetische Erfahrungen werden gemeinhin als Erfahrungen verstanden, in denen intensiv und bewusst, mit großer Aufmerksamkeit auf das Geschehen erfahren wird, wodurch das sinnliche Wahrnehmen selbst anders, nämlich explizit und nicht bloß implizit als diffuses Medium des Wahrgenommenen erlebt werden kann. Ästhetisches Erfahren hat insofern einen selbstreflexiven Zug: Es bezieht sich auf sich selbst zurück, wenn es den Blick ausdrücklich auf den Akt des Wahrnehmens legt. Es gibt in der Theoriegeschichte zahlreiche Beschreibungen und Chiffren, die diese intensive, selbstreflexive Weise des Erfahrens zu fassen versuchen. Sie reichen vom bewussten Sich-Einfühlen und Miterleben bis zum ausdrücklichen Erfahren von etwas als etwas. Solche Ansätze teilen die Betonung der starken Rolle der Sinnlichkeit. Wird etwas ästhetisch erfahren, so wird es sinnlich, anschauend, zuhörend oder fühlend – und nicht etwa kognitiv, denkend – erfasst: Eine ästhetische Welt geht dann und dort auf, wo die Sinne sich gewissermaßen vor das Denken stellen und somit in der Auseinandersetzung mit der Welt den Ton angeben. Dieses Primat des Sinnlichen kann zur Konstitution eines speziellen Verhältnisses der Erfahrenden zu sich beitragen, das einen Kernaspekt der ästhetischen Bildung darstellt. Durch ästhetische Erfahrung kann ich in eine neue Beziehung zu mir selbst treten. Anlässlich des ausdrücklichen Thematischwerdens meines eigenen Wahrnehmens und Fühlens (vgl. Mollenhauer 1996: 26) setze ich mich aber nicht nur mit mir selbst auseinander. Ich beschäftige mich durchaus auch im Gespräch mit anderen, die vielleicht ähnliche Erfahrungen machen oder gemacht haben, mit eben diesem Geschehen der Entnormalisierung und kann so neuen Sinn aus dem Erlebten gewinnen und mit meinem Selbst- und Weltverständnis konfrontieren.

Ästhetische Bildung basiert nicht nur auf sinnlichem Wahrnehmen, sondern auf dem Bewusstwerden des Wahrnehmens selbst (vgl. Diertrich/Krinninger/Schubert: 18). Dieses Bewusst- oder Thematischwerden wird von einigen Autor_innen im Anschluss an Kant und Schiller als ästhetisches Spiel bezeichnet. Das ästhetische Spiel zeichnet sich dadurch aus, dass normalisierte Wahrnehmungs- und Erkenntnisweisen suspendiert werden und sich auf diese Weise ein Freiraum des Erfahrens einstellt, der sinnlich vermittelte Selbstreflexionsprozesse anstoßen kann (vgl. Selle 1988, Dewey 2005, Liebau/Zirfas 2008, Peez 2008).

Ein erster Aspekt ästhetischer Bildung, der mit der Sinnlichkeit in Zusammenhang steht, kann also als das Reflektieren und damit verbundene Überschreiten der eigenen Wahrnehmung bezeichnet werden. Dieses Vermögen zur Reflexion kann das Ich in ein neues Verhältnis zu sich selbst und zu seiner eigenen Sinnlichkeit bringen. Als solches nimmt es freilich auch Einfluss auf den Bezug zur Welt. Da ihm eine derart starke Wirkung zugeschrieben wird, stellt sich die zentrale Frage, ob die sinnliche Offenheit in ästhetischen Erfahrungen auf bestimmten Voraussetzungen beruht, ob sie schlichtweg gegeben ist oder ihrerseits im Rahmen von Bildungsbewegungen erworben bzw. gesteigert werden kann. Gerade wenn ich es im Rahmen alltäglicher Wahrnehmung nicht gewohnt bin, mich einem sinnlichen Geschehen voll und ganz hinzugeben, muss erörtert werden, inwiefern die Möglichkeit einer solchen Hingabe einer Haltung, womöglich auch einem Vermögen oder einer Kompetenz geschuldet ist, über die nicht jeder einfachhin verfügt.

B) Einbildungskraft: Neben der Sinnlichkeit ist es die Einbildungskraft, die in der Erörterung des Wirkungsfelds ästhetischer Bildungsprozesse eine große Rolle spielt. Ästhetische Erfahrungen sind nicht nur Erfahrungen, in denen das eigene sinnliche Wahrnehmen bewusst und thematisch wird, insofern sinnliche Erkenntnisprozesse logisch-analytische Denkoperationen überschatten. Ästhetische Erfahrungen sind auch Erfahrungen, die mit der Erzeugung innerer Bilder einhergehen. Die Konstitution eines inneren Bildes wird durch die Einbildungskraft, auch Imaginationsvermögen oder Fantasie genannt, bewerkstelligt. Wenn ich ein

Buch lese, eine Musikkomposition höre, einen Film schaue oder ein Bild betrachte, so ist meine Aufnahme äußerer Reize stets vom Auftauchen innerer Bilder begleitet, die mit Lektüre oder Zuhören einhergehen bzw. die Betrachtung über das tatsächlich Gesehene hinausschweifen lassen.[15] Das, was zwischen den Zeilen steht, was durch den Bilderrahmen abgeschnitten oder durch den Filmschnitt ausgeblendet wird, ergänze ich im Rezeptionsprozess (vgl. Metz 2000): Ich mache mir damit mein eigenes Bild vom Gesehenen, Gehörten, Gefühlten. Freilich wird die eigene Fantasie – auf bewusster wie unbewusster Ebene – nicht nur in ästhetischen Erfahrungen angeregt. Allerdings laden ästhetische Betrachtungen in besonderer Weise dazu ein, die Einbildungskraft mehr zu nutzen, als das in alltäglichen Formen des Erfahrens der Fall ist. Insofern können ästhetische Erfahrungen unser Imaginationsvermögen schulen und wird durch ästhetische Erfahrungen der innere Bilderschatz erweitert (vgl. Broudy 1977). Als Fähigkeit, sich von etwas ein Bild zu machen und zu den bereits bestehenden Bildern bildliche Alternativen zu kreieren, spielt die Einbildungskraft wiederum eine Rolle für die Konstitution von Bedeutung und für das Verstehen. Um verstehen zu können, brauchen wir nämlich Bilder, die abstrakte Worte oder Konzepte für uns greifbar machen, sie buchstäblich versinnbildlichen. Sie schult daneben den Sinn für das Mögliche (vgl. Parmentier 1993).

Die Bedeutung der Fantasie zeigt sich aber nicht nur in ihrer Relevanz für Verstehensprozesse. Einige Autor_innen betonen die Ähnlichkeit von fantasieanregenden ästhetischen Erfahrungen und fantasievollem frühkindlichen Spiel. Sogenannte »pretend-« oder »make-belief games« dienen einer spielerischen Entwicklung des Selbstverständnisses und des Weltverhältnisses. Im Kreieren fiktiver Szenarien tragen sie dazu bei, die tatsächliche Welt von einem anderen Standpunkt begreifend zu erschließen.

In den Imaginationsspielen können nicht nur neue Bilder gefunden, sondern auch Wörter geübt werden. Generell erweitern sie das Spektrum an mentalen Repräsentationen für die reale Welt, die zur besseren Orientierung beitragen (vgl. Singer/Singer 2011). Im selben Zuge befördern sie allerdings ebenso ein von der Norm abweichendes Denken, das die Grundlage für kreative Schaffensprozesse und kritische Stellungnahme darstellt.

Obwohl sich ästhetische Erfahrungen nicht in allen Aspekten mit dem frühkindlichen Spiel vergleichen lassen, wird doch die immense Bedeutung ästhetischen Erfahrens als Weiterführung des Spiels im Erwachsenenalter betont (vgl. Buytendijk 1973, Schäfer 1995). Wie das Spiel befördert die ästhetische Erfahrung die Fantasie, reichert den inneren Bilderschatz an und trägt somit zu einem besseren Verständnis von Selbst und Welt bei.

C) Verstehen und Kommunikation: Während sich die beiden Aspekte Sinnlichkeit und Fantasie vornehmlich auf implizite Prozesse der Auseinandersetzung mit ästhetischen Dingen beziehen, gibt es auch explizite, bewusste und gesteuerte Weisen der Auseinandersetzung mit ästhetischen Erfahrungen, die einen weiteren Bereich ästhetischer Bildung aufschlüsseln. Ästhetische Erfahrungen können jene intensiven, einnehmenden, auf die Sinne fokussierten Erfahrungen sein, von denen bereits an mehreren Stellen die Rede war. Sie können aber auch in einem Bedürfnis nach dem Verstehen und Begreifen eines ästhetischen Werks münden und hierin hermeneutische wie auch kommunikative und narrative Fertigkeiten fördern. Wenn ich ins Theater gehe, so mag ich zwar im Moment vom sinnlichen Geschehen eingenommen sein und mich voll und ganz von der ästhetischen Erfahrung absorbieren lassen. Während oder nach dem Besuch kann ich aber auf die gemachte Erfahrung zurückkommen und das Bedürfnis spüren, genauer zu verstehen, was mich da eigentlich bewegt hat. Diese Neugier zu verstehen ist ein Impuls, der viele ästhetische Erfahrungen begleitet. Und sie trägt dazu bei, dass ästhetische Bildung sich nicht nur in Prozessen selbstreflexiven Wahrnehmens und gesteigerten Imaginationsvermögens niederschlägt, sondern dass sie auch Bewegungen des Verstehens und daran gebunden der Kommunikation und der narrativen (Re-)Konstruktion des Erlebten umfasst. Wenn schon im frühkindlichen Spiel eine besondere Form des Denkens, nämlich das narrative Denken, geschult und gefördert wird (vgl. Singer/Singer 2011), so trifft dies ebenso auf jene ästhetischen Erfahrungen zu, die mit dem (Er-)Finden einer Geschichte, ja einer Sprache für das Erlebte untrennbar in Verbindung stehen. Narratives Denken trägt als Konstruktion von stimmigen Erzählungen wesentlich zur Bildung eines Ichs bei, das von sich erzählen und damit über sich selbst als solches nachdenken kann.

Neben der Konstitution eines narrativen Selbst (MacIntyre 1984, Taylor 1989, Ricoeur 1996), die durch die Notwendigkeit des Findens einer Sprache, welche das Erlebte beschreiben lässt, mitbedingt ist, erweist sich das jeweils spezifische Verstehen eines Kunstwerks in seiner historischen Situierung als ein weiteres Moment im ästhetischen Bildungsprozess. Dieses Verstehen einer konkreten Bedeutung, Aussage oder Intention (vgl. Wollheim 1980, Panofsky 2006) ist allerdings nicht als ein Wissen über bestimmte biografische, politische, kulturelle usw. Fakten misszuverstehen (vgl. Otto/Otto 1987). Es handelt sich dagegen um die Fähigkeit, etwas Bestimmtes in einem Werk zu sehen, zu hören oder aus diesem herauszulesen (vgl. Goodman 1976) und es auch im Dialog mit anderen beschreiben zu können (vgl. Oakeshott 1989, Smith 1993). Damit werden im ästhetischen Bildungsprozess nicht nur sinnlich-perzeptive Fertigkeiten geschult und die Einbildungskraft gefördert, sondern es werden auch hermeneutische Fähigkeiten, Kommunikation, narratives Denken und Sinnbildung verbessert.

Heute wird besonders die Lese- und Schreibkompetenz (»literacy«) betont, wenn es um die Verstehensprozesse geht, die durch ästhetische Bildung gefördert werden. Ästhetische Bildung trägt nicht nur zur Lese- und Schreibkompetenz allgemein bei, indem sie, wie oben ausgeführt, hermeneutische Fähigkeiten, Kommunikation, narratives Denken und Sinnbildung begünstigt. Sie zielt auch auf die Aneignung einer speziellen bildlichen Decodierungs- und Encodierungskompetenz, einer sogenannten »visual literacy« (Debes/Williams 1978). Ästhetische Bildung unterstützt dabei, dass wir mit den uns umgebenden Bildern umgehen, dass wir diese lesen und entziffern können, wie auch dazu, dass wir selbst Bilder, die anderen etwas sagen, gestalten können (vgl. Moore 1994, Frey 2008, Elkins 2010). Sie schafft somit nicht zuletzt die Voraussetzungen für ein verstehendes und als solches mit anderen teilbares Erfahren von ästhetischen Dingen.

D) Urteilskraft und Moral: Eng in Verbindung mit dem Bestreben, ein ästhetisches Werk oder Bilder zu verstehen, steht das Urteilen über deren Wert. Dieses Urteilen kann sich auf zwei Ebenen vollziehen, auf einer formalen und auf einer inhaltlichen. Häufig wird es mit dem Konzept des Geschmacks in Verbindung gebracht. Verständnis für formale Schönheit oder inhaltliche Finesse eines ästhetischen Dings zeigt sich darin, ob jemand Geschmack besitzt. In der Diskussion über ästhetische Bildung spielt es dabei sowohl eine Rolle, wie Geschmack geschult bzw. verbessert werden kann, als auch, wie er als ausgebildetes Vermögen auf andere Urteilsbereiche zurückwirkt. Das Sehen-, Hören-, und Fühlen-Lernen ist in diesem Zusammenhang wichtig, denn viele Ansätze vertreten die Überzeugung, dass nur aufmerksam und differenziert arbeitende Sinne die Basis für ein verlässliches Geschmacksurteil abgeben können. Bildende Voraussetzung des ästhetischen Urteils wäre somit die Schulung der sinnlichen

Vermögen hinsichtlich des Geschmacksvermögens (vgl. Hume 1985, Baumgarten 1988).

Viele moderne ästhetische Theorien betonen die Reduktion des Geschmacksurteils auf formale Aspekte eines Werks (vgl. Schiller 2009, Kant 2001). Ästhetische Bildung würde diesen Ansätzen folgend darin bestehen, jenen Lustgewinn, der mit der Betrachtung eines ästhetischen Werks in Verbindung steht, auf spezifische ästhetische Merkmale zurückzuführen, die als schön, harmonisch, symmetrisch usw. klassifiziert werden können. Gegenbewegungen zur Konzentration auf das Formale betonen, dass die Urteilskraft im Angesicht ästhetischer Werke darin besteht, die Passung von Form und Inhalt kritisch zu überprüfen oder gar nur auf den Inhalt, nicht aber auf die Form zu fokussieren (vgl. Bourdieu 1987).

Nicht nur in jenen Ansätzen, die ein größeres Augenmerk auf Inhalte als auf Form bzw. auf die Passung von Form und Inhalt legen, sondern auch in den formalistischen Zugängen wird ästhetische Urteilskraft nicht selten mit moralischem Urteilsvermögen verknüpft. David Hume formuliert den Zusammenhang beispielsweise so, dass sowohl in Fragen der ästhetischen Kontemplation als auch in jenen der moralischen Stellungnahme der Geschmack ausschlaggebend für das Fällen eines adäquaten Urteils ist. Geschmack muss durch das wiederholte ästhetische Erfahren als Sinn für das Schöne und Gute geschult werden. Sowohl für die Beurteilung eines Kunstwerks als schön, wohlgeformt, bedeutend als auch für die Beurteilung einer Handlung als richtig, gut, sozial nachhaltig braucht es ausgebildeten Geschmack, der, basierend auf bereits gemachten Erfahrungen, den für das Fällen eines Urteils notwendigen Sinn stärkt. Nicht mit Blick auf die bildenden Voraussetzungen, sondern auf die bildenden Wirkungen betont auch Schiller den engen Zusammenhang zwischen ästhetischer Urteilsfähigkeit und Moralität. Für Schiller kann nur derjenige Mensch wahrhaft moralisch werden, der eine ästhetische Erziehung genossen und den eigenen Sinn für das Schöne geschult hat. Urteilskraft und Moral zeigen sich hier als zwei eng miteinander verknüpfte Komponenten des ästhetischen Bildungsgeschehens.

In neueren ästhetischen Theorien ist die moralische Bildung durch ästhetische Erfahrung ein vordergründiges Thema, wenn zum Beispiel argumentiert wird, dass Leser von Romanen oder Kinogeherinnen Leid und Freude der Protagonisten derart lebhaft mitfühlen, dass sie ähnliche moralische Lehren aus deren Geschichten ziehen, wie diese in den fiktionalen Szenarien selbst wirksam sind. Empathie und Bereitschaft zur Identifikation mit fiktionalen Figuren und der dargestellten Welt spielen dabei eine wichtige Rolle und können als Voraussetzung für das Funktionieren moralischer Bildungsprozesse gelesen werden (vgl. Carroll 2002, Vaage 2010, Rieger-Ladich 2016).

E) Technische Fertigkeiten, Körperbeherrschung, kreatives Handeln: Die bisher behandelten Aspekte haben sich hauptsächlich auf die Fähigkeiten und Fertigkeiten von ästhetisch Erfahrenden bezogen. Ästhetische Bildung betrifft aber nicht nur die kontemplierende, perzeptiv oder imaginativ erfahrende oder verstehende Auseinandersetzung mit ästhetischen Dingen, sondern auch das Kreieren von Fiktionen und das Gestalten ästhetischer Werke. Es können dementsprechend zwei große Aufgabenbereiche ästhetischer Bildung unterschieden werden, von denen sich der eine auf ästhetische Erfahrungen oder »aesthetic impressions« und der andere auf ästhetische Praxis oder »aesthetic expressions« bezieht (vgl. Broudy 1977). Im eigenen ästhetischen Tun, das als Praxis nie gänzlich vom ästhetischen Betrachten abgelöst werden kann (vgl. Merleau-Ponty 2003), werden vor allem sinnliche, imaginative, körperliche und technische Fertigkeiten angeeignet bzw. bilden diese als solche die Voraussetzungen für die kreative künstlerische Handlungsfähigkeit.

Die Auseinandersetzung mit unterschiedlichen Ausdrucksweisen, Darstellungsformen und Arbeitsmaterialien führt zu einer Verbesserung von Techniken und trägt zur Körperbeherrschung bei. Das Üben eines Instruments etwa befähigt aber nicht nur im Umgang mit diesem Instrument, indem der Körper den Anforderungen des Geräts entsprechend trainiert wird, zum Beispiel wenn gelernt wird, die Klarinette richtig am Mund anzusetzen, die Finger weit genug spreizen und unabhängig voneinander punktgenau bewegen zu können. Das eigene Musizieren fördert neben Körperbeherrschung und Selbstregulierung auch die Differenzierung des Hörsinnes sowie das Empfinden von Rhythmus und Harmonie (vgl. Adorno 1968, Huber/Kahlert 2003). Ähnlich verhält es sich mit dem Tanzen. Bildnerisches Gestalten ist ebenso aktive Auseinandersetzung mit den eigenen körperlichen Möglichkeiten, das auf eine grundsätzliche Erweiterung und Ausdifferenzierung der Körperfähigkeiten und des eigenen Körperbildes zielt. Das Erlernen des jeweiligen Handwerks dient dabei nicht bloß dem Vollzug einer bestimmten Technik oder Kunst. Im Gegenteil bringt es Fertigkeiten mit sich, die über den abgegrenzten Bereich und auch das Feld des Ästhetischen hinaus von Bedeutung sind. Neben der Schulung der Sinne und der Steigerung des Körperbewusstseins zielen ästhetische Schaffensprozesse auch auf die Förderung der Aufmerksamkeit für Details, kleine Zusammenhänge, diffizile Unterschiede und schärfen somit im Tun selbst schon das abwägende und vergleichende Betrachten (vgl. Goodman 1976). Auch die Kreativität, die durch regelmäßige Praxis angeregt wird, ist ein wichtiger Aspekt des ästhetischen Gestaltens.

Nachdem die Erörterung der verschiedenen Wirkungsbereiche ästhetischer Bildung – Sinnlichkeit, Einbildungskraft, Verstehen und Kommunikation, Urteilskraft und Moral sowie technische

Fertigkeiten, Körperbeherrschung und kreatives Handeln – bereits darauf hindeutet, dass es mitunter gar nicht so einfach ist, ästhetische Bildungsprozesse als distinkte von anderen Bildungsprozessen und von Bildung im Singular zu unterscheiden, möchte ich am Ende dieses Abschnitts auf die Frage eingehen, wie grundlegend ästhetische Bildung ist. Daran gebunden muss überlegt werden, ob ästhetische Bildung, sofern sie als grundlegend gilt, ihren eigenen abgrenzbaren Geltungsbereich wahren kann.

In einem vier Jahrzehnte nach seiner Veröffentlichung immer noch höchst aktuellen Text von 1977 stellt Harry S. Broudy, eine der wichtigsten Figuren in der angloamerikanischen Diskussion über ästhetische Bildung, die bedenkenswerte Frage: »How basic is aesthetic education?« In seiner programmatischen Schrift werden nicht nur die wesentlichen Aufgaben und Ziele von ästhetischer Bildung, vornehmlich für den schulischen Kontext, aufgeschlüsselt. Vielmehr wird auch deren Verhältnis zu einer kompetenzorientierten Allgemeinbildung definiert, die auf den Erwerb von Fertigkeiten in den drei Grundsäulen Lesen, Schreiben und Rechnen abzielt. Das Plädoyer für ästhetische Bildung als einer für sich genommen erstrebenswerten Form der Bildung, das Broudy fast manifesthaft formuliert, erteilt der Vorstellung, ästhetische Erfahrung und Praxis hätten hauptsächlich der Stärkung von nicht-ästhetischen Kompetenzen zu dienen, eine klare Absage. Ästhetische Bildung als ein bloßes Hilfsmittel auf dem Weg zur Aneignung und Stärkung von Fertigkeiten in den Bereichen der Lese- und Schreibkompetenz wie auch der Mathematik zu verstehen würde seines Erachtens die Möglichkeiten von Bildung in einem hohen Maße einschränken. Seiner Ansicht nach ist ästhetische Bildung grundlegend, weil »it is a primary form of experience on which all cognition, judgment, and action depend. It is the fundamental and distinct power of image making by the imagination. It furnishes the raw material for concepts, and ideals, for creating a world of possibility.« (Broudy 1977: 139) Broudys zentrales Argument lautet, dass ästhetische Bildung die Einbildungskraft und damit die Fertigkeit zum Erschaffen und Explorieren von Möglichkeitshorizonten trainiert. Diese Fertigkeit macht, wie weiter oben schon angedeutet, eine wesentliche Komponente von Verstehensprozessen aus.

Ästhetische Bildung ist einerseits für sich genommen eine elementare Form von Bildung, insofern sie die Einbildungskraft verbessert. Andererseits ist sie aber auch unverzichtbar für die Aneignung und Optimierung der anerkannten Kernkompetenzen. Sie trägt wesentlich zum Erwerb der Lese- und Schreibkompetenz bei, insofern sie das bildliche Grundmaterial liefert, das gebraucht wird, um aus abstrakten Wörtern etwas Anschauliches zu machen und sich unter Sprache etwas Konkretes vorstellen zu können. Broudys Argument gliedert sich entsprechend in zwei Stränge und unterstreicht die Bedeutung der ästhetischen Bildung in doppelter Weise: auf einer spezifischen und auf einer allgemeinen Ebene. Spezifisch gesehen und für sich genommen ist ästhetische Bildung als gezieltes Training und Erweiterung der Einbildungskraft unverzichtbar. Allgemein gesehen und im Kontext der Kernkompetenzen genommen ist sie für die Förderung von Verstehens-, Entzifferungs- und Sinnbildungsprozessen wesentlich. Mangelnde Lese- und Schreibkompetenz lässt sich daher auch als Mangel an den für die Konstitution von Sinn zur Verfügung stehenden Bildern interpretieren. Insofern ist ausreichende ästhetische Bildung nicht nur, aber gerade auch im elementarpädagogischen Kontext wichtig. Sie zielt nicht auf die Bildung einer künstlerischen Elite, sondern darauf, in jedem und jeder das Vertrauen zu steigern, »that one is seeing, hearing, and imagining somewhat as the artist does« (ebd.: 141).

In derselben Diskurstradition steht Ralph A. Smith, der sich in zahlreichen Texten mit der Frage beschäftigt, inwiefern ästhetische Bildung unverzichtbar für Bildung (in einem humanistischen Sinn) ist. Wie Broudy schätzt er die Bedeutung ästhetischer Bildungsprozesse als gravierend ein. Sein Bildungsideal ist eine liberale Bildung, die sich an einem ganzheitlichen Bildungsgeschehen orientiert, das auf die Konstitution einer »whole person« (Smith 2006: 10) abzielt. Der Beitrag ästhetischer Bildung liegt darin, dass sie die Wahrnehmungsfähigkeit (*percipience*) fördert (vgl. ebd.: 124 ff., Osborne 1970). Ästhetisches Lernen vollzieht sich dabei in verschiedenen Phasen, zu denen nicht nur die Verfeinerung des Wahrnehmungssinnes, sondern auch die Steigerung des Verständnisses für künstlerische Ausdrucksformen, die Ausdifferenzierung von Betrachtungsweisen und die Verbesserung der Fähigkeit zur kritischen Reflexion zählen.

Mit Autoren wie Broudy und Smith kann für eine Einordnung der ästhetischen Bildung in den allgemeinen Bildungsbereich argumentiert werden, und zwar ohne dass dabei die ästhetische Bildung zu einem Hilfsverfahren zwecks Stärkung der anerkannten Kernkompetenzen degradiert würde. Ästhetische Bildung hat dann sowohl einen eigenen Geltungsbereich wie auch einen irreduziblen Geltungsanspruch und ist insofern durch keine andere Form der Bildung zu ersetzen. Obwohl diese Perspektive verlockend klingt, ist doch auch klar, dass ästhetische Bildung mit der großen Aufgabe, die ihr als einer grundlegenden Form von Bildung zukommt, auch eine immense Last trägt. Diese Last besteht nicht zuletzt darin, dass sie, bis zu einem gewissen Grad zumindest, den Normen des etablierten Bildungssystems unterworfen werden muss. Was damit an Herausforderungen und Problemen in Verbindung steht und inwiefern Versuche einer solchen Unterwerfung in der Geschichte der ästhetischen Bildung ein einschlägiges Motiv darstellen, soll im folgenden Abschnitt beschrieben werden.

1.5 Die Regulierung ästhetischer Bildung durch Normen und Institutionen

Einer der Kerngedanken eines auf Bildungsgerechtigkeit und ganzheitliche Bildung abzielenden Bildungsideals ist, dass ästhetische Bildung als Möglichkeit allen offenstehen soll. Das Erreichen dieses Ideals wird aber bereits auf rein faktischer Ebene durch zumindest zwei Faktoren erschwert: Nicht nur bedarf ästhetische Bildung des Zugangs zu bestimmten Orten, an denen ästhetische Erfahrungen gemacht werden können. Sie bedarf auch der Zeit und der Muße, um die Aufmerksamkeit ästhetischen Dingen widmen und sich ihrer ästhetischen Erscheinung überhaupt öffnen zu können (vgl. Rancière 2006). Das heißt, man muss einerseits über die Zeit verfügen und andererseits an einem bestimmten Ort sein, um ästhetische Erfahrungen machen und somit potenziell am ästhetischen Bildungsgeschehen teilhaben zu können. Ästhetische Dinge stehen darüber hinaus oft nur im Kontext eines institutionellen Rahmens oder im Elternhaus, dann aber in einem institutionalisierten medialen Setting zur Verfügung. Institutionen und Medien, gerade die Massenmedien, wie Film, Fernsehen, Web 2.0 und Radio, haben jedoch auf unterschiedlichsten Ebenen normativen Vorgaben zu entsprechen, die entweder durch Gesetzgebung, gesellschaftliche oder kulturelle Erwartungen bzw. industrielle, kommerzielle Zwänge usw. gegeben sind (vgl. Horkheimer/Adorno 2006). Damit ist die Möglichkeit von ästhetischer Erfahrung fast ausschließlich in komplexe institutionelle Arrangements verstrickt, die die Begegnung mit ästhetischen Dingen in einer spezifischen Weise rahmen und einem eigenständigen und selbstverantworteten Eintreten in einen Bildungsprozess wenig zuträglich sind, ja die Möglichkeit dieses Eintretens für bestimmte gesellschaftliche, soziale oder kulturelle Gruppen erschweren und teilweise sogar verunmöglichen.

Die Regulierung ästhetischer Bildungsprozesse durch Institutionen und Medien ist allerdings nicht nur ein aktuelles Problem in Zeiten der Kulturindustrie und der modernen Massenmedien. Bereits in der Antike, insbesondere bei Platon, finden sich zahlreiche, meines Erachtens immer noch aktuelle Überlegungen zur gezielten Eröffnung und – vor allem staatlichen – Kontrolle von ästhetischen Erfahrungsräumen. Fast immer, wenn Platon über den Bildungsgehalt von Dichtung, Theater oder Malerei nachdenkt, äußert er sich zur Notwendigkeit der Überwachung und allfälligen Korrektur des Wirkungsraums für die Werke, die schließlich in der Zensur durch diejenigen münden können, welche über die Wirkmacht der ästhetischen Erfahrungen am allerbesten Bescheid wissen: die Philosoph_innen. Philosoph_innen sind im platonischen Staat politische Leitfiguren, die theoretische wie auch praktische Ideen für die angemessene Organisation des Staates liefern. Wenn es um die Künstler_innen und vor allem um den Einfluss ihrer Werke auf Kinder und Jugendliche geht, ist Platons Vorzeigedenker Sokrates besonders streng, weil er weiß, wie sehr die Menschen geneigt sind, sich durch schön geschriebene und präsentierte Geschichten von allem, ja selbst von moralisch zweifelhaften Dingen und von dezidierten Unwahrheiten überzeugen zu lassen. Das Problem, mit dem sich Platon konfrontiert sieht und als dessen Lösung er die Notwendigkeit der Zensur einführt, besteht darin, dass die Künste mehr bewirken können, als sie bewirken sollen. Ihre Wirkung kann so weit reichen, dass die Rezipient_innen zum Beispiel das ansonsten als richtig und gut Erachtete als schlecht und verwerflich betrachten, wenn ihnen dies nur in besonders wohlgeformter Sprache vorgetragen wird.

Platons Problem ist in der Geschichte des Denkens kein Einzelfall, auch wenn er nicht selten als der Hauptvertreter eines als besonders problematisch empfundenen kontrollierenden Einschreitens in den Kunstbetrieb gehandelt wird. Viele Denker_innen beschäftigen sich allerdings mit der von ihm letztlich programmatisch grundgelegten Frage, was, gerade in Hinblick auf ein Erziehungs- und Bildungsgeschehen, die Normen für gute und schöne und damit nicht zuletzt für angemessene Kunstwerke sowie den Raum ihres Erscheinens sind. Freilich geht mit der Bestimmung solcher Normen der Imperativ einher, dass diese auch tatsächlich umgesetzt werden. Wenngleich im Gefolge Platons die wenigsten Theoretiker_innen einen ausdrücklichen Ausschluss bestimmter Kunstformen und künstlerischer Praktiken verlangen, so befassen auch sie sich intensiv mit jener Herausforderung, die ich als das »Bewirken-Können- vs. Bewirken-Sollen-Problem« bezeichnen möchte. Es geht dabei um den Versuch, eine normativ gehaltvolle und nicht bloß eine deskriptive Theorie der ästhetischen Bildung zu entwickeln, d.h. nicht nur zu beschreiben, wie ästhetische Erfahrungen auf uns wirken, wie wir auf Kunstwerke antworten und wie wir uns entsprechend durch sie bilden können. Es geht auch darum, die theoretischen Grundlagen zu schaffen, um zu verstehen, welche Kunstwerke und ästhetische Dinge uns in welchem Rahmen so ansprechen, dass wir uns in einer wünschenswerten Weise durch sie bilden.

Normativ gehaltvolle Theorien ästhetischer Bildung antworten, wie Platons Überlegungen paradigmatisch zeigen, nicht nur auf die zu einem bestimmten Zeitpunkt und in einem bestimmten Kontext herrschenden politischen, gesellschaftlichen, sozialen usw. Überzeugungen. Sie tragen auch dazu bei, bestehende Meinungen und Überzeugungen zu überdenken und neue zu entwickeln. Theorien stehen so im Spannungsfeld von Normen. Sie produzieren aber auch Normen. Diese Normen wiederum werden in unterschiedlichen Settings institutionalisiert und regulieren nicht nur die künstlerischen Praktiken, sondern auch die ästhetischen Erfahrungsräume.

Theorien wie auch die von ihnen beschriebenen Räume des Erfahrens und Handelns sind situiert in einem spezifischen sozialgeschichtlichen Kontext. Sie sind gesellschaftspolitisch gerahmt (vgl. Butler 2009). Ästhetische Erfahrungen und ästhetisches Tun können insofern nicht als Leistungen eines isolierten Subjekts betrachtet werden. Das ästhetische Subjekt steht in einer notwendigen Beziehung zu einer Gemeinschaft, die auch als ästhetische Gemeinschaft begriffen werden muss. Wird über das Verhältnis von Subjekt und Gemeinschaft nachgedacht, so ist es einerseits zentral, danach zu fragen, wo ein ästhetisches Subjekt in der Gemeinschaft steht, wie es sich zu anderen positioniert, sich mit diesen austauscht. Gerade für eine Diskussion ästhetischer Bildungsprozesse ist es daher wesentlich, auf die blinden Flecke jener Ästhetiken hinzuweisen, die das ästhetische Subjekt als solipsistisch, als für sich allein kontemplierend oder kreierend, nicht aber als im direkten oder indirekten Austausch mit anderen stehend beschreiben.

Nicht weniger zentral, als das Verhältnis von Subjekt und Gemeinschaft zur Sprache zu bringen, ist es, danach zu fragen, wer überhaupt als ästhetisches Subjekt adressiert wird. Nicht selten wird mit der Beschreibung des ästhetischen Subjekts – sei es in der Form des Rezipienten oder der Künstlerin – gleichsam eine bestimmte soziale Schicht eingeschlossen und werden, unter der Hand oder explizit, andere Schichten dabei ausgeschlossen. Im 18. Jahrhundert wird so etwa ein Verständnis des ästhetischen Subjekts geprägt, das in erster Linie Eigenschaften des kolonialen männlichen Bürgers aufweist (vgl. Kernbauer 2011) und damit elitistisch und ausschließend operiert. Im Folgenden wird die Frage, welches Subjekt eine Theorie in den Fokus der Betrachtung rückt, wiederholt aufgeworfen werden. Sie kann zu einer differenzierten und kritischen Betrachtung beitragen und helfen, sowohl die Möglichkeiten wie auch die Herausforderungen und Probleme der diskutierten Ansätze herauszuarbeiten.

1.6 Ästhetische Kompetenz und *Visual Literacy*

Normen und Institutionen sind allerdings nicht die einzigen Rahmen, die künstlerische Praxis und ästhetische Erfahrungen regulieren, indem sie über Ort, Zeit, Ausmaß, Inhalt und Form ästhetischer Dinge entscheiden und damit deren Mach- und Erfahrbarkeit, sei es direkt oder indirekt, steuern. Auch Haltungen, Einstellungen und die Fähigkeit, ästhetische Dinge zu erfahren, hervorzubringen und zu verstehen, sind Voraussetzungen für ästhetische Auseinandersetzungen. Auf die bildenden Voraussetzungen von ästhetischer Erfahrung und ästhetischer Praxis wurde bereits hingewiesen. Nicht zuletzt Pierre Bourdieu hat in seinen umfassenden soziologischen Studien aufgezeigt, dass ästhetische Erfahrung, so wie sie im modernen Denken definiert wird, keineswegs eine voraussetzungslose und damit jedem und jeder offenstehende Form der Erfahrung ist (vgl. Bourdieu 1987). Ästhetische Erfahrung, verstanden als ein distanziertes, kontemplatives, sich selbst genügendes Betrachten eines ästhetischen Dings, bedarf einer bestimmten Haltung und Fertigkeit, einer spezifischen ästhetischen Kompetenz (vgl. Bourdieu 2015: 115), die seines Erachtens den kulturell privilegierten Klassen vorbehalten ist. Ästhetische Kompetenz in einer von der »reinen« Ästhetik geprägten Kultur meint nach Bourdieu, dass die Betrachterin in der Lage ist, sich zum Gegenstand der Betrachtung in eine Distanz zu bringen und das ästhetische Ding mit Augenmerk auf seine Form, nicht aber seine Funktion, also interesselos zu betrachten. Für den Bildungsprozess bedeutet das, dass man sich in eine Distanz zur herkömmlichen Wahrnehmung bringen muss. Man muss, wenn man Methoden zur angemessenen Betrachtung und Beschreibung eines Kunstwerks erwerben will, die emotional-lustvolle Auseinandersetzung mit dem ästhetischen Ding unterbrechen – handele es sich um Staunen, Freude, Wut oder andere Regungen. Dabei ist das Geschmacksurteil als solches, das mit dem Empfinden eines Bildes als »schön« einhergeht, vielleicht – wenn überhaupt – zwar dem Akt der Beschreibung vorgängig, spielt aber für die Beschreibung selbst keinerlei Rolle. Die Kompositionskriterien und die Schönheitsstandards, aufgrund deren ein Bild als schön beschrieben werden kann, sind selbst zwar in ihrer Genese möglicherweise auf Empfindungen des Schönen angewiesen, entkoppeln aber die Beurteilung eines Bildes von diesen Empfindungen. Um ein Bild als schön beschreiben zu können, muss es nicht als schön empfunden werden.

Ähnlich verhält es sich mit inhaltlichen Beschreibungen. Eine möglichst »kompetente« inhaltliche Analyse eines Bildes geht mit einer Abstraktion von den durch seinen Inhalt transportierten Gefühlen einher. Wird beispielsweise Picassos *Guernica* beschrieben, so wird eine adäquate Beschreibung zwar berücksichtigen, dass dieses Bild inhaltlich auf die Schrecken des Krieges verweist. Sie wird sich aber nicht lange damit aufhalten, inwiefern das Bild den Betrachter selbst in Schrecken versetzt. Werden bestimmte Inhalte erfasst und als Ausdruck bestimmter (politischer, religiöser, gesellschaftlicher, kultureller) Gesinnungen identifiziert, so ist es Teil der Bildbetrachtung, emotionale Bezugnahmen zu den Bildern auszuschalten.

Neben der gezielten Initiation von Prozessen ästhetischen Erfahrens kann die Stärkung der Fähigkeit, Bilder, Texte, Musik- und Theaterstücke, Filme oder Comics zu entschlüsseln und zu interpretieren sowie solche Werke als Informationsträger zu produzieren, als eine wesentliche Aufgabe der ästhetischen Bildung verstanden werden. *Visual Literacy* ist ein von John L. Debes Ende der 1960er Jahre eingeführter Terminus, der ein spezifisch bildliches Lesen und Verstehen beschreibt (vgl. Debes/William 1978). In der interdisziplinär weit gestreuten Forschung zu *Visual Literacy* werden einerseits Verstehens- und Interpretationsprozesse untersucht, die für bildliches Erfahren charakteristisch sind, und andererseits verschiedene praxisorientierte Modelle entwickelt, die helfen sollen, die Bildkompetenz im schulischen oder außerschulischen Kontext zu fördern. *Visual Literacy* soll als Kernkompetenz in der schulischen Unterrichtspraxis mitberücksichtigt und gefördert werden. Dabei gilt dieser Anspruch nicht nur für die im engeren Sinne auf Bilder bezogenen Unterrichtsgegenstände, wie Bildnerische Erziehung, Bildnerisches Gestalten oder Kunsterziehung, sondern auch für andere Fächer. Die Argumente für die pädagogische Konzentration auf die Stärkung der Bildkompetenz bewegen sich weitestgehend im Rahmen der Einsicht in die aktuelle Dringlichkeit eines geschulten Umgangs mit Bildern. Da Heranwachsende in massiver Weise mit Bildern konfrontiert sind, müssen sie die Kompetenz entwickeln, Bilder als solche wahrnehmen und verstehen zu können, sie »richtig« lesen zu lernen.

Zentral in der Debatte um ein dezidiert bildliches Lesen und Verstehen ist der Unterschied von sprachlichem und bildlichem Ausdruck, sprachlicher und bildlicher Kommunikation. So wird auf eine Reihe von Unterschieden von Schrift- und Bildsprache hingewiesen, wie etwa den Umstand, dass ein Text Informationen analytisch verarbeitet und vermittelt und es sich bei Bildern dagegen um semantisch dichte Systeme handelt (vgl. Lessing 2012). Es gibt aber auch Diskussionen darüber, inwiefern Bild und Sprache in neue Beziehungen der Sinnvermittlung treten (vgl. Ballstaedt 1997). Interessant sind in diesem Zusammenhang Untersuchungen zu Text-Bild-Konstellationen, da viele jener Bilder, mit denen Heranwachsende heute etwa im Bereich Social Media konfrontiert sind, von Texten begleitet sind bzw. kommentiert werden. Umgekehrt werden Texte mit Bildern untermalt bzw. Bilder als Texte genutzt (wie im Fall der Emoticons). Einen kompetenten Umgang im Lesen dieser Text-Bild- oder Bild-Text-Konstellationen zu erwerben, d.h. Bild und Text jeweils zu verstehen und interpretieren zu können bzw. sie in ein adäquates Verhältnis setzen zu können, ist dabei von ebenso großer Wichtigkeit, wie Texte und Bilder jeweils kritisch zu erfassen.

1.7 Ästhetische Bildung differenziert betrachtet

Bevor in den folgenden drei Kapiteln eine Reihe von Theorien auf ihren Beitrag zu einer Diskussion über ästhetische Bildung untersucht wird, die sowohl im jeweiligen sozialgeschichtlichen Setting wie auch im Kontext heutiger Debatten von Interesse sind, wird nun abschließend die Systematisierung erläutert, die diesem Band zugrunde liegt. Wie weiter oben beschrieben, sind die Aufgaben, Zwecke und Ziele, die ästhetischer Bildung zugeschrieben werden, in theoretischen, bildungspolitischen und auch praktisch-kunstpädagogischen Überlegungen breit definiert. Vergleichsweise weit gestreut sind auch die Auseinandersetzungen mit dem ästhetischen Bildungsgeschehen, die sich in – klassischen, modernen und zeitgenössischen – philosophischen, erziehungs-, politik-, kultur- oder literaturwissenschaftlichen Ansätzen aufspüren lassen. Entsprechend ist es im Rahmen einer Einführung sinnvoll, drei große Bereiche zu differenzieren, um die vorgestellten Theorien als Theorien ästhetischer Bildung lesbar zu machen. Diese drei Bereiche umfassen 1. Wahrnehmungs- und Geschmacksbildung, 2. Moralität, Urteilskraft und Kritik und 3. Einbildungskraft, Kreativität und Handlungsfähigkeit. Als die zentralen Spannungsfelder werden entsprechend die Schulung der Sinne, die Schärfung der Urteilskraft und die Steigerung von Kreativität ins Zentrum der folgenden Darstellung gerückt. Die weiter oben eingeführte Leitdifferenz von bildenden Voraussetzungen und bildenden Wirkungen wird sich dabei als für alle drei Bereiche relevant erweisen.

Viele der in diesem Band besprochenen Ansätze handeln nicht explizit von ästhetischer Bildung, sondern allgemeiner von Ästhetik, Bildung, Kultur, Gemeinschaft, Erkenntnis oder Wissen, eignen sich aber, um ein fundiertes Verständnis davon zu entwickeln, was ästhetische Bildung umfassen kann. Indem sie mitunter quer zu den herrschenden bildungspolitischen Debatten oder anerkannten Überzeugungen im Bildungsdiskurs stehen, können sie neue Impulse für ein Nachdenken über Aufgaben, Zwecke und Ziele ästhetischer Bildung geben. Um dies leisten zu können, ist es allerdings notwendig, ästhetische Bildung differenziert zu betrachten, d.h. sich bewusst vor Augen zu führen, welche Dimension an bildenden Voraussetzungen oder bildenden Wirkungen von ästhetischen Erfahrungen oder ästhetischen Praktiken jeweils angesprochen wird.

2. Wahrnehmung und Geschmack

»An entirely different game is played in different ages.« (Wittgenstein 1967: 8) So äußert sich Wittgenstein in seinen 1938 gehaltenen *Lectures on Aesthetics* mit Blick auf die Bedingungen des ästhetischen Erfahrens. Ästhetisches Erfahren ist eingebettet in ein von gesellschaftlichen und nicht zuletzt (bildungs-)politischen Normen und Werten geprägtes Spiel. Bedingung dafür, an diesem Spiel teilzuhaben, also ästhetische Erfahrungen zu machen, ein ästhetisches Subjekt und damit Teil einer ästhetischen Gemeinschaft zu werden, ist ein spezifisches historisch-kulturelles Setting, in dem man perzeptiv sozialisiert oder – wie Wittgenstein sagt – »abgerichtet« wird. Um ästhetisch erfahren zu können, braucht es also ästhetische Bildung[16], und zwar im Sinne einer Bildung von Wahrnehmung und Geschmack. Dem hier von Wittgenstein angesprochenen Thema sind die in diesem Kapitel zusammengefassten Überlegungen gewidmet. Ästhetische Bildung, als Wahrnehmungs- und Geschmacksbildung verstanden, tritt in den besprochenen Ansätzen in Gestalt einer Kritik auf. Diese Kritik kreist um die Fragen, ob es Bedingungen des ästhetischen Erfahrens gibt, wie diese Bedingungen genau aussehen, ob und wie sie – passiv oder aktiv – zu erwerben sind und wer die ästhetischen Subjekte tatsächlich sind, die sich ästhetisch bilden können oder sollen.

Aus Wittgensteins Beobachtungen lässt sich folgern, dass ästhetische Bildung der großteils passiv und implizit sich vollziehende Erwerb von Fertigkeiten des Wahrnehmens und Urteilens ist, die von Epoche zu Epoche und von Kultur zu Kultur variieren. Ästhetisches Erfahren als Resultat eines stillen und deshalb meist kaum thematisierten Bildungsprozesses ist normalisiertes Wahrnehmen.[17] Mit diesem Verständnis werden mindestens drei Kernanliegen vieler ästhetischer Theorien herausgefordert:

A) Die »Natürlichkeitsthese«, die besagt, dass ästhetisches Erfahren eine angeborene Fertigkeit ist, die jedem Menschen als Menschen zukommt. Jede und jeder ist von Geburt an ästhetisches Subjekt und Teil einer ästhetischen Gemeinschaft. Ästhetische Bildung als Bildung *zum* ästhetischen Erfahren, als Schulung der Sinne und Übung der Wahrnehmung ist folglich überflüssig. Die Natürlichkeitsthese ist nicht so sehr das erörterte Thema als vielmehr der Ausgangspunkt vieler Ästhetiken seit dem 18. Jahrhundert.

B) Die »Universalitätsthese«, die sich dafür ausspricht, dass ästhetisches Erfahren, selbst wenn es als durch Wahrnehmungsbildung mitbedingt verstanden wird, nicht nur relative, sondern allgemeine Gültigkeit haben muss. Ein Geschmacksurteil ist zwar als eingebettet in ein spezifisches Normen- und Wertesystem zu verstehen, ästhetisches Erfahren kann sich aber gerade auch durch die richtige Übung auf eine universale Ebene der sinnlichen Wahrnehmung gründen. Ästhetisches Erfahren fundiert somit nicht zuletzt eine über historische und kulturelle Grenzen hinweg vereinigte ästhetische Gemeinschaft.

C) Die »Entnormalisierungsthese«, die unterstreicht, dass ästhetisches Erfahren erlaubt, aus den normalisierten Wahrnehmungsvollzügen auszuscheren und den Blick auf anderes zu eröffnen wie auch neue Perspektiven zu schaffen. Ästhetische Erfahrung ist, so verstanden, selbst eine die Wahrnehmung und den Geschmack bildende.

Mit Wittgenstein kann durch Infragestellung der Natürlichkeitsthese einerseits auf den Umstand hingewiesen werden, dass die ästhetische Erfahrung nicht einfach als schlichtweg Gegebenes verstanden werden muss. Die große Rolle, die Lern- und Bildungsprozesse für die Wahrnehmung ästhetischer Dinge haben, tritt dadurch deutlich hervor. Ästhetische Bildung als Bildung *zum* ästhetischen Erfahren durch eine Schulung der Sinne und eine (Ein-)Übung von Wahrnehmungsweisen muss dann nämlich als eine Voraussetzung[18] ästhetischen Erfahrens gelten. Ästhetisches Erfahren wird laut Wittgenstein innerhalb einer Gemeinschaft, im Austausch mit den Mitmenschen gelernt. Da dieses (Ein-)Lernen sich einerseits in einem spezifischen Normen- und Wertesystem und andererseits implizit und passiv vollzieht – womit es letzten Endes ein Effekt der jeweiligen historisch-kulturellen Situiertheit ist –, muss der ästhetischen Bildung sowohl ein entgrenzendes Universalisierungsbestreben wie auch ein die Gesellschaft prägendes oder gar veränderndes Moment abgesprochen werden. Wittgensteins Ansatz ist kulturrelativistisch und erörtert auch nicht, wie sich einzelne Kulturen in ihren Spielweisen ändern können. Damit wird die Universalitätsthese und ebenso die Entnormalisierungsthese ausgehebelt. Ästhetische Bildung als Wahrnehmungsbildung ist zwar zentral; an über Zeit- und Kulturgrenzen hinweg vereinenden, neu gestaltenden oder gar emanzipatorischen Wirkungen fehlt es ihr aber.

Ich möchte zu Beginn dieses Abschnitts die aus Wittgensteins Überlegungen zu gewinnende Fassung einer ästhetischen Bildung aufnehmen, um meine Ausführungen im Folgenden entlang der drei skizzierten Problemkonstellationen auszubuchstabieren: 1. ästhetische Erfahrung ist nicht natürlich, sondern wird erlernt (Kritik an der Natürlichkeitsthese), 2. ästhetische Bildung ist nicht universal, weil in einen klar begrenzten Normalisierungsraum eingelassen (Kritik an der Universalitätsthese) und sie ist

3. ein passiver Aneignungsprozess, der die Wahrnehmung prägt, nicht aber selbst weitere bildende Wirkungen nach sich zieht (Kritik an der Entnormalisierungsthese). Dabei wird mich in der Diskussion der Beiträge sensualistischer, rationalistischer, konstruktivistischer, phänomenologischer und soziologischer Ästhetiken zur Untersuchung dieser Fragen auch beschäftigen, wer denn überhaupt das (vorausgesetzte, beschriebene oder intendierte) Subjekt der erörterten ästhetischen Bildungsprozesse ist. Da diese Diskussion meist keine offen geführte ist, ist es wichtig, an manchen Stellen auf den Hintergrund der jeweiligen Ansätze zu verweisen und zu thematisieren, über wen die Theorien tatsächlich sprechen und wen sie adressieren, wen sie also ein- und wen sie ausschließen. Obwohl solche Überlegungen nicht im Zentrum dieses Einführungsbands stehen können, sollen sie trotzdem nicht gänzlich ausgeklammert werden. Die starken Divergenzen zwischen dem jeweils von den Theorien (mit-)gemeinten ästhetischen Subjekt ziehen sich durch die hier besprochenen Ansätze. Besonders brisant wird dieses Thema dort, wo die Ästhetiken vordergründig demokratisch – also potenziell unter Einbeziehung eines jeden – argumentieren, bei näherem Hinsehen aber augenscheinlich wird, dass manche Personen oder Gruppen – wie solche, die organische Defekte haben (Hume), oder der Pöbel (Dubos) – aus dem ästhetischen Bildungsgeschehen ausgeschlossen werden. Ich werde im Folgenden jeweils exemplarisch auf diese Doppelbödigkeit in den Theorien hinweisen.

Für die hier vorgenommene Zusammenschau der Ansätze, die ästhetische Bildung als Wahrnehmungs- und Geschmacksbildung zu verstehen suchen, rückt zunächst der Aufstand gegen die Natürlichkeitsthese im 18. Jahrhundert, dem Jahrhundert der Ästhetik, in den Fokus. Ästhetische Erfahrung als bedingt durch Wahrnehmungs- und Geschmacksbildung zu verstehen verlangt nämlich zunächst, die Vorstellung zu verabschieden, dass sie ein bei der Geburt bereits voll entwickeltes Vermögen wäre. Die Universalitätsthese bleibt dabei zunächst nicht nur unangetastet, sondern wird sogar aktiv dagegen verteidigt, dass sie mit der Natürlichkeitsthese fallen gelassen werden muss. Die Möglichkeit der Entnormalisierung wird als Thema zwar schon im Jahrhundert der Ästhetik angestoßen, rückt aber erst mit dem 20. Jahrhundert in den Fokus der Überlegungen.

2.1 Bildende Voraussetzungen von ästhetischer Erfahrung

Mitte des 18. Jahrhundert betont Alexander Gottlieb Baumgarten in den einleitenden Worten zu seiner wegweisenden Schrift *Aesthetica*, dass ästhetisches Erfahren – in seiner Sprechweise das »schöne Denken« – kein bloß naturgegebenes Vermögen ist. Die Einsicht in diesen Umstand ist dabei keineswegs nebensächlich. Sie steht nicht nur am Beginn, sondern auch im Zentrum einer »Wissenschaft des Schönen« (Baumgarten 2011: § 395). Laut Baumgarten ist es möglich, Ästhetikerin erst zu werden (vgl. Baumgarten 1988: § 11). Und dies nicht nur dadurch, dass man sich auf die Regeln der Kunst besinnt, sondern auch dadurch, dass man sich im Wahrnehmen übt. So lapidar und unspektakulär diese Bemerkung für heutige Ohren klingen mag, so radikal ist sie aber im Lichte der Tradition, vor deren Hintergrund Baumgarten seine Ästhetik entwickelt.

Baumgarten ist rationalistisch sozialisiert, also ein Denker, der den intellektuellen Leistungen des menschlichen Geistes den Vorzug vor der Sinnlichkeit gibt. Für die Rationalisten des 17. und 18. Jahrhunderts ist weder ästhetisches Erfahren als ein Wahrnehmen von Schönheit ein großes Thema, noch interessieren sie sich für perzeptive Bildungsprozesse und damit für eine mögliche Schulung der Sinne. Baumgartens Position ist – ähnlich wie die seiner Zeitgenossen Jean-Baptiste Dubos und des Earl of Shaftesbury – für seine Zeit also gewissermaßen revolutionär. Es ist aber keineswegs so, dass sie zu einem generellen Umbruch im Feld ästhetischer Theorien geführt hätte. Das 18. Jahrhundert zeigt zwar die entscheidenden Impulse für die Eröffnung der Frage nach einer ästhetischen Bildung als Wahrnehmungs- und Geschmacksbildung. Es legt aber auch Grundlagen für die gegenstrebige Tendenz, die ästhetische Erfahrung als natürliches, jeder und jedem als Mensch zukommendes Vermögen zu denken. Um also den Spannungsraum zu kennzeichnen, der die Charakterisierung ästhetischer Erfahrung als durch eine Bildung der sinnlichen Vermögen ermöglichte begleitet, soll zunächst die Natürlichkeitsthese umrissen werden, wie sie der Sensualist Francis Hutcheson beispielhaft formuliert.

Die Natürlichkeitsthese

Obwohl Hutcheson in einer sensualistischen Denktradition steht, die generell einer Schulbarkeit der Sinne und eines Lernens durch sinnliches Erfahren offen gegenübersteht, spricht er sich für die Natürlichkeit, d.h. die Nicht-Erlernbarkeit ästhetischer Erfahrung aus. Wir könnten zwar annehmen, so Hutcheson, dass unser Sinn für das Schöne einer Anleitung (*instruction*) oder Erziehung (*education*) bedarf. Es lasse sich allerdings beobachten, dass es eine natürliche Empfänglichkeit für das Schöne gibt (vgl. Hutcheson 2004: 10). Über eine Schulung der Sinne und damit eine ästhetische Bildung im Sinne eines Trainierens der sinnlichen Vermögen muss, wenn überhaupt, in kritischer Abgrenzung nachgedacht werden. Den Einfluss von Gewohnheit (*custom*) diskutiert Hutcheson zwar dahingehend, dass sie aufmerksamkeitssteigernde Effekte haben und die Auffassungsgabe verbessern könne. Die Möglichkeit, tatsächlich zu einer höheren Erfahrungsqualität beizutragen, spricht er ihr aber ab, da sie allein dazu fähig ist, das zuvor schon Gekonnte zu wiederholen und damit die Reaktionszeiten zu verkürzen (vgl. ebd.: 70 f.). Erziehung wertet er sogar als potenziell gefährlich, weil sie Vorurteile prägen kann, die uns für die falschen Dingen empfänglich machen. Um diesen zu begegnen, schlägt Hutcheson eine Art Gegenkonditionierung vor – also eine wiederholte Konfrontation mit dem, worüber ein falscher Glauben indoktriniert wurde –, die schließlich dazu führen könne, die Dinge ins richtige Licht zu rücken (vgl. ebd.: 73 f.).

Der Hutcheson'sche Sinn für das Schöne ist eine naturgegebene, innere Empfänglichkeit, die weder durch Gewohnheit noch durch Erziehung erworben und auch nicht durch ein gutes Beispiel vorgelebt werden kann. Ästhetische Erfahrung ist daher natürlich (*natural*), unmittelbar (*immediate*) und notwendig (*necessary*). Zudem ist das Lustempfinden, das die ästhetische Erfahrung begleitet, eines, das klar vom Eigeninteresse, dem persönlichen Vorteil und einer Orientierung an Zwecken und Zielen absieht (vgl. ebd.: 25 f.). Hutcheson kann hiermit als Vordenker nicht zuletzt der deutschsprachigen modernen Ästhetik im Anschluss an Kant gelesen werden, die ästhetische Erfahrung als einen unmittelbaren, notwendigen und uninteressierten Vollzug versteht.

Die sensualistische Intervention

Hutcheson ist mit Blick auf die Natürlichkeitsthese ein untypischer Sensualist. Als Gegenposition zu einem in der neuzeitlichen Philosophie des beginnenden 17. Jahrhunderts stark ausgeprägten Rationalismus fordert der Sensualismus die Rückbesinnung auf die Vorrangstellung der Wahrnehmung und der Sinne. Während rationalistisch betrachtet Erkenntnisse allein über die möglichst weit von den Sinnen sich distanzierende Kognition, also die Operation des rationalen Vermögens, erlangt werden können, betonen Sensualist_innen im Anschluss an den klassischen Empirismus, dass es nichts im Verstand gebe, was nicht durch die Sinne Eingang in diesen gefunden habe. Ohne Wahrnehmung keine Erkenntnis, kein Wissen und ergo ein leerer Geist oder der Kopf eine *tabula rasa* (vgl. Locke 1998: 2/1/§ 2). Die Sensualisten, die vor allem im englischsprachigen, aber auch im französischen Raum des 17. und 18. Jahrhunderts die Theoriebildung bestimmen, interessieren sich für die Wirkmacht der Sinne. Einhergehend damit spielt auch das perzeptiv-sinnliche Erfahren als Moment der Bildung eine große Rolle, wie es etwa von Francis Bacon entwickelt wird, der eine umfassende sensualistische Lerntheorie entwirft (vgl. Bacon 1996).

Eine typisch sensualistische Position entwickelt im Gegensatz zu Hutcheson David Hume. Mit seinem wirkmächtigen Text *Of the Standard of Taste* eröffnet Hume nicht zuletzt eine Perspektive auf die Frage nach der ästhetischen Bildung. Die Universalität des Geschmacks, die Thema des nächsten Abschnitts sein wird, steht als oft diskutiertes Problem zwar im thematischen Zentrum. Die Lösung des Problems, wie man einer relativistischen Ästhetik entkommen kann, wenn man sich gleichzeitig als gute Empirikerin nicht darüber hinwegtäuschen lassen will, dass die Geschmäcker inter- wie auch intrakulturell höchst divers ausfallen (Hume 1985: 227), weist aber über das Universalitätsproblem hinaus. Anders als Hutcheson versteht Hume ästhetisches Erfahren nicht als gegebene Fähigkeit. Er betrachtet es dagegen als erlernbar und damit unter bestimmten Voraussetzungen möglich. Laut Hume muss sich eine Ästhetikerin im Gebrauch der Sinne üben: Sie muss ihre Wahrnehmung schärfen. Sie muss zu einer Expertin in Geschmacksfragen werden. Mit dieser Positionierung ist Humes Ästhetik für Fragen der ästhetischen Bildung von zentralem Interesse.

Hume unterstreicht, dass es nicht nur Regeln der Kunst (*rules of art*) gibt, welche universale Gültigkeit beanspruchen. Es gibt hiermit verbunden auch Prinzipien für ästhetische Billigung (*approbation*) und Tadel (*blame*) (ebd.: 231 ff.). Ein *Standard of Taste* kann sich darauf begründen, dass es eine bestimmte zu erwerbende Haltung und Wahrnehmungsweise gibt, die alle Menschen angemessen auf die Regeln der Kunst antworten, dieselben ästhetischen Dinge billigen und andere im Gegenzug tadeln lassen. Um sich diese Haltung und Wahrnehmungsweise anzueignen, braucht es Wahrnehmungs- und Geschmacksbildung in Form wiederholter und vergleichender Übungen, die bewusst durchgeführt werden. Der Bildungsweg, der zur ästhetischen Erfahrung führt, muss also aktiv beschritten werden. Anders als bei Wittgenstein ist er nicht das Ergebnis einer impliziten Inkorporation. Die Aktivität und Gesteuertheit der Wahrnehmungsbildung hat auch zur Folge, dass es innerhalb derselben ästhetischen Gemeinschaft zur Unterscheidung von den ästhetisch Gebildeten und den Ungebildeten kommt. Nur die wenigen, die in den Genuss aktiver ästhetischer Bildung kommen, werden sich im Hinblick auf Geschmacksfragen als kompetent Urteilende entpuppen.

Ästhetische Übungen zielen auf die Ausbildung eines sorgsamen Auges (*careful eye*) (ebd.: 233). Sorgsam ist ein Auge, das empfänglich für subtile Gefühlsregungen und zarte Nuancen der Einbildungskraft ist. Generell muss ein Ästhetiker empfindsam sein und auch auf noch so kleine Details und Unterschiede aufmerksam werden. Hume differenziert in der Erörterung jener Wahrnehmungsbereiche, die trainiert werden können, und der Frage, wie dieses Training aussehen kann, vier Aspekte von ästhetischer Bildung:

1. Verfeinerung der Wahrnehmung: Wahrnehmen kann trainiert werden, indem dasselbe Ding wiederholt bzw. aus unterschiedlichen Blickwinkeln und in diversen Settings betrachtet wird. Im Verlauf dieses wiederholten Betrachtens können immer mehr Details und feinere Unterschiede wahrgenommen werden. Die Empfindung kann exakter und fokussierter werden (vgl. ebd.: 237 f.).
2. Vergleichendes und differenzierendes Wahrnehmen: Die Gegenüberstellung unterschiedlicher Dinge kann zu einer Verbesserung der Feinheit des Geschmacks beitragen. Nicht nur hinsichtlich der äußeren Eigenschaften, sondern auch mit Blick auf den Wert eines Kunstwerks kann besser wahrgenommen werden, wenn man möglichst viele Vergleiche anstellt (vgl. ebd.: 238).
3. Vorurteilsfreies Betrachten: Der ästhetisch kontemplierende Geist muss dem ästhetischen Ding gegenüber eine bestimmte Haltung einnehmen. Die wahre Kritikerin ist eine neutrale Richterin, die sich sowohl von der eigenen Position distanzieren wie auch andere Perspektiven einnehmen können muss. Sie muss sich als der Mensch im Allgemeinen vorstellen und persönliche Präferenzen ausblenden (vgl. ebd.: 239).
4. Perfektionierung des Sinns und der Urteilskraft: Vorurteile verhindern ein solides Urteil nicht nur im Bereich der Ästhetik, sondern auch in Ethik und Wissenschaft. Für das Fällen eines Urteils über ein Kunstwerk müssen neben formalen Aspekten auch dessen Zweck und damit sein Inhalt und seine Aussage miteinbezogen werden. Verstehen gesellt sich so zum sinnlichen Wahrnehmen hinzu und wird nicht aus dem Urteilsprozess ausgeklammert, wie das bei Hutcheson, aber auch bei Kant der Fall ist (vgl. ebd.: 240).

Für den Aspekt der ästhetischen Bildung ist neben dieser Auflistung der sinnlichen Übungsbereiche, der Charakterisierung der richtigen Haltung und dem Appell zur Vermittlung von Sinnen und Verstehen interessant, dass die Gebildetheit im ästhetischen Sinne laut Hume nicht nur im und für den Bereich des Ästhetischen wichtig ist. Ein ästhetisch gebildeter Mensch zeigt vielmehr ganz generell und nicht nur in Bezug auf die schönen Dinge eine ausgezeichnete Urteilskraft.

Zwischen Sinnen und Denken – Wahrnehmungsbildung und Reflexion

Verkompliziert wird diese von Hume vertretene Sicht auf die bewusste Schulung der sinnlich-perzeptiven Fertigkeiten – die sich letztlich als ein Privileg der wenigsten entpuppt und damit das ästhetische Subjekt als Teil einer Elite ausweist – von jenen Theorien, die ästhetische Bildung in einem Spannungsfeld zwischen Wahrnehmungsbildung und Reflexion situieren. Diese streichen heraus, dass ästhetisches Erfahren zwar nicht natürlich und ästhetische Bildung somit notwendig ist. Sie betonen aber gleichzeitig, dass eine solche Wahrnehmungs- und Geschmacksbildung sich nicht auf eine Schulung der Sinne beschränken kann, sondern von reflexiven und kritischen Akten begleitet werden muss. Shaftesbury argumentiert als ein Vorgänger von Hume so, dass es zur Bildung des Menschen nicht zuletzt einer gezielten Regulierung der Sinne, Leidenschaften und Gemütsverfassungen durch den Verstand und das Reflexionsvermögen bedarf. Der Philosophie kommt in diesem Zusammenhang eine wesentliche pädagogische Funktion zu. Sie soll dabei mitwirken, uns zu besseren Menschen zu machen, indem sie hilft, »[to] regulate our governing Fancys, Passions, and Humours, as to make us comprehensible to our selves« (Shaftesbury 2001: 1.176). Sinnliche Vermögen und Bedürfnisse müssen einer prüfenden Aufsicht unterzogen werden, damit der Mensch zu sich selbst finden kann. Ein Strang dieser Regulierung betrifft die sinnliche Wahrnehmung und hier auch die ästhetische Erfahrung. Ästhetische Bildung, mit Shaftesbury gedacht, muss so eine Schulung der äußeren Sinne umfassen, kann aber nicht bei dieser stehen bleiben. Sie muss dagegen an der Schärfung eines inneren Sinnes (*internal sense*) arbeiten, der neben einer sinnlichen auch eine rational-reflexive Seite umfasst. Sinnliche Wahrnehmung ist so zwar der Ausgangspunkt eines jeden Schönheitsempfindens. Zu einer tatsächlichen Erfahrung von Schönheit führt sie allerdings nicht. Shaftesbury argumentiert, dass eine rein sinnliche Wahrnehmung nicht nur unempfindlich für höhere Stufen der Schönheit ist (vgl. ebd.: 2.223), sondern dass sie daneben auch durch ihre Begehrensstruktur ein persönliches Interesse an den betrachteten Gegenständen hegt (vgl. ebd.: 2.220-1), die einer Kontemplation des Schönen im vollen Wortsinn abträglich ist. Noch dazu ist sie roh und als unkultivierte nicht zu einem Lustempfinden nach gepflegter ästhetischer Manier fähig (vgl. ebd.: 2.237). Solchermaßen charakterisiert hat die sinnliche Erfahrung gegenüber einem rational-reflexiven Erfassen des Wahren oder des durch den moralischen Sinn (*moral sense*) aufgewerteten affektiven Erspürens des Guten nicht nur einen epistemischen und einen ethischen, sondern auch einen ästhetischen Nachteil.

Schönheit wird nach Shaftesbury – wie bei fast allen Sensualisten – mittels eines inneren Sinnes wahrgenommen, der als ein Vermögen verstanden wird, das einige Parallelen mit den fünf Sinnen aufweist, aber doch klar über diese hinausweist. Zur ästhetischen Erfahrung in der Form einer Kontemplation des Schönen braucht es neben der sinnlichen Wahrnehmung auch rationale Reflexion. Ästhetisches Erfahren muss also durch ein Zutun des Verstandes kultiviert, die Sinne müssen durch eine vernünftige Intervention in die richtige Richtung gelenkt werden. Zudem braucht es die Arbeit des Kritisierens, damit eine Erfahrung in ein ästhetisches Urteil münden kann: »Taste or *Judgment* [...] can hardly come ready form'd with us into the World [...]. Use, Practice and Culture must precede the *Understanding* and *Wit* of such an advanc'd Size and Growth as this. A legitimate and just Taste can neither be begotten, made, conceiv'd, or produc'd, without the antecedent *Labour* and *Pains* of Criticism.« (Ebd.: 3.164) Geschmack, der an dieser Stelle mit dem Urteil gleichgesetzt wird, ist nicht einfach gegeben. Es braucht nicht nur einen sinnlich geschulten Kritiker, um eine qualifizierte ästhetische Erfahrung zu machen. Ästhetische Erfahrung ist diskursiv zu vermitteln[19], und in diesem Zuge ist die sinnliche Wahrnehmung einer Prüfung zu unterziehen.

In kritischem Anschluss an Hume und sich einschreibend in die im 18. Jahrhundert im englischsprachigen Raum geführten Diskussionen über den *Standard of Taste* präsentiert Lord Kames seine Überlegungen zur ästhetischen Bildung. Er weist dabei ebenso auf die Notwendigkeit einer Verbesserung des Geschmacks durch »education, reflection, and experience« (Homes 2005: 727) hin, zeigt sich aber hinsichtlich der Darstellung jener Methoden, die erforderlich sind, um einen ausgebildeten Geschmack zu entwickeln und ein fundiertes ästhetisches Urteil zu fällen, eher wortkarg. Im Unterschied zu Hume weist er allerdings sowohl auf die klassenspezifischen Differenzen als auch auf die sozialen und gesellschaftlichen Begrenzungen hin, die ästhetische Bildung als Geschmacksbildung schlichtweg nicht für jede möglich machen. Letztlich erfüllen nur jene, die »leisure for improvements« (ebd., Anm.) haben – und das sind im beschriebenen Setting typischerweise die bürgerlichen Klassen, nicht aber die Arbeiterinnen –, die Voraussetzungen, um ihren Geschmack zu kultivieren. Kames weist somit nicht nur auf die Möglichkeiten hin, eine qualifizierte Kritikerin zu werden. Er deutet ebenso die gesellschaftlichen Bedingungen und damit auch die realpolitischen Verunmöglichungen einer solchen Entwicklung für bestimmte Gesellschaftsklassen an.

Wie man zur Ästhetikerin werden kann

Parallel zu den sensualistischen Untersuchungen von ästhetischer Erfahrung und Geschmack im England des 18. Jahrhunderts gibt es im deutschsprachigen Raum vor allem mit Baumgarten eine Entwicklung im Bereich der Ästhetik, die das Interesse an Wahrnehmungs- und Geschmacksbildung mit Autoren wie Shaftesbury, Hume und Kames teilt, ästhetische Bildung aber im Rahmen der »Verbesserung aller untern Erkenntnißkräfte« (Baumgarten 2011: § 395) thematisiert. Für den Rationalisten Baumgarten gelten die unteren Erkenntniskräfte, die im Wesentlichen die sinnlichen Vorstellungen umfassen, nämlich als dunkel, oft verworren und schwer voneinander unterscheidbar. Nichtsdestotrotz tritt er den Versuch an zu zeigen, dass sie eine Erkenntniskraft besitzen, die verglichen mit der Erkenntnis des Verstandes zwar schwerer zu fassen ist, aber eine eigene Bedeutung besitzt. Der Grund für diese Bedeutung liegt nicht zuletzt darin, dass sinnliche Vorstellungen lebhafter sind und damit auch eine stärkere Wirkung im Geist haben (vgl. ebd.: § 394). Baumgartens Modell des Geistes ist ein dynamisches, in dem unterschiedliche Kräfte und Vermögen mittels der Vorstellungen, die sie hervorbringen, um ihre Vormachtstellung ringen (vgl. ebd.: § 402). Hier bewegt er sich in der Nähe zu Shaftesbury, für den die durch die Sinne gewirkten Vorstellungen ebenso in einem antagonistischen Verhältnis mit dem Verstand stehen. Anders als dieser sieht er die verunklarende Tendenz, durch die sich die unteren Erkenntnisvermögen auszeichnen, aber nicht generell als in einem Konflikt mit der Vernunft befindlich. Vielmehr gilt es, mithilfe der Ästhetik als Disziplin die richtige Handhabe dieser Vermögen zu entwickeln.

Im Zentrum des Baumgarten'schen Projekts steht also nicht nur – deskriptiv – die allgemeine Aufwertung der sinnlichen Vorstellungen zu einer Form der eigenen Erkenntnis. Nicht weniger kreist sein Vorhaben darum zu zeigen, inwiefern die richtige Übung dazu beitragen kann, zu jenen Erkenntnissen zu gelangen, die sich an die sinnlichen Vorstellungen knüpfen. Sein Projekt beschreibt normativ, wie mit der Sinnlichkeit umgegangen werden soll, um diese möglichst produktiv nutzbar zu machen. Als eine Theorie der ästhetischen Bildung ist Baumgartens Ansatz daher in zweierlei Hinsicht interessant: zum einen, weil er verständlich macht, wie und inwiefern aus ästhetischen Erfahrungen Erkenntnisse und Wissen geschöpft werden können, d.h. etwas gelernt werden kann; zum anderen, weil er über die Bedingungen des Einübens einer Haltung, die einen kognitiv gehaltvollen Umgang mit ästhetischen Dingen erlaubt, wie auch über die erlernbare Fertigkeit zur ästhetischen Erfahrung nachdenkt.

Eine der Hauptfragen, die Baumgarten umtreibt, ist daher jene, wie jemand dazu kommt, eine vollkommene sinnliche Erkenntnis zu haben, also Schönheit überhaupt erfahren zu können. Um Ästhetiker zu werden, bedarf es der Führung der unteren Erkenntnisvermögen, und zwar durch die Ästhetik. Die unteren Erkenntnisvermögen müssen in die *richtige* Richtung geführt werden: Sie müssen hinsichtlich mehr Klarheit, größerer Feinheit und einem ausgeprägteren Gespür verbessert werden. Jede, die Ästhetikerin werden will, muss sich – begabt oder nicht – im Umgang mit den eigenen Sinnen üben, am besten täglich. Die Fertigkeit des schönen Denkens ist laut Baumgarten daher auch erworben, nicht angeboren. Der erfolgreiche Erwerb hängt mit

Disposition (vgl. ebd.: § 30-37), Temperament und Gesinnung (vgl. ebd.: § 44-45) zusammen. Baumgarten äußert sich allerdings nicht mit aller Klarheit darüber, ob nur die Talentierten sich ästhetisch bilden können. Begabt oder nicht, die richtige Schulung der sinnlichen Erkenntniskraft bleibt niemandem erspart. Sie erfolgt auf zwei Ebenen: auf jener der ästhetischen Übung, d.h. des intuitiven Einübens und des Nachahmens, sowie auf jener des Erlernens eines allgemeinen Regelwerks in Form einer Kunstlehre.

Das Nachdenken über ästhetische Übung weist viele Parallelen mit einigen der sensualistischen Theorien auf. Übung versteht Baumgarten ganz allgemein als Wiederholung gleichartiger Handlungen. Sie bildet nicht nur die Grundlage dafür, dass bestehende Anlagen erhalten oder gestärkt werden, sondern ist auch verantwortlich dafür, neue Fertigkeiten zu entwickeln (vgl. ebd.: § 48). Improvisieren und Nachahmen als ästhetische Übungen sind Teil dessen, was Baumgarten als »natürliche Ästhetik« (ebd.: § 58) bezeichnet. Ihr gegenüber steht die Kunstlehre, eine allgemeine Lehre, die – diesseits der einzelnen Kunstsparten – für alle ästhetischen Dingen gilt (vgl. ebd.: § 69). Damit eine tatsächliche Feinheit der sinnlichen Erkenntnis erreicht werden kann, braucht es nicht nur eine regelmäßige und angemessene Auseinandersetzung mit ästhetischen Dingen. Es bedarf auch eines Erlernens der Regeln der Kunst. Übung versteht Baumgarten als einen (passiven) Prozess der Gewöhnung (vgl. ebd.: § 59). Ihr gegenüber ist die ästhetische Lehre im engeren Sinn einer Kunstlehre die nicht nur aktivere, sondern auch die präzisere Methode zur Verfeinerung der sinnlichen Erkenntnis. Als »schöne Bildung« (ebd.: § 63) erlaubt sie Einsicht in ästhetische Dinge, über die die Ungebildeten nicht verfügen, insofern sie nicht dieselbe Offenheit und Empfindsamkeit besitzen wie die gebildeten Ästhetiker_innen. Kunstlehre ist für Baumgarten eine Theorie der schönen Erkenntnis, die weder ein bloß theoretisches Recht darstellt, noch über einen allein theoretischen Gebrauch gerechtfertigt wird. Sie muss dagegen durch Übung in die Praxis geholt, also im Verlauf wiederholter Handlungen zur Anwendung gebracht werden (vgl. ebd.: § 68).

Rationalismus und Kognitivismus – Wahrnehmungsbildung als Weg zur sinnlichen Erkenntnis

Baumgartens Theorie der ästhetischen Bildung ist den Entwürfen seiner sensualistischen Zeitgenossen ähnlich. Was sie den empiristischen Zugängen gegenüber aber als rationalistisch auszeichnet, ist, dass sie sich vor allem für die sinnliche Erkenntniskraft interessiert. Sie erörtert nicht nur, wie wir lernen können, ästhetische Erfahrungen zu machen, sondern untersucht auch, was wir aus ästhetischen Erfahrungen lernen können. Die Form der Erkenntnis, die durch das schöne Denken ermöglicht wird, ist dabei, wie schon zu Beginn dieses Abschnitts erörtert, eine dezidiert sinnliche und hierin deutlich von einer verstandesgemäßen Erkenntnis unterschieden. Für den Gebrauch der unteren Erkenntniskräfte gelten dennoch dieselben Grundregeln wie für den Gebrauch der oberen Erkenntnisvermögen. Damit auf sinnlichem Weg Wissen in Form von Wahrheit gefunden werden kann, ist genau so, wie wenn dies auf rationalem Weg geschieht, der epistemischen Tugend des genauen Erkennens zu folgen (vgl. ebd.: § 426). Die Wahrheit, nach der ein Ästhetiker sucht, ist nun nicht logisch, sondern eben ästhetisch bzw., sofern sie nicht in einem Widerspruch zur logischen Wahrheit steht, »ästhetikologisch« (ebd.: § 427). Ästhetisch erkannt werden können nicht große Zusammenhänge, allgemeine Übereinstimmungen oder Widersprüche zwischen vielen. Dagegen ist die ästhetische Erfahrung mit ihrer großen Aufmerksamkeit für das Einzelne und seine Merkmale prädestiniert dafür, das Kleine, Details und diffizile Unterschiede zwischen wenigen zu erkennen. Die spezifisch ästhetische Wahrheit kann ausschließlich sinnlich und nicht mit rationalen Mitteln erkannt werden. Quellen der Erschließung ästhetischer Wahrheit sind sinnliche Eindrücke, Einbildungen, Erinnerungs- und Zukunftsbilder (vgl. ebd.: § 444).

Überlegungen zum Erkenntniszuwachs durch ästhetische Erfahrungen gibt es nach Baumgarten zahlreiche. Ich möchte hier zwei Beispiele herausgreifen, die anzeigen, inwiefern diese Art des Nachdenkens über ästhetische Bildung in der angloamerikanischen Philosophie des 20. Jahrhunderts auf besonders fruchtbaren Boden gefallen ist. Mit Susanne K. Langer und David Bordwell wird die kognitive Kraft der Kunst, wie sie Baumgarten zum Thema macht, in zwei Richtungen ausbuchstabiert: einerseits mit dem Ziel der Bildung von emotionaler Empfindsamkeit, andererseits mit der Absicht eines kognitiven Erkenntniszuwachses durch nicht-sprachliche Formen der ästhetischen Wissensvermittlung.

Langer versteht Kunst als eine Form der Symbolisierung, die im Gegensatz zur Sprache nicht-diskursiv lesbare Objekte schafft. Diese bringen etwas von den Künstler_innen Intendiertes zum Ausdruck. Da die Künstlerin im Schaffensprozess eine besondere Beziehung zur Welt unterhält, kann sie Dinge erkennen und darstellen, die ansonsten verborgen blieben (vgl. Langer 1957: 27 f.). Der Wert der Kunst liegt darin, dass sie Gefühle und Emotionen, das empfindsame Leben (vgl. ebd.: 126 f.) ausdrückt und hierin sowohl der Künstlerin im Akt des Schaffens wie auch dem Rezipienten im Akt des Betrachtens die Möglichkeit bietet, eine andere Perspektive einzunehmen und emotionale Sachverhalte neu zu erfahren. Es werden dabei nicht bestimmte Gefühle wie Fröhlichkeit oder Traurigkeit mitempfunden, sondern »the appearance of life« (Langer 1953: 373, 378) als organisches Ganzes intuitiv erkannt. Das Wissen, das dadurch zugänglich wird, betrifft die gefühlsmäßige Vielfalt und Tiefe des Lebens (vgl. Langer 1957: 71). Ästhetisches Wissen, das nicht-propositional ist, ist durch diskursive Symbolisierungsformen nicht vermittelbar. Es ist auf den präsentationalen Symbolismus (*presentational symbolism*) der Kunst angewiesen. Die Missachtung der Wichtigkeit einer ästhetischen Bildung kommt für Langer daher auch einem »neglect in education of feeling« (ebd.: 73) gleich.

Während sich Langer mit allen künstlerischen Sparten beschäftigt und vor allem nicht-narrativen Formen wie der Musik viel Aufmerksamkeit schenkt, gilt David Bordwells Hauptinteresse dem Film. Als Modell zur Untersuchung des kognitiven Mehrwerts ästhetischen Erfahrens hat sich der mit ihm begründete *Aesthetic Cognitivism* daher auch zunächst in den erzählenden Künsten etabliert. Grundsätzlich vertreten Kognitivist_innen die Auffassung, dass ästhetische Objekte in den Kunstrezipienten Erfahrungen auslösen, die einen kognitiven Mehrwert besitzen, d.h. die einen positiven Einfluss auf unser Denken und Verstehen haben, und damit mehr als bloß triviales Wissen produzieren. Damit ist eine Auseinandersetzung mit den Künsten in epistemologischer Hinsicht nicht weniger fruchtbar als die Beschäftigung mit den Wissenschaften. Umgemünzt auf die Frage der ästhetischen Bildung werden ästhetische Erfahrungen als Erfahrungen angesehen, die Lernprozesse ermöglichen. Kognitivist_innen interessieren sich für einen Wirkungsbereich des Ästhetischen, der schon für Baumgarten und ebenso für Langer im Zentrum der Aufmerksamkeit steht: Sie alle beschreiben Arten von Kognitionen, die sich nicht primär aus logischen Operationen speisen, sondern über sinnliche Konkretion, Imagination und Emotionen Vorgänge des Nachdenkens und der Reflexion anstoßen.

Anders als Baumgarten und Langer betont Bordwell nicht die Unterschiede, sondern vielmehr die Parallelen zwischen wissenschaftlich-rationalen und ästhetischen Erfahrungen. Einen Film zu sehen ist eine Erfahrung, die bewusst vollzogen wird. Der Betrachter wird nicht als passiv, sondern als gestaltender Akteur gesehen. Im Rezeptionsprozess (re-)konstruiert er eine Erzählung inklusive des darin zutage tretenden Wissens (vgl. Bordwell 1985: 29). Das (Film-)Sehen darf trotz der betonten Verschränkung von Wahrnehmung und Denken nicht als Lesen missverstanden werden, denn es funktioniert nicht diskursiv und kann daher auch nicht in Sprache übersetzt werden. Die Wahrnehmung, die sich nicht unabhängig von kognitiven Prozessen vollzieht, sondern selbst kognitiven Gehalt hat, ist geprägt von erlernten Schemata, die kultur- und epochenspezifisch sind. Diese Schemata strukturieren unsere Wahrnehmungserwartung und sind so dafür verantwortlich, dass wir für gewisse Phänomene mehr, für andere weniger offen sind (vgl. ebd.: 44). Jede Wahrnehmung ist in der von Bordwell beschriebenen Weise geprägt. Die ästhetische Erfahrung zeichnet sich nun spezifisch dadurch aus, dass sie im Unterschied zur alltäglichen Wahrnehmung als eine »skilled activity« (ebd.: 33) nicht nur das Ergebnis eines (impliziten) Lernprozesses ist, sondern dass sie auch selbst Lerneffekte zeitigen kann, indem sie das Unbewusste normaler Wahrnehmung bewusst machen kann. Sie kann die Wahrnehmung erschüttern und hierin verändern. »[A]esthetic activity has long range effects. Art may reinforce, or modify, or even assault our normal perceptual-cognitive repertoire.« (Ebd.: 32)

Neben der Veränderung der Wahrnehmung erörtert Bordwells Theorie als kognitivistische aber freilich noch andere Wirkungen, die die von ihm beschriebene Filmbetrachtung als ästhetische Erfahrung nach sich ziehen kann. Filme transportieren eine eigene Art von Wissen und sind als solche »knowledgeable« (ebd.: 57). Mit dem Wissen, das der Film enthält, wird aber nicht selten gespielt. Die Zuseherin ist dann damit konfrontiert, auf die Grenzen der Vermittlung von Wissen zu reagieren, also auf das, was der Film an Wissen tatsächlich preiszugeben bereit ist. In diesen und anderen Reaktionen, die eine Filmbetrachterin während des Rezeptionsprozesses zeigt, kann ein Nachdenken über das bzw. ein Bewusstwerden des Selbst (*self-consciousness*) gründen (vgl. ebd.: 59 f.).

Sensualistische, rationalistische und kognitivistische Wahrnehmungsbildung und das ästhetisch gebildete Subjekt

Ästhetische Aktivität (*aesthetic activity*) wirkt sich laut Bordwell also auf unsere perzeptiven, unsere kognitiven und – mit Langer gesprochen – auf unsere emotionalen Fertigkeiten aus. Im Gegenzug wirken sich unsere sinnlichen Fertigkeiten, unsere Wahrnehmungsweise und unsere Haltung darauf aus, inwiefern wir überhaupt für diese Erfahrungen empfänglich sind und von ihnen profitieren können. Es scheint sich hier also ein Kreis zu schließen. Die große Frage, die sich angesichts dieses Kreises auftut, ist, wer ihn unter welchen Voraussetzungen betreten kann. Mit der Zurückweisung der Natürlichkeitsthese und der Betonung der perzeptiven, aber auch der reflexiven Bedingungen ästhetischen Erfahrens weisen Autoren wie Hume, Shaftesbury, Kames und Baumgarten mit Nachdruck darauf hin, dass man nicht nur Ästhetiker werden kann, sondern dass man de facto auch Ästhetiker werden muss, wenn man zum Beispiel Geschmack beweisen (Hume, Kames), das eigentlich Schöne erkennen (Shaftesbury) oder die Möglichkeiten sinnlicher Erkenntnis (Baumgarten, Langer, Bordwell) ausschöpfen will. Wie man Ästhetikerin werden kann, ist in diesem Abschnitt beantwortet worden, nämlich durch Üben, Nachahmen, wiederholendes, vergleichendes, aufmerksames Schauen und Hören, kritisches Überprüfen der eigenen Wahrnehmung, indem man einem ästhetischen Regelwerk folgt oder in einen gemeinschaftlichen Diskurs eintritt. Es handelt sich sowohl um passive als auch um aktive Lernprozesse, die hier thematisiert werden.

Im Spannungsfeld sensualistischer und rationalistischer Theorien kommen damit Themen zur Sprache, die die immense Bandbreite des ästhetischen Bildungsgeschehens anzeigen. Ästhetische Bildung meint keinesfalls nur Bildung im emphatischen Sinne des Wortes. Wie sie hier verstanden wird, umfasst sie sowohl ein Sich-Bilden als ein trainierbares Offenwerden für bestimmte Erfahrungen als auch ein Sich-Öffnen für Neues und damit einen Erkenntnisgewinn im ästhetischen Erfahren. Ästhetische Bildung, die Wahrnehmung und Geschmack betrifft, kann also eine Veränderung und Regulierung unserer Wahrnehmungsfertigkeiten, unserer Empfindsamkeit ebenso bedeuten wie eine Bereicherung von Wissen und Erkenntnis der Welt durch die Fokussierung oder Erweiterung sinnlicher Erfahrungsmöglichkeiten. Um diese Bandbreite zu beschreiben, greife ich neben dem Begriff »Bildung« auch auf die Termini Lernen, Erkenntnis und Wissen zurück.

Welches ästhetische Subjekt im Fokus dieser Theorien stehen und wer entsprechend überhaupt von ästhetischen Bildungsprozessen profitieren kann, wer Lernende, Erkennender, Wissende sein kann, bleibt im Rahmen der erörterten Ansätze aber seltsam unklar. Shaftesbury, Hume und Kames verweisen auf bestimmte Ausschlussmechanismen gesellschaftlicher, physischer oder sozialer Art, ohne diese aber zu problematisieren oder mit ihren Ansätzen kritisch darauf zu antworten. Man kann also (und muss wahrscheinlich) die Frage stellen, wie weit die von ihnen beschriebenen ästhetischen Gemeinschaften reichen und wie sehr eine ästhetische Bildung in Form einer Wahrnehmungs- und Geschmacksbildung, die den Zugang zu ästhetischen Dingen erleichtern soll und insofern als demokratisierend und vereinend verstanden werden könnte, ihrerseits mehr Exklusionen als Inklusionen produziert. Mit Blick auf die eingangs mit Wittgenstein eröffnete Perspektive darf die Frage, wer jene Normen festsetzt, entlang der sich ästhetische Bildungsprozesse entspinnen und die dadurch für die Geburt des ästhetischen Subjekts verantwortlich sind, nicht einfach beiseitegeschoben werden. Im nächsten Abschnitt werde ich auf diesen Aspekt daher auch eingehender zu sprechen kommen, wenn es um die genauere Bestimmung der Adressat_innen ästhetischer Bildungsprozesse geht. Dabei steht die Frage danach, wer dadurch, dass sie oder er Geschmack hat, als ästhetisches Subjekt qualifiziert ist, am Anfang wie auch am Ende der folgenden Überlegungen.

2.2 Geschmacksbildung zwischen Vergemeinschaftung und Distinktion

»›That there is no disputing about taste,‹ [...] is a saying so generally received as to have become a proverb.« (Home 2005: 719) Dass sich über Geschmack (*taste*) nicht streiten lässt, sieht Kames Mitte des 18. Jahrhunderts als verbreitete Überzeugung an. Wenn es keinen Streit und dementsprechend keine Uneinigkeit darüber gibt, dass ästhetische Dinge gebilligt oder abgelehnt werden, kann von einem Einverständnis aller Menschen in Geschmacksfragen und damit von einem *Standard of Taste*, einer Universalität des Geschmacks, gesprochen werden.[20] Woher dieses Einverständnis allerdings rührt – ob es auf einem angeborenen Vermögen, einem Sinn (*sense*) beruht oder ob es erst durch den Erwerb der richtigen Voraussetzungen gebildet werden muss –, darüber gibt es vor allem im englischsprachigen Raum eine große und Jahrzehnte andauernde Diskussion. Diese Diskussion wird fast immer zugunsten der Universalitätsthese geführt, wenn auch mit unterschiedlichen Argumenten, die ästhetische Bildung zum Teil ins Zentrum der Aufmerksamkeit rücken und die daher auch für die hier angestellten Überlegungen von Interesse sind.

Im 20. Jahrhundert ist die Universalitätsthese neben der Natürlichkeitsthese ein Angriffspunkt vor allem jener Ansätze, die sich kritisch auf das Jahrhundert der Ästhetik zurückbeziehen. Wie in diesem Abschnitt ersichtlich werden wird, gehen die Kritik an der Vorstellung, ästhetische Erfahrung sei ein natürliches Vermögen, und die Kritik an der Überzeugung, dass Geschmack universal, also epochen- und kulturunabhängig sei, in diesen Fällen Hand in Hand. Grundgelegt wird die Universalitätsthese allerdings nicht zuletzt von Autoren wie Hume, die sich selbst kritisch gegenüber der Natürlichkeitsthese äußern. Hume ist damit ein Autor, der den Diskurs um ästhetische Bildung wesentlich mitbedingt, indem er auf die Erlernbarkeit der Fertigkeit ästhetischen Wahrnehmens verweist, der sich aber gleichzeitig für die Universalität des Geschmacks ausspricht. Obwohl ästhetisches Erfahren auf Übungsprozessen fußt, führen diese zu einer Fertigkeit, die alle Geübten teilen. Diejenigen, die ästhetisch gebildet sind, urteilen und nehmen damit, unabhängig von Epoche und Kultur, in derselben Weise wahr. Wahrnehmungs- und Geschmacksbildung wird so als orientiert an einem universalen Normen- und Wertesystem verstanden. Problematisiert wird diese Überzeugung später vermehrt dahingehend, dass die die Bildungsprozesse rahmenden Normen- und Wertesysteme als nicht universal, sondern als epochen- und kulturspezifisch ausgewiesen werden müssen.

Die Theorien des Geschmacks und das Problem des Standard of Taste – Wege aus der Relativität des ästhetischen Erfahrens

Geschmack (*taste*) ist einer der Begriffe, die im Zentrum der englischen Ästhetiken des 18. Jahrhunderts stehen. Er gilt als Vermögen (*faculty*), über die Schönheit von Dingen zu urteilen. Ein dezidiert ästhetischer Geschmack wird dabei nicht selten mit dem moralischen Geschmack analog gesetzt. Ästhetisches und moralisches Urteilen ähneln sich, insofern sie beide Ausdruck eines Sinns (*sense*) für das Schöne und Ansprechende einerseits und für das Gute und Richtige andererseits sind. Geschmack operiert daher auch nicht primär auf einer rationalen, sondern vornehmlich auf einer sinnlichen Ebene.

Geteilt wird von vielen Theorien nicht nur das Verständnis einer sinnliche Basis des Geschmacks und einer Verwandtschaft von Ästhetik (*criticism*) und Moral. Viele Autoren sind sich auch einig, dass sich bei genauer Beobachtung in unterschiedlichen Kulturen und Epochen Vorlieben für unterschiedliche ästhetische Dinge feststellen lassen. Wenn aber unterschiedliche Dinge als schön empfunden werden und über diese entsprechend geurteilt wird, kann man kaum unbeeindruckt an der These festhalten, dass Geschmack ein universelles Vermögen ist. Im englischen Sensualismus gibt es daher eine Reihe von Bestrebungen, selbst im Angesicht der empirischen Vielfalt ästhetischer Urteile gute Argumente dafür zu finden, warum sich über Geschmack – wie eingangs mit Kames festgehalten – nicht streiten lässt.

Hutcheson erklärt die Relativität geäußerter Geschmacksurteile zum Beispiel als eine Folge von Assoziationen, die sich in eine ästhetische Erfahrung hineinmischen und diese verunklaren (vgl. Hutcheson 2004: 67). Abhilfe schaffen können hier das Absehen von Assoziationen und eine damit einhergehende Besinnung auf ein vorurteilsfreies Schauen. Wer sich also tatsächlich ausschließlich auf seinen Geschmack bezieht und sich in der ästhetischen Erfahrung nicht durch Assoziationen vom Weg der sinnlichen Kontemplation abbringen lässt, der kann auch ein universelles Urteil fällen, über das in der Folge nicht gestritten werden muss.

Ähnlich stellt sich die Sache für Hume dar, der ebenso wie Hutcheson eine Erklärung für die empirisch fassbare Vielfalt der Geschmäcker findet, die die Universalitätsthese aber nicht aushebelt. Da Hume nicht nur Empiriker, sondern auch Skeptiker ist, ist für ihn klar, dass sich auf skeptische Nachfrage ein oder mehrere Gründe auffinden werden lassen, die die Verschiedenheit der Geschmäcker anders als mit einer grundsätzlichen Diversität des ästhetischen Vermögens erklären. Denn Menschen urteilen nicht etwa verschieden in Bezug auf das Schöne, weil sie ein gänzlich unterschiedliches Schönheitsempfinden und damit einen unterschiedlichen Sinn (*sense*) für das Schöne hätten. Sie urteilen hingegen so, weil manche (die wenigsten) diesen Sinn in einer angemessenen, guten, trainierten Weise benutzen und andere (die meisten) dies nicht tun (vgl. Hume 1985: 243). Es sind also keine falschen Assoziationen, wie bei Hutcheson, die den Blick vom Schönen ablenken. Es ist die fehlende Übung im Gebrauch der äußeren Sinne und des inneren Sinnes, die dafür verantwortlich sind, dass die eine Geschmack beweist und der andere nicht. Ästhetische Bildung ist somit die Voraussetzung für einen *Standard of Taste*.

Anders als Hume eröffnet Kames seine Überlegungen zum *Standard of Taste* mit Verweis auf die verbreitete Überzeugung, dass es in Geschmacksfragen Einigkeit gibt. Er folgt dabei dem sensualistischen Argument, dass Geschmack Ausdruck eines »common sense« (Home 2005: 721) ist. Zusätzlich pointiert er allerdings die Rolle einer sozialen Normalisierung, die die Regeln des Geschmacks – zwar in ihrer Anlage der Natur des Menschen entsprechend, sich im Rahmen von Erfahrung und gesellschaftlicher Disziplinierung (vgl. ebd.: 725) entfaltend – aber erst als solche etabliert und perfektioniert. Damit sprengt er die Universalitätsthese bereits in gewissem Sinne auf und erweist sich für Positionen des sozialen Konstruktivismus – wie jene von Wittgenstein, Goodman oder Bourdieu – als durchaus anschlussfähig.

Eine neue ästhetische Gemeinschaft?

Hutcheson, Hume und Kames sind sich darüber einig, dass wir – sofern wir uns unserer Sinne richtig bedienen, indem wir uns von falschen Assoziationen befreien oder aber das differenzierte Wahrnehmen erst anlernen bzw. uns dahingehend disziplinieren müssen – in ästhetischem Sinne nicht nur dasselbe in Erfahrung bringen, sondern dass wir uns auch an denselben Dingen erfreuen und diese wertschätzen können. Hutchesons und Humes Entwürfe arbeiten mit einem Verständnis von Universalität, das sich – zumindest vordergründig – um eine Art von »Völkerverständigung« bemüht zeigt. Dies aber freilich immer aus der Position des englischen Gentlemanbürgers heraus.[21] Man könnte in ihrem Sinne davon sprechen, dass sie sich insofern um die Stiftung einer umfassenden ästhetischen Gemeinschaft bemühen, in der über die Geschmäcker eben nicht mehr gestritten werden muss, weil man sich die Voraussetzungen für ästhetisches Urteilen, in das alle einstimmen können, bewusst macht. Damit knüpft sich an die Idee von einem *Standard of Taste* auch der Gedanke eines Niederreißens von Grenzen, hinsichtlich von Wahrnehmungsweisen einerseits und hinsichtlich des Urteilens andererseits. Kames zeigt sich im Vergleich zu Hutcheson und Hume weniger idealistisch, insofern er die disziplinierenden Vorgänge, die Bedingung für das einvernehmliche Urteilen in einem abgesteckten ästhetischen Raum sind, klar als solche benennt. Nicht zuletzt deswegen erweist er sich, wie gesagt, als anschlussfähig für sozialkonstruktivistische Theorien. Wichtig scheint mir aber trotz dieser Unterschiede zu betonen, dass sich sowohl Hume als auch Kames der bildenden Voraussetzungen eines als universell verstandenen Geschmacks bewusst sind und sie insofern auch Ansätze für eine Theorie der ästhetischen Bildung als Geschmacksbildung liefern, die heute noch bedenkenswert sind. Beide thematisieren dabei nicht nur passive Inkorporations-, sondern auch aktive Lernprozesse, die die Schulung der Sinne bedingen. Solche Bildungsprozesse konstituieren nicht nur ästhetische Subjekte. Sie stiften auch – in umfassenderem oder begrenzterem Rahmen – ästhetische Gemeinschaften.

Geschmacksbildung und Distinktion

Die Stiftung von Gemeinschaften wird hinsichtlich ihrer normativen Voraussetzungen und Rahmungen im 18. Jahrhundert, wenn überhaupt, höchstens benannt. Problematisiert wird sie als solche kaum. Damit können die spezifischen Ein- und Ausschlussmechanismen als Teil der Gemeinschaftskonstitution nicht in den Blick geraten. Wenn ästhetische Bildung aber als Geschmacksbildung verstanden wird, die sich innerhalb eines bestimmten Kontextes vollzieht, dann spielt das etablierte Normen- und Wertesystem freilich eine zentrale Rolle für die Prägung ästhetischer Erfahrung. Das implizite und explizite Lernen innerhalb solcher Gemeinschaften, inklusive der Normen, die weitergegeben werden, sind dann nämlich dafür verantwortlich, wie wir ästhetische Erfahrungen machen. Im 20. Jahrhundert nimmt die Diskussion über die impliziten Normen und Rahmungen von Bildungsprozessen zu. Wittgenstein weist auf sie hin, wenn er betont, dass wir im Rahmen unzähliger Hinweise durch unsere

Mitmenschen lernen, was schön ist und wie wir dem Schönen begegnen. Da seinem Verständnis nach Wahrnehmung und Sprache – im weitesten Sinne als Kommunikation, die auch stille Formen wie Mimik und Gestik einschließt – miteinander verwoben sind, werden unsere Sinne gemäß den kulturellen und sozialen Einflüssen, denen wir im Alltag ausgesetzt sind, unaufhaltsam geschult. Nicht nur Wahrnehmung, Blick und Aufmerksamkeit aber verändern sich mit dem, was wir durch andere kommuniziert bekommen. Auch das Erlernen eines ästhetischen Regelwerks im engeren Sinne, das für unser ästhetisches Erfahren leitend ist, vollzieht sich – hauptsächlich implizit – im Rahmen einer Kommunikationsgemeinschaft. In Wittgensteins Worten sind es die Spiele, die wir als Mitglieder einer bestimmten Gesellschaft bezüglich unserer Wahrnehmungs-, Kommunikations- und Sprachstile spielen, die uns als situierte Subjekte zu den ästhetisch Erfahrenden machen, die wir jeweils sind. Da unsere Weise des Umgangs mit ästhetischen Dingen sich ständig verändert, gibt es standardisierte Geschmacksurteile nur innerhalb bestimmter Zeiten und Räume. Hier ist ästhetische Bildung im oben beschriebenen impliziten Sinne eines stillen Folgens von vorgelebten Normen, aber auch im expliziten Sinne eines Erlernens des ästhetischen Regelwerks zentral, um ästhetisch erfahren und angemessen urteilen zu können: »In learning the rules you get a more and more refined judgement. Learning the rules actually changes your judgement.« (Wittgenstein 1967: 5)

Widmet sich Wittgenstein dem Thema des Erlernens ästhetischer Spielregeln als eine Beschreibung der Differenzen zwischen den Zeiten und Kulturen, so wirft Pierre Bourdieu seinen soziologischen Blick auf die Unterschiede in den ästhetischen Erfahrungen innerhalb derselben Kultur. Denn diese sind, anders als es bei Wittgenstein scheint, keineswegs homogen. Die Kommunikationsgemeinschaft bezieht also nicht alle gesellschaftlichen

Schichten in derselben Weise mit ein. Basierend auf einer Reihe von quantitativen Studien (Bourdieu 1987, Bourdieu/Darbel 2006), die zeigen, dass ästhetische Erfahrungen und Geschmack zwischen den unterschiedlichen sozialen Klassen extrem divergieren, arbeitet Bourdieu mit anderen Mitteln als Wittgenstein an der Wiederlegung der These von der Natürlichkeit wie auch der Universalität des Zugangs zu ästhetischen Dingen. Geschmack ist nicht nur Ausdruck von Klassenzugehörigkeit. Er fungiert auch als Distinktionsmittel, mittels dessen sich Mitglieder bestimmter Klassen von anderen abgrenzen. Ästhetische Bildung ist also keineswegs einheitlicher Ausdruck einer Epoche oder einer Kultur und schon gar nicht epochen- oder kulturübergreifend. Sie ist dagegen ein Marker einer gesellschaftlichen Schicht und führt als solcher Unterschiede ein, die eine Gemeinschaft in die privilegierte, dominierende Gruppe derer, die die richtige Bildung genossen und dementsprechend Geschmack haben, und in die nicht-privilegierte, dominierte Gruppe derer teilt, die die falsche Bildung erfahren haben und denen folglich jeglicher Geschmack abgesprochen wird. Getarnt wird diese Distinktion, die laut Bourdieu nicht zuletzt zur Stützung der Hegemonie der ersteren Gruppe dient, dadurch, dass der Prozess einer ästhetischen Bildung gänzlich verschleiert und stattdessen die moderne, an der Natürlichkeitsthese orientierte Erzählung hochgehalten wird, nach der ästhetisches Erfahren eine natürliche, unmittelbare Form der Erfahrung sei (vgl. Bourdieu 1974: 159). Da für Bourdieu aber Wahrnehmung und Wissen nicht voneinander zu trennen sind und der jeweilige Bildungshintergrund sehr wohl eine Rolle spielt für das, was in welcher Weise erfahren wird, sowie dafür, wie aufgrund dieser Erfahrung geurteilt wird (vgl. Bourdieu 1967: 163 f.), gilt Erziehung im Kontext der Familie, der Peergroup, aber auch der Ausbildungsstätten als der wesentliche Faktor hinsichtlich der Frage, ob jemand – im anerkannten, legitimierten

Sinn – Geschmack hat oder ob ihm dieser fehlt. Die durch den Diskurs der modernen Ästhetik präferierten ästhetischen Erfahrungsweisen des unmittelbaren, distanzierten, interesselosen Kontemplierens sind ebenso erlernt wie andere, gesellschaftlich weniger akzeptierte Arten des Umgangs mit ästhetischen Dingen.

Neben der Tatsache, dass die totgeschwiegene Schulung der Sinne die höheren von den niedrigeren Klassen durch die Teilhabe an ästhetischen Bildungsprozessen trennt – dass sie also Ausdruck einer herrschenden Ungleichheit ist –, wird sie zudem benutzt als ein Mittel, das die Klassenunterschiede noch verstärkt. Wer Geschmack hat, ist nicht nur einfach ästhetisch gebildeter. Sie hat in gewissem Sinne auch Macht. Sie besitzt die Freiheit, sich zu den Kunstwerken in eine kontemplative Distanz zu bringen, ist nicht auf Bedürfnisbefriedigung oder emotionalen Aufruhr angewiesen, ist zufrieden damit, still und reserviert zu genießen (vgl. Bourdieu 1974: 68 ff.). Ästhetische Bildung meint neben einer Schulung der Sinne und einem feinen Gespür für kleine Unterschiede nach Bourdieu damit auch das Erlernen einer Haltung oder Einstellung den ästhetischen Dingen gegenüber. Ästhetisches Erfahren im Sinne der kulturellen Elite bedeutet deshalb nicht zuletzt, sich mit einem Ding so zu beschäftigen, dass man mit dessen bloßem Anblick zufrieden ist. Diese Zufriedenheit erlangen zu können ist laut Bourdieu nicht eine natürliche Fertigkeit, sondern ein erlernter Habitus. Ästhetische Bildung als das Inkorporieren einer Wahrnehmungsweise prägt, so verstanden, in einer der jeweiligen Zeit, Gesellschaft und sozialen Klasse angemessenen Weise ästhetisches Erfahren mitsamt der Haltung, die dieses mitbedingt, und dem Urteil, die dieses hervorbringt. Mit Bourdieu gesprochen gibt es also nicht die eine Schulung der Sinne; sondern es gibt unterschiedliche Weisen, die alle zu einer anderen – in einer Gesellschaft mehr oder weniger akzeptierten – Form der wahrnehmenden Auseinandersetzung mit ästhetischen Dingen führen. Da eben nicht alle diese Formen aber in derselben Weise anerkannt sind, muss offengelegt werden, wem die Möglichkeit ästhetischer Bildungsprozesse eröffnet wird und wem nicht, wer Teil einer ästhetischen Gemeinschaft ist und wer aus dieser ausgeschlossen wird.

Die (Aus-)Bildung von Wahrnehmungsexpert_innen

Ebenso wie Wittgenstein und Bourdieu präsentiert sich Nelson Goodman als Kritiker der Vorstellung, dass ästhetisches Erfahren einfachhin für alle in derselben Weise möglich wäre. Ästhetische Bildung ist auch für ihn die Voraussetzung für ästhetisches Erfahren. Sie wird allerdings nicht als eine Bildung besprochen, die, zumindest theoretisch, alle betrifft. Dagegen spielt sie als Expert_innenbildung nur für die Allerwenigsten eine Rolle – und das, obwohl von ihr durchaus wichtige Fertigkeiten im Wahrnehmen und Erkennen abhängen. Zeigt sich Bourdieu kämpferisch in Bezug auf die von ihm beobachtete Ungleichheit von ästhetisch Gebildeten und ästhetisch Ungebildeten, weil sie nicht zuletzt gesellschaftliche Machtverhältnisse befördert, spricht sich Goodman ganz im Gegenteil affirmativ für eine Elitisierung der ästhetischen Erfahrungsweise aus.

Goodman unterstreicht, dass Übung in Form einer gezielten Schulung der Sinne für die Wahrnehmung feiner Unterschiede notwendig ist, damit qualifiziertes ästhetisches Erfahren möglich ist. »[W]hat one can distinguish at any given moment by merely looking depends not only upon native visual activity but upon practice and training.« (Goodman 1976: 103) Das Hauptaugenmerk einer Schulung der Sinne liegt laut Goodman auf dem Erkennen feiner Differenzen und somit dem perzeptiven Unterscheiden. Durch Übung kann eine Schulung der »perception to discriminate« (ebd.: 104) angestoßen werden. Ästhetisches Erfahren entpuppt sich so keinesfalls als ein angeborenes Vermögen. Es ist dagegen nicht nur erlernbar, sondern zu erlernendes differenziertes Wahrnehmen. Einzig die Übung reicht indes nicht, um das, was Goodman unter ästhetischem Erfahren versteht, zu können. Um dieses Können zu erlangen, muss der Übende auch wissen, was er denn eigentlich an Können erlangen will. Es gibt also eine normative Rahmenbedingung für die Schulung der Sinne, die vorzeichnet, in welche Richtung die Übung gehen muss. Diese normative Rahmenbedingung wird in Form eines Wissens darüber geliefert, dass es etwa in einem Bild oder in einem Vergleich zwischen zwei Bildern etwas Bestimmtes zu entdecken gibt, was man sehen könnte, aber noch nicht sehen kann. Das Wissen um den Unterschied, den es in Zukunft wahrzunehmen gilt, stellt den Rahmen bereit, um eine Expertin in der Kunstbetrachtung auszubilden. Nicht jede tiefere Beschäftigung mit der Wahrnehmung und nicht jede Einübung ins Wahrnehmen führt zu einer Fertigkeit im ästhetischen Erfahren. Was zählt, ist die richtige Übung. Schon bei Baumgarten wird im 18. Jahrhundert die Notwendigkeit einer normativen Steuerung der Schulung der Sinne formuliert, wie im nächsten Abschnitt deutlich werden wird. Bei Goodman tritt die Forderung nach der Festlegung eines Rahmens für die ästhetische Erfahrung rund zweihundert Jahre später schließlich als Folge der Einsicht auf, dass es so etwas wie einen vorurteilsfreien, unschuldigen Blick nicht gibt (vgl. ebd.: 8).

Die drei besprochenen Autoren – Wittgenstein, Bourdieu und Goodman – betonen einhellig, dass es weder reines Wahrnehmen noch ein natürliches, angeborenes Vermögen ästhetischen Erfahrens gibt. Ästhetisches Erfahren ist das Ergebnis einer Wahrnehmungsbildung, die sich entweder implizit und passiv innerhalb eines bestimmten Normen- und Wertesystems vollzieht (Wittgenstein, Bourdieu) oder explizit und aktiv als Antwort auf die Einsicht in eine normative Richtlinie, die eine Expert_innentätigkeit vorzeichnet (Goodman). Wirkt ästhetische Bildung bei Wittgenstein aber bis zu einem gewissen Grad demokratisch innerhalb einer Kultur, so führt sie Bourdieu zufolge Unterschiede ein und trägt zur Erhaltung eines gesellschaftlichen Machtgefälles bei. Nach Goodman dient sie zur Konstitution einer Expert_innengruppe, die sich durch spezifische Kompetenzen auszeichnet. Das ästhetische Subjekt, das von den drei Theorien als durch ästhetische Bildungsprozesse hervorgebracht charakterisiert wird, ist damit ein je verschiedenes: einmal bei Wittgenstein das Mitglied einer ästhetischen Gemeinschaft, die eine ganze Kultur mit ihren einheitlichen Spielen umfasst, einmal bei Bourdieu die Vertreterin einer bestimmten gesellschaftlichen Schicht, die privilegiert ist gegenüber anderen Gesellschaftsschichten und diese unterdrückt, und einmal bei Goodmann der Experte.

2.3 Ästhetische Bildung als Entnormalisierung der Wahrnehmung und Öffnung des Blicks

Die bisher in diesem Kapitel besprochenen Theorien der ästhetischen Bildung machen Wahrnehmungs- und Geschmacksbildung vor allem als eine Voraussetzung ästhetischer Erfahrung zum Thema – mit Ausnahme der Theorien von Langer und Bordwell. Sowohl bei der Kritik an der Natürlichkeitsthese wie auch bei der Problematisierung der Universalitätsthese wurde der Verweis auf Wahrnehmungs- und Geschmacksbildung als zentrales Argument eingesetzt. Positiv ließen sich hieraus unterschiedliche Konzeptionen von ästhetischer Bildung gewinnen, die sowohl passive und implizite wie auch aktive und explizite Prozesse der Inkorporation, des Übens und Trainierens wie auch des Lernens und der Aneignung zur Sprache bringen. Dabei hat sich gezeigt, dass nicht wenige Theorien – obschon sie demokratisierend und einschließend argumentieren – die Idee eines ästhetischen Subjekts und einer ästhetischen Gemeinschaft befördern, die ausschließende Tendenzen zeigen. Wenn ästhetische Bildung nicht zuletzt ein Normalisierungsgeschehen ist und sich als solche in ein spezifisches Normen- und Wertesystem einfügt, dann ist sie freilich immer auch Ausdruck ebendieser Normen und Werte und dementsprechend gerahmt. Ein emphatischer Begriff des ästhetischen Erfahrens, der dessen Offenheit und Freiheit betont, wird mit der Anerkennung dieser Rahmung aber hadern müssen.[22]

Im letzten Abschnitt dieses Kapitels soll es nun um die Frage gehen, inwiefern ästhetische Bildung aber genau diese Normen und Werte selbst infrage zu stellen vermag, insofern sie nicht als bildende Voraussetzung, sondern als bildende Wirkung von ästhetischen Erfahrungen verstanden wird. Um diese Frage formulieren zu können, ist es notwendig, die Perspektive zu verschieben und nicht in erster Linie die Bedingungen eines Zugangs zu und einer Auseinandersetzung mit ästhetischen Dingen zu bedenken, sondern zu untersuchen, welche Effekte solche Auseinandersetzungen nach sich ziehen. Ästhetische Erfahrungen können, so viel betonen die im Folgenden erörterten Theorien mit unterschiedlicher Akzentsetzung, bildend wirken, wenn sie den wahrnehmenden Zugang zur Welt über die einzelnen ästhetischen Erfahrungen hinaus prägen und neu gestalten. Die Universalitätsthese wird im Zuge solcher Überlegungen insofern, zumindest implizit, problematisiert, da die normalisierenden Züge, die ästhetische Bildung als Voraussetzung von ästhetischer Erfahrung nach Hume oder Kames aufweist, explizit durchbrochen werden müssen. Ästhetische Erfahrung gilt hier ja gerade als Offenwerden des Blicks und der Wahrnehmung und damit in gewisser Weise auch als eine Befreiung von Normen. Überlegungen zur ästhetischen Erfahrung als einer Befreiung von Normen akzeptieren dabei unter Umständen einen hochtrabenden Begriff von Kunst, der eine Hierarchiebildung einschließen kann.

Durchbrechen alltäglichen Empfindens und Wahrnehmens

Deutlich wird dies bei dem französischen Sensualisten[23] Jean-Baptiste Dubos. Dieser thematisiert nicht nur die bildenden Wirkungen ästhetischer Erfahrung, sondern setzt sich auch mit ihren Voraussetzungen auseinander. Dabei beschreitet er als Denker des 18. Jahrhunderts einen Mittelweg zwischen der von Hutcheson beschriebenen Natürlichkeit des Sinns für das Schöne und einer Schulbarkeit der Sinne für Geschmacksfragen. Als Sensualist spricht er sich klar dafür aus, dass jene Beurteilung ästhetischer Dinge, die darüber entscheidet, ob diese Lust auszulösen und das Publikum emotional zu bewegen imstande sind, auf Basis der Sinne und nicht des Verstandes erfolgt. Ästhetische Urteile sind ein direkter und unmittelbarer Ausdruck der ästhetischen Erfahrung. Dubos vertritt in dieser Hinsicht die Natürlichkeitsthese: Wir alle besitzen einen »sense given us by nature« (Dubos 1748b: 238), der es uns ermöglicht, über den ästhetischen Gehalt eines Dings zu urteilen. Selbst diejenigen, die noch keinen sprachlichen Ausdruck für die Gefühle und die Lust, die sie in Anbetracht eines Werks empfinden, gefunden haben, urteilen so immer schon ästhetisch, wenn sie durch Gesten und Mimik ihrem Empfinden eine Form geben (vgl. ebd.: 244). Die sinnliche Wahrnehmung und das damit verbundene unmittelbare Lustgefühl gehen jeder Verstandesoperation voraus, zeitlich wie auch sachlich. Daher ist es auch nicht verwunderlich, wenn Dubos feststellt, dass ein Urteil derjenigen, die sich auf ihr sinnliches Empfinden stützen, verlässlicher ist als das einer analysierenden Kritikerin. Das ästhetische Urteil Ersterer ist nämlich ein gemeinschaftliches, das in einem »uniform report of the senses of other men« (ebd.: 385) mündet, auf das ich vertrauen und dem ich mich anschließen kann, selbst wenn ich keine eigene Erfahrung gemacht habe.

Durch den Vorrang der sinnlichen Erfahrung und die damit einhergehende Zurückweisung der Rolle von Verstand und Vorwissen für ästhetisches Erfahren schreibt Dubos die Verantwortung für die Entscheidung über den Wert eines Werks viel eher der Öffentlichkeit als den Expert_innen bzw. den Künstler_innen selbst zu. Die Öffentlichkeit urteilt nicht nur unmittelbarer und gibt damit dem Empfinden einen unverstellteren Ausdruck. Sie ist auch desinteressierter und weniger mit Vorurteilen behaftet als die Professionist_innen (vgl. ebd.: 236). Dies zeigt sich nicht zuletzt darin, dass das Urteil über große Künstler_innen in der Geschichte bei Professionist_innen durchaus unterschiedlich ausfällt, die Öffentlichkeit hier aber im Großen und Ganzen aufgrund des Vertrauens in ihre Sinne übereinstimmt. Sinnliches Empfinden bleibt über die Zeit stabil, es ist laut Dubos kultur- und epochenunabhängig (vgl. ebd.: 287).[24] Hier scheint er eine Position zu vertreten, die derjenigen von Shaftesbury und Hume widerspricht, argumentieren doch beide, dass die reflektierteren, dezidiert Kritik übenden Kunstrezipienten wie auch die Trainierteren mehr Kompetenzen im ästhetischen Erfahren und Urteilen besitzen. Dubos weist nun allerdings auf zwei Umstände hin, die für eine Binnendifferenzierung im Feld der ästhetisch erfahrenden Öffentlichkeit sprechen und trotz seines Liebäugelns mit der Natürlichkeitsthese sehr wohl die Bedeutung einer ästhetischen Bildung als Voraussetzung von ästhetischer Erfahrung (und weiter kompetentem ästhetischen Urteil) betonen. Einerseits unterscheidet er die Öffentlichkeit vom Pöbel, um zu unterstreichen, dass die Fertigkeit zur Beurteilung ästhetischer Dinge sehr wohl etwas voraussetzt, nämlich eine Vertrautheit mit der Welt: »The word *public* is applicable here to such persons only, as have acquired some lights, either by reading or by being conversant with the world.« (Ebd.: 245) Eine Art Weltwissen hat also sehr wohl einen Einfluss auf die Fähigkeit zum ästhetischen Erfahren, und zwar insofern dieses einen »*Taste of Comparison*« (ebd.) mitumfasst. Diese Facette des Geschmacks zielt dabei allerdings mehr auf den vergleichenden Aspekt, nicht den tatsächlichen, affektiv einnehmenden Wert eines Werks (vgl. ebd.: 309).

Andererseits weist Dubos darauf hin, dass es sich mit dem ästhetischen Erfahren von Gedichten und jenem von Gemälden durchaus unterschiedlich verhält. Während nämlich im ersteren Fall unmittelbarer beurteilt werden kann, ob das Gedicht bewegend ist und Lust bereitet, sind im letzteren Fall durchaus Übung und Kenntnis von Regeln der Kunst die Voraussetzung, um in den Genuss der »perfection of a great part of the beauties of a picture« (ebd.: 249) zu kommen. Wissen scheint im Falle der Malerei durchaus einen Einfluss auf die Wahrnehmung und die Erfahrung zu haben und diese mithin zu bilden.

Dubos weist aber nicht nur auf diese beiden Aspekte der Voraussetzung ästhetischer Erfahrung hin. Hinsichtlich ihrer Wirkungen hat seine Theorie mehr zu bieten als die Zurückweisung einer umfassenden Natürlichkeitsthese. Ästhetische Erfahrung wird als lustvolles Empfinden verstanden, das sich auf die Wahrnehmung schmerzhafter Umstände beziehen kann. Damit das Paradox einer lustvollen und gleichzeitig schmerzbehafteten Erfahrung überhaupt möglich ist, bedarf es einer unterschiedlichen Wertung ihres Lust- bzw. des Schmerzgehaltes. Für eine solche Unterscheidung sind die Distanz zwischen Kunst und Leben wie auch der abgeschottete Raum, den die Kunst eröffnet, Voraussetzung.[25] »Is it not in the power of art to create, as it were, beings of a new nature? Might not art contrive to produce objects that would excite artificial passions, sufficient to occupy us while we are actually affected by them, and incapable of giving us afterwards any real pain or affliction?« (Dubos 1748a: 395) Kunst schafft eine »new nature«, die sich dadurch auszeichnet, dass sie die negativen Konsequenzen eines Lustgewinns, der sich auf schmerzhafte Situationen bezieht, von der Erfahrung loslöst. Im Raum des ästhetischen Erfahrens sind wir insofern freier, uns mit Dingen und Sachverhalten auseinanderzusetzen, die wir im wirklichen Leben nur schwer ertragen könnten. Damit werden neue Erfahrungsräume eröffnet, die uns Situationen des Krisenhaften emotional erproben und mitfühlend durchdenken lassen. Und gerade im Zugänglichmachen von neuen Dimensionen des Erfahrens besitzen sie Bildungspotenzial, indem die distanzierte und doch engagierte Auseinandersetzung mit ästhetischen Dingen uns als sinnliche Wesen direkt betrifft.

Der durch die Kunst geöffnete Blick und die primordiale Erfahrung – phänomenologische Überlegungen

Mit der Prägung einer in der deutschsprachigen Tradition stehenden modernen Ästhetik geht die Idee eines bewussten Trainierens der sinnlichen Wahrnehmung und Erkenntniskraft im ausgehenden 18. Jahrhundert zunächst in ihrer breitenwirksamen Diskussion verloren. Mit Immanuel Kant[26] lässt sich ästhetisches Erfahren als ein unmittelbares Geschehen fassen, das keinerlei Einübung bedarf. Sie setzt lediglich eine bestimmte Haltung der Interesselosigkeit voraus, die offen ist für das freie Spiel der Erkenntniskräfte. Diese Haltung ist nun, anders als bei den Sensualisten, aber auch bei Baumgarten eine solche, die, zumindest theoretisch, von allen jederzeit eingenommen werden kann und die nicht erlernbar ist. Kants Ästhetikerin ist grundsätzlich eine jede und als solche empfänglich für die ästhetischen Dinge. Mit der Phänomenologie wird nun ein Theoriestrang des 20. Jahrhunderts in den Blick genommen, der sich affirmativ auf Kant zurückbezieht, mit einer stärkeren Betonung der sinnlichen Kraft im ästhetischen Erfahren allerdings auch einen Anschluss an sensualistische Positionen zeigt. Sie nämlich verfolgt ein Projekt, das zwischen rationalistischen und empiristischen Interessen vermittelt. Hierin lehnt sie nicht prinzipiell apriorische Bewusstseinsinhalte aller Art ab, wie der radikale Empirismus dies tut. Sie weist aber sehr wohl auf die lebensweltliche Fundiertheit alles Wissens als eines intentional auf die Erfahrungsdinge gerichteten hin. Phänomenologische Ästhetik verbindet daher auch, zumindest in ihrer klassischen Form bei Edmund Husserl, die möglichst detaillierte Beschreibung konkreter ästhetischer Erfahrungen und einer damit verbundenen Charakterisierung der spezifisch ästhetischen Erfahrungsweise einerseits mit der Eruierung eines der ästhetischen Erfahrung fähigen transzendentalen Subjekts andererseits. Diese Spannung löst sich bei den der Tradition gegenüber kritischen Autoren wie Maurice Merleau-Ponty dann in Richtung der konkreten sinnlich-leiblichen Erfahrung auf.

Ästhetische Erfahrung ist für Husserl phänomenal dadurch ausgezeichnet, dass sie zweckbefreit, frei und lustvoll ist. Mit dieser Bestimmung artikuliert das klassisch phänomenologische Verständnis seinen Anschluss an Kant (vgl. Husserl 1980: 145, Anm.). Es ist daher nicht überraschend, dass die Frage nach den bildenden Voraussetzungen ästhetischer Erfahrung durch eine Schulung der äußeren Sinne bzw. eines inneren Sinnes bei ihm nicht auftaucht. Husserl geht mit der Kant'schen Tradition davon aus, dass ästhetische Erfahrung ein unmittelbares Geschehen ist, das sich aus einem naturgegebenen Vermögen speist. Obwohl ein wesentlicher Aspekt der ästhetischen Bildung aus Husserls phänomenologischen Betrachtungen ausgeklammert ist, kommt ein anderer sehr wohl zur Sprache, nämlich derjenige der Bildung *durch* ästhetische Erfahrung. Ästhetische Erfahrung kann mit einer Perspektivenänderung und Aufmerksamkeitssteigerung einhergehen, die eine genuin sinnliche Erkenntnis provozieren kann. Die hohe epistemische Relevanz ästhetischen Erfahrens äußert sich nicht zuletzt darin, dass Husserl sie mit Rückgriff auf den griechischen Terminus *Theoria* charakterisiert, einen Begriff, der vor allem für die Wissenschaft von Bedeutung ist. Ästhetische Erfahrung ist »*Theoria* im eigentümlichen Sinn. Freude am verstehenden Schauen, korrelativ das *theoretische* Interesse, am Hineinsehen, Verstehen des konkreten Typus, der zu einer Zeit als charakteristisches Stück gehört.« (Ebd.: 541) Die Ästhetikerin hat laut Husserl also nicht nur Lust am Betrachten, sondern diese Lust verbindet sich mit einer Art von »Verstehen«, die sich sinnlich vollzieht. Die sinnliche Erkenntniskraft, die hier beschrieben wird, gerichtet auf einen »konkreten Typus«, erinnert an die Grenzlinie, die Baumgarten zwischen sinnlicher, auf das Individuelle abzielender, und rationaler, auf das Allgemeine abzielender, Erkenntnis zieht. Sinnliches Erkennen im Vollzug des ästhetischen Erfahrens ist lustvolles Erfahren der individuellen Charakteristik eines Dings. Angesichts dieser Hochschätzung ist es auch wenig überraschend, wenn Husserl in einem Brief an Hugo von Hofmannsthal die ästhetische Erfahrung mit der phänomenologischen Betrachtung parallelisiert (vgl. Husserl 1994: 133 f.). Denn genau das aufmerksame, auf den sich in der Erfahrung zeigenden phänomenalen Charakter eines Dings gerichtete Betrachten ist beiden Formen der Auseinandersetzung gemein (vgl. Husserl 1980: 392). Husserl unterstreicht dementsprechend, dass die ästhetische Einstellung dazu befähigt, über »die Weise des Erscheinens« (ebd.: 389) zu reflektieren, und hierin, im Sinne der Phänomenologie, quasi-wissenschaftlichen Wert hat.

Ähnlich euphorisch wie Husserl schätzt Merleau-Ponty die Möglichkeit ein, durch ästhetische Erfahrung den Blick zu wechseln und auf sinnliche Erkundung neuen Terrains zu gehen. Anders als bei Husserl, der nur sporadisch auf ästhetische Fragen und Themen zu sprechen kommt, spielt die Auseinandersetzung mit ästhetischen Phänomenen und vor allem mit Kunst in Merleau-Pontys Werk eine sehr große Rolle. Mitte der 1940er Jahre erscheinen zwei Texte, die ästhetische Phänomene ins Zentrum rücken. In einer Auseinandersetzung mit dem Film stellt Merleau-Ponty die Frage, in welchem Verhältnis Erkenntnisse, die aus ästhetischen Erfahrungen resultieren, zu wissenschaftlichen Erkenntnissen stehen. In diesen vergleichsweise frühen Arbeiten wird nicht nur untermauert, dass ästhetische Erfahrungen Erkenntniswert besitzen, sondern auch, dass die ästhetische Praxis eine eigene Art von Wissen hervorbringt, das sich in der sinnlichen Erfahrung niederschlägt. Letzterer Gedanke wird weiter entwickelt und kulminiert im letzten zu Lebzeiten publizierten Text *Das Auge und der Geist* in der These, dass in einer Hierarchie von Praktiken der verstehenden Auseinandersetzung mit der Welt die Kunst, in Form der Malerei, an oberster Stelle steht – vor der Philosophie und weit vor den empirischen Wissenschaften.

Obwohl Merleau-Ponty in der phänomenologischen Tradition steht und somit einige zentrale Gedanken von Husserl übernimmt, grenzt er sich auch von dessen Zugang zu den Phänomenen ab. Mit Blick auf ästhetische Themen wird das besonders deutlich. Anders als für Husserl gilt Merleau-Ponty die Begegnung mit einem Kunstwerk nicht als distanzierte Kontemplation. Kunstbetrachtung ist für ihn eine Konfrontation mit einem Ausdruck, der im Betrachter etwas ins Wanken bringt und ihn gerade nicht ruhig kontemplierend zurücklässt. Laut Merleau-Ponty gibt es »keine gesellig-unterhaltsame Kunst« (Merleau-Ponty 2003: 17), die lediglich hinsichtlich ihrer Schönheit rezipiert würde. Kunst ist dagegen nur dann, wenn die Auseinandersetzung mit ihr über eine bloße Kontemplation hinausgeht und sie kraft ihrer Ausdrucksstärke etwas im kontemplierenden Subjekt bewegt. Kunst wiederholt nicht, sondern sie verändert. Ich werde im letzten Kapitel dieses Buches auf den Aspekt der Entstehung von Neuem im Rahmen des Ausdrucksgeschehens noch näher eingehen. Für das Thema der Wahrnehmung ist wichtig, dass die ästhetische Erfahrung nicht als distanzierte, enthaltsame Kontemplation gefasst wird, sondern als eine engagierte Auseinandersetzung mit dem, was durch ein Kunstwerk ausgedrückt wird. Trotz dieser Unterschiede teilt Merleau-Ponty mit Husserl die Ansicht, dass ästhetisches Erfahren sich durch eine besondere Intensität und einen hieran geknüpften speziellen phänomenalen Charakter auszeichnet. Daneben ist er wie Husserl der Meinung, dass ästhetisches Erfahren keiner dezidierten Übung bedarf, sondern eine unmittelbar jeder verfügbare Erfahrungsweise darstellt.

Für das Thema der bildenden Wirkung von ästhetischen Erfahrungen ist die Überzeugung interessant, dass uns die Beschäftigung mit Kunst zu sensibleren, offeneren, Rationalismen hinterfragenden und den Sinnen neu vertrauenden Menschen macht. Entgegen einer rationalistischen Auffassung von Bildung als richtigem Vernunftgebrauch plädiert Merleau-Ponty für ein mit dem Sensualismus über weite Strecken vereinbares Verständnis, dem zufolge wir uns der eigenen sinnlichen Natur wieder bewusst werden müssen. Hierin schreibt er nicht zuletzt gegen eine Technisierung des Weltbezugs und eine Instrumentalisierung der Natur an, wie er sie als paradigmatisch für seine Zeit erachtet.

Als ein zentrales Sujet bei Merleau-Ponty kann sein Verständnis der ästhetischen Erfahrung als beispielhafter Zugang zur

Wahrnehmung herausgestrichen werden, der uns – dem Husserl'schen Gedanken sehr ähnlich – einen unverstellteren Blick auf die Phänomene erlaubt. Die Kunst, in Form der Malerei etwa, hat uns seines Erachtens »zum Schauen der Dinge selbst zurückgeführt« (Merleau-Ponty 2006: 52). Möglich wird der unverstellte Blick dadurch, dass die Kunst alltägliche Wahrnehmungsweisen, also eingeübte, normalisierte Muster des Erfahrens, suspendiert und den Impuls zum tatsächlichen, aufmerksamen Hinsehen, Hinhören usw. hervorbringt. Nicht nur die Malerei aber, sondern auch neuere Medien wie der Film bergen das Potenzial, die Wahrnehmung von Normen und Limitierungen freizuspielen und in ihrer reinsten Form wirksam werden zu lassen. Daher können wir, so Merleau-Ponty, in der Kunstbetrachtung erfahren, wie Wahrnehmung ganz grundsätzlich funktioniert. Durch die zeitliche Form des Films nämlich kann die »spontane« Wahrnehmung, wie sie auch beliebter Untersuchungsgegenstand der Psychologie ist, in den Blick geraten, wodurch der »integrative« Charakter der Wahrnehmung ersichtlich wird (Merleau-Ponty 2000: 66).

In welchem Verhältnis die ästhetische Erfahrung zur alltäglichen Erfahrung steht – eine Frage, die keine Erscheinung des 20. Jahrhunderts ist, sondern die schon Dubos umtreibt –, beschäftigt Merleau-Ponty zeit seines Lebens. Mehr als für den Film interessiert er sich aber für die Malerei und vor allem in den 1950er Jahren auch für die Literatur. Hier wird die kritische Funktion der Kunst, eine normierend-feststellende, beurteilende und verobjektivierende Begegnung mit der Welt zu konterkarieren, immer stärker und entschiedener betont. Kunst wird so zum letzten Residuum einer menschlichen (Selbst-)Bildung, die sich nicht den Gesetzen der Ökonomisierung und Technisierung unterwerfen will. »Nur der Maler hat das Recht, seinen Blick auf alle Dinge zu werfen, ohne zu ihrer Beurteilung verpflichtet zu sein.« (Merleau-Ponty 2003: 277 f.) Merleau-Ponty verortet das Potenzial der Kunst dort, wo sie das, was sie sieht, zum Ausdruck bringen kann, ohne es dabei festschreibend zu verzerren. Der Maler schafft eine freie, ungezwungene Weise des Betrachtens von Welt, die sich nicht den herrschenden Zwängen unterordnet. In der ästhetischen Erfahrung gibt es eine spiegelbildlich vermittelte Wahrnehmung dessen, wie die Malerin wahrnimmt (vgl. ebd.: 282). Die Kunstbetrachtung öffnet so eine andere Weise des Sehens, ein Anders-Sehen und zugleich ein Sehen von anderem. Mit dem Bild, das den Blick des Malers reflektiert, wird ein alternativer Erfahrungshorizont geschaffen, der anderes und noch nicht bereits Bekanntes erfahren und *mehr* sehen lässt.

Ästhetische Bildung bedeutet dementsprechend allerdings nicht nur ein Anderswerden der Wahrnehmung in Form eines Offenwerdens für das, was aus der alltäglichen und normalisierten Betrachtung pragmatischerweise ausgeschlossen ist. Es bedeutet auch ein Anderswerden der Wahrnehmenden. Sobald sich die ästhetische Erfahrende der sinnlichen Kraft des Kunstwerks aussetzt, gerät auch ihr Selbstverständnis ins Wanken. Die Öffnung der Wahrnehmung geht einher mit einer Öffnung der Subjektivität, die sich selbst nicht mehr als fixierte, geschlossene, sondern als ansprechbare, durch ihre und im Lichte ihrer Erfahrungen mitgestaltete erfährt.

Im Verlauf einer ästhetischen Erfahrung kann sich laut Merleau-Ponty eine Veränderung in doppelter Hinsicht vollziehen, die auf zwei Dimensionen ästhetischer Bildung verweist: Nicht nur sind die Erfahrenden einerseits mit genuin »anderen« Gegenständen konfrontiert (vgl. Merleau-Ponty 2007: 72) – Bilder, die anstatt der Zentralperspektive plötzlich die Flachheit der Leinwand betonen; Bücher, die einen Einschnitt in der Literaturgeschichte markieren. Die Andersartigkeit der künstlerischen Werke, die diese aus einer gegebenen Ordnung von Gegenständen heraushebt, hat zudem Auswirkungen auf die Wahrnehmungsweise und damit nicht zuletzt auf das erfahrende Subjekt selbst. Ästhetische Erfahrungen sind insofern zwar außerordentlich, nicht aber von der ordentlichen Erfahrungswelt isoliert. Sie hängen mit nicht-ästhetischen Erfahrungen zusammen, indem sie diese konterkarieren und auch erschüttern können.

Die Phänomenologie vertritt sowohl mit Husserl als auch mit Merleau-Ponty die Ansicht, dass ästhetische Erfahrungen als bildend angesehen werden können, insofern sie zur Veränderung unserer Wahrnehmung der Dinge beitragen. Im Vollzug des ästhetischen Erfahrens können wir zu aufmerksameren, interessierteren, offeneren Wahrnehmenden werden, die für die Mannigfaltigkeit der Erscheinungen in einer Weise empfänglich sind, welche in normalisierten Wahrnehmungsgewohnheiten suspendiert ist. In Merleau-Pontys Verständnis kann die starke sinnliche Kraft der Kunst, im Speziellen der Malerei, sogar eine kritische Funktion übernehmen. Kunst – und auf Erfahrungsebene sowohl ihre Produktion wie auch ihre Rezeption – hinterfragt einen rationalisierten, technisierten und ökonomisierten Umgang mit der Welt und der Natur. Die Auseinandersetzung mit ästhetischen Dingen kann hierin mit einer Bildung im starken Sinne des Wortes einhergehen: Sie kann uns als Subjekte in unserem Umgang mit anderen und der Welt verändern. Die Frage, wer aber überhaupt zu einer solch einnehmenden Form der ästhetischen Erfahrung fähig ist, bleibt sowohl von Husserl als auch von Merleau-Ponty ausgeklammert, da sie beide letzten Endes an der Natürlichkeitsthese festhalten, wie sie vor allem durch die deutschsprachige moderne Ästhetik geprägt wurde. Im Rahmen einer phänomenologischen Ästhetik der beschriebenen Art eröffnet sich damit keine Perspektive auf die bildenden Voraussetzungen ästhetischen Erfahrens.

Wie im vorangegangenen Abschnitt bereits erörtert, präsentiert sich Goodman dagegen als Kritiker der Vorstellung, dass ästhetisches Erfahren einfachhin für alle in derselben Weise möglich wäre. Vor dem Hintergrund dieser Kritik, die er am Beispiel der Tingle-Immersion-Theory (Goodman 1976: 112) durchexerziert, kann man seine Position als unvereinbar mit vielen phänomenologischen Grundüberzeugungen verstehen. Ästhetische Bildung ist für ästhetisches Erfahren notwendig. Sie ist für Goodman keine Bildung, die für alle wichtig wäre, da sie dezidiert als Expert_innenbildung verstanden wird. Goodmans Theorie erörtert aber nicht nur, wie weiter oben dargestellt, die Schulung der Sinne. Sie umfasst auch Überlegungen zur Bildung als Wirkung von ästhetischer Erfahrung. Im Vollzug der ästhetischen Erfahrung lassen sich seines Erachtens durch eine Veränderung unserer Wahrnehmungsweise nämlich Erkenntnisse gewinnen. »[T]he arts must be taken no less seriously than the sciences as modes of discovery, creation, and enlargement of knowledge in the broad sense of advancement of the understanding [...].« (Goodman 1978: 102) Wissenschaftliche und ästhetische Erkenntnis sind vergleichbar, da sie beide auf die Entdeckung von »novel objects and connections« (Goodman 1976: 33) zielen.

In der ästhetischen Erfahrung wird damit ein neuer Zugang zur Welt geschaffen, der eine andere Sicht auf die Dinge bewirken kann und damit Neues entdecken lässt. Hierin steht die ästhetische Welterzeugung (*worldmaking*) konträr zum alltäglichen, normalisierten Umgang mit den Dingen – ein Argument, das in den besprochenen Theorien wiederkehrt. Die Wahrnehmungswelt, die durch die Auseinandersetzung mit ästhetischen Dingen aufgeschlossen wird, ist insofern eine, die nicht nur eine Veränderung unserer gewohnten Weisen des Wahrnehmens darstellt, sondern auch eine entschiedene qualitative Aufwertung bedeutet.

Es ist nun allerdings nicht so, wie mit dieser Beschreibung des Aufgehens einer neuen Welt vermittels einer ästhetischen Erfahrung vermutet werden könnte, dass ein jeder oder jede einfachhin offen wäre für diese andere Wahrnehmungsweise. Im Gegenteil unterstreicht Goodman, dass Übung in Form einer gezielten Schulung der Sinne für feine Unterschiede durch »practice and training« (ebd.: 103) notwendig ist, damit qualifiziertes ästhetisches Erfahren möglich ist. Goodmans Hauptaugenmerk liegt dabei auf dem Erkennen feiner Differenzen und somit dem perzeptiven Unterscheiden.

Goodman bildet den Abschluss dieses Kapitels nicht zuletzt deswegen, weil er zum einen sowohl die bildenden Voraussetzungen wie auch die bildenden Wirkungen von ästhetischen Erfahrungen zur Sprache bringt und damit zum anderen alle drei eingangs erwähnten Thesen aushebelt – die Natürlichkeitsthese, die Universalitätsthese und die Normalisierungsthese. Seine Version der ästhetischen Bildung ist dabei nicht nur implizit, sondern explizit ausschließend. Das Nachdenken über Bildungsprozesse als Grundlage einer Demokratisierung und Vereinheitlichung der Mitglieder einer oder mehrerer Gemeinschaften, die damit als ästhetische Gemeinschaften begriffen werden könnten, ist seinen Überlegungen fremd. Was ästhetische Erfahrungen hinsichtlich der Konstitution von ästhetischen Gemeinschaften und ästhetischen Subjekten bewirken können, wie sie bildend auf das Verhältnis von Subjekt und Gemeinschaft Einfluss nehmen können, muss als Frage daher noch offengehalten werden. Sie ist im nächsten Kapitel, das Moral, Urteilsbildung und Kritik als Aspekte ästhetischer Bildung in den Fokus rückt, dezidiertes Thema der Untersuchung.

3. Moralität, Urteilskraft und Kritik

Wird ästhetische Bildung mit Blick auf Wahrnehmung und Geschmack thematisiert, dann erweisen sich sowohl Erörterungen der bildenden Voraussetzungen als auch der bildenden Wirkungen von ästhetischer Erfahrung als zentral. In diesem Kapitel wird danach gefragt, inwiefern die Auseinandersetzung mit ästhetischen Dingen als bildend verstanden werden kann, insofern sie die Moralität steigert, uns zu freieren Menschen oder kritischeren Akteur_innen im sozialen Feld macht. Wird weniger das sensuelle Vermögen als jenes der moralischen Reflexion, der Urteilskraft oder der Kritik in den Fokus gerückt, so entpuppt sich die Frage nach den bildenden Voraussetzungen interessanterweise als hintergründig. In den Vordergrund rücken die theoretischen Explorationen dagegen die Wirkungen von ästhetischen Erfahrungen, deren Möglichkeit mehr oder weniger als bedingungslos gegeben angenommen zu werden scheint.

Obwohl ein Bedenken der Wirkungen ästhetischer Erfahrung auf Moralität, Urteilskraft und Kritik impliziert, über die ästhetischen Fertigkeiten im engeren Sinne – also sinnliche Wahrnehmung und Geschmack – hinauszugehen, und andere Felder berühren muss, unterscheiden sich die hier behandelten Theorien in ihrem Verständnis der ästhetischen Sphäre sehr deutlich. Während in der Antike der fließende Übergang zwischen ästhetischer und nicht-ästhetischer Welt als eines der Hauptargumente für die Bedeutung einer Auseinandersetzung mit Kunst gesehen wird, führt spätestens Kant eine entschiedene Trennung zwischen ästhetischen und nicht-ästhetischen Erfahrungsräumen ein. Ästhetische Autonomie, die oft als mit der *Kritik der Urteilskraft* begründet verstanden wird, ist ein Thema, an dem sich in der Folge vielerlei Überlegungen über ästhetische Bildung entzünden. Ästhetische Erfahrungen könnten als autonome gerade deshalb bildend wirken, weil sie einen Erfahrungsraum eröffnen, der sich losgelöst von alltäglichen Sorgen und Problemen gestaltet. Ein weiteres Spannungsverhältnis, das in den im Anschluss erörterten Theorien immer wieder auftaucht, ist jenes zwischen Form und Inhalt des ästhetischen Dings. Autor_innen wie Kant sprechen sich dafür aus, dass ästhetische Erfahrungen nur dann ihre paradigmatische Freiheit entfalten können, wenn der rezipierende Blick am Inhalt uninteressiert ist. Dagegen stehen an den antiken Ideen über die Wirkung von Narrativen und Bildern orientierte Theorien für die Bedeutung der Inhalte ein, aus denen konkrete Dinge für das eigene Leben, Empfinden und Denken gelernt werden können. Im 20. Jahrhundert finden sich schließlich zwei gegenstrebige Linien, die einerseits an der Autonomiethese festhalten, sich andererseits klar von dieser lossagen. Auch die Debatte um die Rolle des Inhalts flammt hier in neuer Dringlichkeit auf.

Wenn es um die Wirkung der ästhetischen Erfahrung auf moralisches Empfinden wie auch kritisches Vermögen geht oder wenn generell die Frage aufgeworfen wird, wie ästhetische Erfahrungen die Urteilskraft prägen können, dann muss auch thematisiert werden, wer zu diesen ästhetischen Bildungsprozessen Zugang hat, wer von ihnen profitieren kann. In den antiken und modernen Debatten wird ästhetisches Erfahren über weite Strecken als ein anthropologisches Grundvermögen verstanden, und die Zugänglichkeit von Bildungsprozessen im ästhetischen Feld wird nicht weiter problematisiert. Durch diese fehlende Problematisierung werden allerdings nicht die impliziten Voraussetzungen getilgt, mit denen die Theorien der ästhetischen Bildung operieren. Gerade im 18. und 19. Jahrhundert erweist sich das ästhetische Erfahrungssubjekt, wie bereits im vorhergehenden Kapitel angesprochen, als ein letztendlich (bildungs-)bürgerliches Subjekt, d.h. einer bestimmten Bildungsklasse und sozialen Schicht zugehörig. Im 20. Jahrhundert werden solche Annahmen gerade mit Blick auf die Rolle einer ästhetischen Bildung für eine Kritik an den herrschenden Machtverhältnissen, die sich nicht selten als eine Kritik an der bürgerlichen Ordnung artikuliert, zunehmend zurückgewiesen. Autor_innen wie Bertolt Brecht, Antonio Gramsci oder Chantal Mouffe zeigen sich bemüht, ästhetische Erfahrungen gerade wegen ihres bildenden Potenzials und ihrer ideologie- bzw. hegemoniekritischen Möglichkeiten nicht als Privileg einer (bürgerlichen) Elite zu betrachten.

3.1 Moralische Charakterbildung: Ästhetische Lehren über ein besseres Leben

Verglichen mit dem Jahrhundert der Ästhetik sind ästhetische Auseinandersetzungen in der griechischen Antike zwar nicht seltener. Sie treten aber weniger gebündelt und oft verwoben mit epistemologischen, ontologischen, politischen und ethischen Überlegungen auf. Fordert Baumgarten paradigmatisch die Fundierung einer separaten Wissenschaft vom Schönen, so sprechen sich Platon und Aristoteles implizit gegen eine solche Trennung aus, wenn sie mehr die Zusammenhänge als die Unterschiede zwischen ästhetischen und nicht-ästhetischen Fragestellungen thematisieren. Dies zieht eine Reihe von Konsequenzen nach sich, nicht zuletzt für das Verständnis von ästhetischer Bildung. Spielen im 18. Jahrhundert nämlich einerseits, wie im vorhergehenden Kapitel erörtert, die dezidiert ästhetischen Kompetenzen eines aufmerksamen und differenzierten Wahrnehmens und andererseits, wie im nächsten Abschnitt gezeigt werden wird, die Wirkkraft eines als weitgehend autonom verstandenen ästhetischen Erfahrungsraums eine große Rolle, so interessieren sich die griechischen Denker allem voran für Bildungsprozesse, die im Bereich des Ästhetischen angestoßen werden, aber deren Relevanz sich vor allem dann und dort zeigt, wo sie für alltägliche Belange und für das Zusammenleben in einer Gemeinschaft bedeutsam sind. Ästhetisches Erfahren um seiner selbst willen ist weder für Platon noch für Aristoteles ein Thema. Dieser Umstand sollte aber nicht allzu schnell als Kunstskepsis oder -feindlichkeit abgetan werden – ein Vorwurf, den nicht nur Nietzsche etwa Platon gegenüber formuliert. Kunst hat in der griechischen Polis dagegen eine durchaus wichtige Stellung als ein fester Bestandteil des öffentlichen Lebens.[27] Im antiken Griechenland sind die Künste engmaschig mit dem Leben der Bürger_innen in der Polis verstrickt.

Da die Künste dort eine so gewichtige Rolle spielen, nimmt es nicht wunder, dass die Untersuchung ihrer positiven wie auch ihrer negativen Einflüsse auf die Bürger_innen als unabdingbar angesehen wird. Platon und Aristoteles versuchen deshalb, die Aufgabe der Künste für Erziehung und Bildung genauestens aufzuschlüsseln. Zum einen wird in diesem Zusammenhang immer wieder die Frage aufgeworfen, inwiefern die Künste das Verständnis und die Erkenntnis der Welt befördern können. Im Zentrum des Interesses steht aber nicht nur die Erkenntnisfunktion, sondern vor allem die ethische Dimension der künstlerischen Nachahmungen. Ihr moralischer Mehrwert markiert daher auch den Fluchtpunkt vieler antiker Reflexionen über die nachahmenden Künste. Der Beitrag, den eine künstlerische Darstellung zum Besserwerden des Menschen und zum glücklichen Leben leisten kann, ist hier wesentlich. Die ethische Frage nach der moralischen Lehre der Künste ist dabei eng mit der epistemologischen Frage nach der Wahrheitsfähigkeit des ästhetischen Dings verknüpft. Für Platon wie auch für Aristoteles können Kunstwerke nur dann zu einer moralischen Bildung beitragen, wenn die Künstler_innen das wahre Sein des Guten (er-)kennen. Nur wenn eine Künstlerin weiß, wer oder was wirklich gut ist, kann sie dieses oder jenes auch als gut und damit in einer moralisch angemessenen Weise darstellen.

Vor allem wenn über die Bildung von Kindern und Jugendlichen nachgedacht wird, werden die positiven Einflüsse der Künste durch ihre Vorbildwirkung, aber auch durch ihre potenziell negativen Wirkungen schlagend. Die Prägbarkeit des Menschen in seiner Kindheit und Jugend macht es gerade für Platon unumgänglich, über positive wie auch negative Einflüsse der Künste nachzudenken, diese zu überwachen und gegebenenfalls zu sanktionieren. Die Frage nach der moralischen Angemessenheit von Kunstwerken ist daher der Dreh- und Angelpunkt der platonischen, aber auch der aristotelischen Reflexionen über ästhetische Bildung.

Auch wenn die antike Weise des Nachdenkens über ästhetische Bildungsprozesse im 18. Jahrhundert nicht zuletzt durch die Betonung der Autonomie und des Freiraums der Kunst zunächst überkommen zu sein scheint, ist sie keineswegs obsolet. Gerade in jüngeren Theorien gibt es ein Wiederaufleben jener antiken Perspektive, die nicht den Unterschied, sondern den Übergang zwischen der ästhetischen und der nicht-ästhetischen Erfahrungswelt ins Zentrum rückt. Sie entspinnen sich vor allem als eine Auseinandersetzung mit den fiktionalen Erzählungen, wie sie Platon vornehmlich im Blick hat und Aristoteles sie in seiner Tragödientheorie dezidiert entwickelt.

Platon und Aristoteles – abgrenzende und eingrenzende Bestimmungen der Aufgaben nachahmender Kunst für moralische und emotionale Bildung

Auch wenn sich die theoretischen Standortbestimmungen von Platon und seinem Schüler Aristoteles in nicht wenigen Hinsichten unterscheiden, so teilen sie in Bezug auf Bildungsprozesse im Allgemeinen und auf ästhetische Bildung im Besonderen doch einige Kernansichten: Zunächst ist Bildung als Resultat erzieherischer Prozesse keine primär private oder familiäre Sache, sondern eine Staatsangelegenheit. Für das Funktionieren des Zusammenlebens im Staat ist es wesentlich, dass die Bürger_innen – entsprechend ihrer Stellung und ihren Möglichkeiten – gebildet werden. Auch wenn eine höhere Bildung im Sinne einer philosophischen Erziehung zum Selbstdenken nicht für alle zugänglich, weil nicht für alle sinnvoll ist, soll doch der Bürger in körperlicher wie auch in ästhetischer Hinsicht gebildet werden. Physische und musische Erziehung starten im frühen Kindesalter und zielen in erster Linie auf die moralisch-emotionale Charakterbildung, die Aneignung des richtigen Glaubens und angemessener Einstellungen sowie die Regulierung des Gefühlshaushalts. Diese elementare Form der Bildung, die eine Verbesserung von körperlichen und geistigen Fertigkeiten anstrebt (vgl. Platon 1977: 788c), zieht bei denjenigen, die sich aufgrund ihrer Anlagen dafür eignen, eine sekundäre Erziehung nach sich, die schließlich die intellektuelle Entwicklung des Geistes und eine Erweiterung der Urteils- und Handlungsfähigkeit im Visier hat.

Die Konzentration auf die Verbesserung der körperlichen wie auch der geistigen Fähigkeiten legt nahe, dass für die antiken Denker sowohl die bildenden Voraussetzungen wie auch die bildenden Wirkungen ästhetischer Erfahrung eine Rolle spielen. Es finden sich entsprechend durchaus Überlegungen dazu, dass basale ästhetische Kompetenzen wie Rhythmus- und Harmoniegefühl der Übung bedürfen und nicht schlichtweg als ausgebildete vorliegen. Auch im Hinblick auf die Bedingungen, die dafür verantwortlich zeichnen, ob jemand moralisch etwas aus der Auseinandersetzung mit ästhetischen Dingen lernen kann, deutet Platon zumindest darauf hin, dass für das Verständnis komplexerer Geschichten ein Reflexionsvermögen gegeben sein muss, das nicht jede mitbringt. Dennoch bleibt die Frage, wer genau wie dazu kommen kann, das Bildungspotenzial der ästhetischen Erfahrung in moralischer oder emotionaler Hinsicht voll auszuschöpfen, aber hintergründig – wie sie dies in fast allen in diesem Abschnitt erörterten Theorien bleibt. Wichtiger als die Frage nach den Voraussetzungen scheint die Frage nach den Möglichkeiten und auch nach den Gefahren einer intensiven Auseinandersetzung mit ästhetischen Dingen, die uns in unserer Weltsicht, unserem Urteilsvermögen und unserem Gefühlhaushalt beeinflussen können.

Platons Theorie der ästhetischen Bildung als moralischer Charakterbildung kreist um die Frage, wie moralisch integre Menschen erzogen werden können. Mittel zur richtigen Erziehung ist hier vor allem das Erzählen von Geschichten, die ein wirklichkeitsgetreues Bild von ihren Protagonist_innen zeichnen. Ästhetische Bildung ist also Angelegenheit der narrativen Künste. Narrationen wirken bildend, weil die Rezipient_innen dazu neigen, das erzählte Beispiel der Protagonist_innen nachzuleben, diese also zu imitieren. Die nachahmenden Künste sollen die Wirklichkeit in einer angemessenen Weise darstellen, damit den Rezipient_innen das richtige Beispiel gegeben wird und sie nicht in die Irre geführt werden, sich nicht in einer erfundenen Welt verlieren, deren Bezug zur Realität fraglich ist. Der Künstler hat es gerade dann schwer im platonischen Staat und riskiert die Zensur seiner Werke, wenn er sich zu sehr auf den schönen

Schein, nicht aber auf die Wahrheit der nachgeahmten Sache konzentriert (vgl. Platon 1994b: 598b). Dass die künstlerischen Werke und ihr Bezug zum wahren Sein überprüft werden müssen, liegt an der starken Wirkung, die sie auf ihre Rezipient_innen haben. Eine Geschichte, die ihre Charaktere falsch zeichnet und damit moralische Verwirrung stiften kann, darf nicht in die falschen Hände geraten. Platon ist zwar überzeugt, dass es Rezipient_innen gibt, die mit solch verstörenden Geschichten umgehen können, wenn sie eine reflexive Distanz dazu einnehmen. Für den Großteil der Bürger_innen gilt aber, dass sie unmittelbar von den Geschichten affiziert werden und daher nur mit Erzählungen konfrontiert werden sollten, die den moralischen Richtlinien entsprechen (vgl. ebd.: 376c ff.). Vor allem für das beeinflussbare Kindheits- und Jugendalter müssen deshalb diejenigen, die die Angemessenheit eines Kunstwerks einschätzen können, über dessen Zugänglichkeit entscheiden. Dabei liegt der Fokus nicht auf der faktischen Richtigkeit von Personen oder Ereignissen, sondern auf der moralischen Richtigkeit der gezeichneten Charaktere und ihrer Handlungen. Moralisch richtig ist eine Erzählung, in der ein guter Mensch Gutes tut und dem letzten Endes Gutes widerfährt, die also unterstreicht, dass Gutheit im Charakter zu einem glücklichen Leben führt; und in der ein schlechter Mensch umgekehrt Schlechtes tut und ihm dementsprechend auch Schlechtes widerfährt. Den Rahmen für eine normativ orientierte ästhetische Bildung nach Platon stellen so einerseits die Wahrheit und andererseits die moralische Richtigkeit eines Kunstwerks dar (vgl. ebd.: 378c). Mit der Betonung dieser beiden Aspekte wird deutlich, dass ästhetische Bildung als moralische Charakterbildung in erster Linie den Inhalt eines Kunstwerks zum Gegenstand hat. Es zählt, was dargestellt wird, nicht, wie dargestellt wird. Das bedeutet allerdings nicht, dass die Form keine Rolle spielt. Rhythmische und harmonische Darstellung ist nämlich zum einen die generelle Voraussetzung dafür, dass ein Kunstwerk überhaupt eine bildende Wirkung entfalten kann. Zum anderen kann sie auch dazu beitragen, unterschiedliche Inhalte zu kommunizieren, d.h. unterschiedliche Aussagen über das Gesagte zu treffen. Wenn der Dichter nicht eine die Charaktere imitierende Form der Erzählung wählt, sondern eine, die aus der Distanz, ohne Perspektivenübernahme berichtet, kann er ein Verhalten darstellen, ohne damit zu dessen Imitation anzuregen (vgl. ebd.: 392c-398a).

Voraussetzung dafür, dass solch unterschiedliche Erzähl- und Darstellungsformen in der künstlerischen Praxis angemessen eingesetzt werden können, ist die Fähigkeit der Künstler_innen, über das, was sie nachahmen, Bescheid zu wissen. Wenn sowohl diejenigen Künstler_innen, die richtig darstellen, wie auch jene, die trügerisch darstellen, »die wahre Beschaffenheit eines jeden Dinges« (Platon 1994a: 262a) kennen, dann ist die Angemessenheit der Darstellung nicht eine Frage des Wissens, sondern eine des Willens. Dadurch dass die Künstler_innen in ihrer ästhetischen Praxis frei sind, ihre Nachahmungen am Wahren auszurichten oder das nicht zu tun, müssen sie sich auf den moralischen »Bildungsauftrag« der Kunst besinnen. Künstler_innen können ganz bewusst manipulieren, indem sie trügerische Darstellungen schaffen, von denen sie wissen, dass sie trügerisch sind. Diese Möglichkeit der Manipulation, des vermögenden und gezielten Betrügens mittels der Nachahmung, versetzt Platon bisweilen in noch mehr Furcht vor dem Einfluss einer nicht angemessenen Kunst, als dies die Unfähigkeit der Künstler_innen tut, die das Wahre schlichtweg nicht erkennen.

Eine ästhetische Praxis, die nach dem Wahren sucht und dieses erkennen kann, ist in der Lage, Kunstwerke zu schaffen, die nicht nur zur Erziehung beitragen, sondern einen Bildungsraum eröffnen, der nur durch die nachahmenden Künste gegeben ist.

Damit hat die ästhetische Bildung einen ganz besonderen Stellenwert innerhalb der platonischen Bildungstheorie. Wenn die ästhetische Praxis dies aber nicht tut, wenn sie – wissentlich oder nicht-wissentlich – unangemessene Kunstwerke schafft, müssen diese laut Platon aus dem Staat verbannt werden.

Was die Rolle der nachahmenden Künste für die Erziehung betrifft, ist Aristoteles, anders als Platon, weniger um eine Bestimmung des umfassenden Spektrums an angemessenen und nicht angemessenen Formen künstlerischer Nachahmung bemüht. Er arbeitet dagegen an einer Beschreibung der in ethischer wie auch pädagogischer Hinsicht bestmöglichen Form von Nachahmung: der Tragödie. Weniger als Platon ist Aristoteles daher auch an der Kontrolle der staatlichen Kunst interessiert. Während Platon versucht, Vor- und Nachteile des Einsatzes nachahmender Künste für Erziehungszwecke zu ermitteln, nimmt sich Aristoteles der Aufgabe an, eine Anleitung für die Produktion sowohl ästhetisch anregender wie auch pädagogisch wertvoller Kunstwerke zu geben. Aristoteles' Überlegungen zur Tragödie sind mehr normativ als deskriptiv, insofern sie eine Norm für die bestmögliche Form von mimetischer Darstellung definieren.

Aristoteles' Bestimmung dieser Norm nimmt aber einen deskriptiven Ausgang. Sie basiert auf der Beobachtung, dass der Mensch einen natürlichen Instinkt besitzt, der ihn sowohl für Nachahmungen als auch für Rhythmus und Harmonie besonders empfänglich macht (vgl. Aristoteles 2008: 1448b). Aus der Tatsache dieser Instinkthaftigkeit des Menschen leitet sich der Grundstein für die Form der Tragödie in zweierlei Hinsicht ab: Die Tragödie muss nachahmen und rhythmisch sowie harmonisch gestaltet sein. Die Form ist also wie bei Platon die Grundlage dafür, dass ein Kunstwerk Bildungsprozesse anstoßen kann. Im Zentrum der Überlegungen steht auch bei Aristoteles der richtige Inhalt einer Erzählung, deren Wirksamkeit sich allerdings erst über Aufbau und Narrationslogik bewerkstelligen lässt. Ob es daneben noch weitere Bedingungen dafür gibt, dass eine Tragödie bei den Rezipient_innen ihre optimale Wirkung entfaltet, wird nicht erörtert.

Aristoteles geht davon aus, dass es der Dichterin überlassen ist, die Welt mit ihren Menschen als besser oder schlechter als in Wirklichkeit darzustellen. Die bestmögliche Form der Erzählung definiert sich dabei nicht mehr wie bei Platon über die Entsprechung von wirklicher und dargestellter Welt; im Gegenteil bestimmt sie sich über eine Abweichung der dargestellten von der wirklichen Welt. In einer Tragödie haben wir es mit Charakteren zu tun, die besser sind als wir selbst (vgl. ebd.: 1448a). Diese Abweichung ist es auch, die ästhetische Bildungsprozesse auslösen kann.

Ähnlich wie Platon sieht Aristoteles den Bildungswert der nachahmenden Künste in ihrem Beitrag zu einer moralischen Bildung begründet. Diese vollzieht sich allerdings nicht primär über eine Einsicht in moralisch wünschenswertes Verhalten, das sodann nachgeahmt werden kann. Vielmehr, und hierin zeigt sich die Originalität des aristotelischen Denkens, beruht sie auf einer Schulung emotionaler Haltungen und Einstellungen und damit auf einer Charakterbildung. Sie vollzieht sich also nicht auf einer intellektuellen, verstandesgemäßen, sondern auf einer gefühlsmäßigen Ebene. Die Schulung emotionaler Haltungen und Einstellungen kann durch eine Läuterung gelingen, welche durch das Mitfühlen des tragischen Verlaufs der Ereignisse ausgelöst wird. Aristoteles spricht von einem kathartischen Effekt. »Die Tragödie ist also Nachahmung einer bedeutenden Handlung, die vollständig ist und eine bestimmte Größe hat. [...] Durch Mitleid und Furcht bewirkt sie eine Reinigung eben dieser Gefühle.« (Ebd.: 1449b)

Entscheidend für den Bildungsgehalt einer Tragödie ist also deren Fähigkeit, eine emotionale Antwort in den Rezipierenden auszulösen. Gibt es diese emotionale Antwort, dann wird ein Reinigungsprozess ausgelöst, der die Miterlebenden in ein bestimmtes Verhältnis zu ihren negativen Gefühlen setzt. Negative Gefühle sind nach Aristoteles solche, die für moralisches Denken, Urteilen und Handeln abträglich sind. Dazu zählen Furcht, die Reflexionsprozesse unterbindet, welche für das Fällen von Urteilen unerlässlich sind, und Jammern, das eine Haltung der Ablehnung darstellt und daher keine Basis für eine weitsichtige Auseinandersetzung mit einer Situation bietet. Ganz allgemein sind für Aristoteles starke Gefühlsregungen einem ethisch angemessenen Verhalten abträglich. Das Ideal des mittleren Zustands (*mesotes*) (vgl. Aristoteles 2010: 1104a), d.h. das Finden einer Balance zwischen Übermaß und Mangel, trifft nicht nur auf handlungspraktische Tugenden wie Mut und Tapferkeit zu, sondern auch auf das emotionale Erleben, das Fühlen selbst. Weder ein Übermaß an negativen noch ein Übermaß an positiven Gefühlen ist erstrebenswert. Während die Tugenden in ihrer angemessenen Form im praktischen Tun selbst angeeignet werden können, durch Wiederholung und Gewöhnung (*ethos*), ist die Habitualisierung von Gefühlen mitunter eine schwierigere Angelegenheit. Denn offenbar stellt sich Gewöhnung nicht einfach durch ein wiederholtes Erleben der angemessenen Gefühlslage ein. Vielmehr müssen die unerwünschten Gefühle kanalisiert und gezielt abgeführt werden. Indem die Tragödie einen Raum bereitstellt, diese negativen Gefühle des Leids, die zum emotionalen Spektrum des Menschseins ebenso dazugehören wie positive Gefühle des Glücks, in einem geschützten, von der Wirklichkeit abgegrenzten Raum (nämlich im räumlich und zeitlich klar umgrenzten Raum des Theaters) auszuleben, trägt sie zur besseren Ordnung der Gefühlswelt bei, zur Erreichung eines angemessenen Gefühlslebens, und sorgt dafür, dass im Raum des wirklichen Lebens, Denkens und Handelns diese negativen Emotionen keinen Einfluss haben. Nicht nur die Tragödie, auch die Musik kann nach Aristoteles kathartisch wirken und insofern zur emotionalen Charakterbildung beitragen (vgl. Aristoteles 2011: 1341b).

Ambivalente Gefühle – emotionale Abfuhr oder moralische Bildung durch Erkenntnis?

Die emotionale Abfuhr ist aber nur ein Aspekt des kathartischen Effekts der Tragödie. Laut Martha Nussbaum liegt das ästhetische Bildungspotenzial tragischer Erzählungen darin begründet, dass Gefühle – positive ebenso wie negative – kognitiven Gehalt besitzen, also eine Erkenntnisquelle darstellen, die uns dabei unterstützen kann, gute von schlechten Handlungen zu unterscheiden. Die Fähigkeit zu solchen Unterscheidungen, die für unsere moralischen Urteile maßgeblich sind, kann nicht auf die rationale Einsicht in das Gute bzw. das Schlechte beschränkt werden. Moralisches Urteilsvermögen ist an der Schwelle zwischen Denken, Reflexion und Fühlen angesiedelt, die nicht voneinander abgetrennt werden können (vgl. Nussbaum 1986: 378). Mit dem Hinweis auf diese Verschränkung und der Betonung des Erkenntnisgehalts von Emotionen kann Nussbaum argumentieren, dass das Bildungspotenzial der Tragödie nicht allein darin besteht, dass sie unsere negativen Gefühle kanalisiert und sozusagen unsere Köpfe von emotionalen Blockaden befreit. Dagegen macht sie auch frei für eine klarere Einschätzung moralischer Fälle und schult das moralische Urteilsvermögen in positiver Hinsicht. Indem die Tragödie, genauer, den Abstand zwischen Gutsein und gutem Leben (*the gap between being good and living well*) thematisiert (vgl. ebd.: 382), kann sie zu einer Reflexion darüber anregen, was neben den Tugenden, die das Gutsein eines Menschen ausmachen, noch notwendig ist, um glücklich zu werden. Eine tragische Erzählung, die von einem tugendhaften Charakter berichtet, der durch ein fehlgeleitetes Handeln ins Unglück stürzt, ist nicht deswegen ein moralisches Vorbild für uns, weil sie uns zeigt, wie wir nicht handeln sollten – das wäre eine einfache Vorbildwirkung, auf die wir unmittelbar und unreflektiert antworten könnten. Sie hält uns dagegen dazu an, mittelbar und reflektiert ein Gefühl dafür zu entwickeln, dass es zwischen Gutsein und gutem, glücklichem Leben keine einfache Ursache-Folge-Relation gibt, sondern dass es mehr dafür braucht, glücklich zu sein, als eine bestimmte Haltung (*hexis*) zu haben und ein tugendhafter Mensch zu sein. Da nicht alle unsere Lebensumstände plan- und abwägbar sind, sind wir außer rational entscheidenden auch verletzbare und dem Glück bis zu einem gewissen Grad ausgesetzte moralische Akteur_innen. Für diese Erkenntnis, die eben keine bloß rationale, sondern eine emotionale Einsicht ist, ist das durch den Verlauf der Handlung ausgelöste Mitleid mit den tragischen Held_innen zentral (vgl. ebd.: 385). Eine handlungsorientierte Ethik, die nicht vollends auf die moralische Kraft der Tugendhaftigkeit vertraut, stellt moralische Bildungsprozesse, die durch das Mitleiden im Verlauf der Tragödie ausgelöst werden können, also laut Nussbaum ins Zentrum. Sie können nicht nur zu einer besseren moralischen Wahrnehmung und Einschätzung unserer Mitwelt, sondern als Quellen der Erkenntnis und Klärung auch zu einem besseren Verständnis unserer selbst beitragen (vgl. ebd.: 388).

Der Typus der tragischen Erzählung scheint sich also, mit Aristoteles und Nussbaum gedacht, besonders gut für moralisch-emotionale Bildungsprozesse zu eignen. Ob allerdings jede, die sich mit Tragödien auseinandersetzt, in derselben Weise gefühlsmäßige Läuterung erfährt bzw. die Rezeption als Anlass für Bewegungen der (Selbst-)Reflexion nutzen kann, wird weder von Aristoteles noch von Nussbaum problematisiert. Über die Vorbedingungen des Eintretens in die beschriebenen ästhetischen Bildungsprozesse breitet sich also Schweigen. Behaupten zu wollen, dass sie einfachhin bei jedem Rezipienten stattfinden würden, scheint allerdings unplausibel. Daneben stellt sich die Frage, inwiefern die beschriebenen Effekte auch von anderen als tragischen Werken im engeren Sinne ausgelöst werden können.

Nicht nur in der Auseinandersetzung mit Literatur und Theater, auch in der Film- und Medienwissenschaft finden Überlegungen zum kathartischen Effekt und vor allem solche zur moralischen Relevanz emotionalen Engagements in den letzten Jahrzehnten vermehrt Raum. Bordwells kognitivistische Filmtheorie, die nicht nur die rationalen, sondern auch emotionale Lernprozesse thematisiert, welche durch die Auseinandersetzung mit ästhetischen Dingen angestoßen werden können, wurde bereits im vorigen Kapitel thematisiert. Eine verbreitete Spielart des *Aesthetic Cognitivism* sieht den epistemischen Beitrag der ästhetischen Erfahrung nun vorrangig in der Vermittlung von moralischem Wissen (*moral knowledge*) (vgl. Kieran 1996, Hjort/Laver 1997, Carroll 2002). Dabei wird als Bedingung für die moralische Bildung durch ästhetische Erfahrung von vielen Autor_innen eine emotionale Involviertheit bzw. ein fiktionales Engagement (*fictional engagement*) angeführt. Nussbaum spricht in ähnlicher Weise von der Identifikation mit den Protagonist_innen der fiktiven Welt, die für den von ihr angesprochenen moralisch-emotionalen (Selbst-)Reflexionsprozess Voraussetzung ist. Wie aber kommt eine solche Identifikation zustande? Wer identifiziert sich mit den Held_innen welcher Geschichten und kommt dadurch überhaupt in den potenziellen Genuss einer moralischen Bildung durch ästhetische Erfahrung?

Margrethe Bruun Vaage unterstreicht als ein Kriterium für die Identifikation mit einem fiktiven Charakter die möglichst umfangreiche Darstellung seiner Erfahrungs- und Gefühlswelt. Je mehr wir über eine Protagonistin wissen, desto eher sind wir bereit, uns mit dieser zu identifizieren (vgl. Vaage 2011: 213). Durchaus in Übereinstimmung mit der platonischen Theorie sagt unsere moralische Überzeugung, ob ein Charakter gut oder schlecht ist, noch nichts darüber, ob wir bereit sind, diesem emotional zu folgen oder nicht. Während Ansätze, die ein »conventional fictional engagement« erklären wollen, allgemeine Kriterien für die Identifikationsbereitschaft der Rezipient_innen mit den Protagonist_innen aufstellen, weist Vaage darauf hin, dass auch idiosynkratische Faktoren Berücksichtigung finden müssen (vgl. Vaage 2009). Beschreibungen von konventionellem fiktionalen Engagement riskieren durch ihre Orientierung an universellen Normen und Werten, die alle Rezipient_innen teilen sollen, nämlich, dass sie jene Erzählungen außen vor lassen müssen, die die Universalität dieser Normen und Werte infrage stellen und dadurch zu einer Reflexion anregen können. Formen einer prekär bleibenden Identifikation können eher durch eine emotionale Teilhabe »beyond mere fictional engagement« erklärt werden, in denen sich die Rezipient_innen nicht als Allgemeinheit ansprechen lassen, sondern als konkrete Individuen, die bestimmte Erwartungen, Vorgeschichten, Erinnerungen haben. Idiosynkratische Weisen des fiktionalen Engagements sind dabei besonders dafür geeignet, (Selbst-)Reflexionsprozesse auszulösen, da sie nicht mehr nur grundsätzliche Problemlagen – moralische Dilemmata usw. – benennen, sondern uns persönlicher adressieren (vgl. Vaage 2009, 165). Freilich sind sie aber auch schwerer kalkulierbar als jene, die auf konventionelles fiktionales Engagement zielen. Sie geben jedoch zumindest eine Antwort auf die Frage, welche Bedingungen auf Rezipient_innenseite dafür verantwortlich sein könnten, dass nicht alle in derselben Weise für die von Fiktionen ausgelösten moralisch-emotionalen Bildungsprozesse empfänglich sind.

3.2 Ästhetische Bildung als Veredelung des Gemüts und Befreiung des Geistes

Im Laufe des 18. Jahrhunderts wandelt sich mit dem wiedererstarkten Interesse für ästhetische Phänomene und mit der neuen Forderung nach einer separaten Disziplin der Ästhetik, wie sie vor allem für die deutschsprachige Tradition typisch ist, der Fokus des Nachdenkens über ästhetische Bildungsprozesse. Wird in der sensualistischen Tradition die Verwandtschaft zwischen Ästhetik und Moral, die mitunter sogar in einem gemeinsamen Sinnenvermögen fundiert vorgestellt werden, sehr stark betont, so wird die Beziehung zwischen ästhetischer und moralischer Sphäre bei Immanuel Kant zu einer bloß symbolischen reduziert. Kant betont, dass es zwar eine Reihe von Ähnlichkeiten zwischen ästhetischen und moralischen Erfahrungen und den sie begleitenden Urteilen gibt – wie ihre Unmittelbarkeit, ihre Freiheit und ihre allgemeine Verbindlichkeit –, dass sie sich aber nicht zuletzt in ihrer Orientierung an einem universalen Gesetz, das im Bereich der Moral die Vernunft gibt und welches im ästhetischen Feld gänzlich fehlt, grundsätzlich unterscheiden. Ästhetische Erfahrung ist autonom, frei und interesselos und als solche auch nicht wie die moralische am Gesetz der Vernunft orientiert. Im Vollzug einer ästhetischen Erfahrung kann das Gemüt zwar veredelt werden, wenn die Urteilskraft auf das Intelligible gerichtet ist und im freien Spiel die oberen mit den unteren Erkenntniskräften harmonisch stimmt (vgl. Kant 2001: B 258). Einen direkten moralischen Effekt, so wie er in der Antike bei

Platon und Aristoteles unterstellt wird, ziehen ästhetische Erfahrungen aber nicht nach sich. Dies hängt einerseits damit zusammen, dass die Ästhetik bei Kant einen abgegrenzten Erfahrungs- und Urteilsraum beschreibt: Ästhetische müssen von moralischen (wie auch politischen, gesellschaftlichen, ökonomischen etc.) Belangen möglichst strikt getrennt werden, damit dem sie fundierenden Vermögen ein eigener Geltungsbereich zugesprochen werden kann. Andererseits lässt sich die fehlende Orientierung an moralischen Fragen auch dadurch erklären, dass ästhetische Erfahrungen – gänzlich konträr zu den im ersten Abschnitt beschriebenen Positionen – nicht primär durch Inhalte, sondern durch die Form eines ästhetischen Dings bzw. die Vorstellung von diesem bestimmt werden. Ästhetische Erfahrungen haben gerade bei Kant nichts mit Narrationen oder mittels Bildern erzählten Geschichten zu tun. Sie sind dagegen auf die bloße Form einer Erscheinung bzw. einer Vorstellung gerichtet.

Friedrich Schiller greift diese Idee Kants in seinen Briefen *Über die ästhetische Erziehung des Menschen* auf. Ein zentraler Unterschied zwischen Kants und Schillers Konzeption der Schönheit ist allerdings, dass es in Kants Verständnis keine Eigenschaften des Objekts sind, die sich formal als schön bezeichnen ließen, sondern dass Schönheit sich im Bezug des Subjekts auf sich artikuliert und in dem Lustgefühl besteht, das das freie Spiel von Einbildungskraft und Verstand in den Erfahrenden auslöst. Schönheitsempfinden hat also per se einen selbstreflexiven Zug: Es ist das Wohlgefallen an einem Zusammenspiel der Vermögen, das sich in mir an die Vorstellung der Form eines Dings gebunden vollzieht. Bei Schiller hängt Schönheit, wie dann weiter auch bei Hegel, im Gegensatz zu Kant sehr wohl an den objektiven Eigenschaften der Dinge. Für Schiller ist schön das, was als frei und autonom erscheint – wohl wissend, dass solche Freiheit und Autonomie nicht de facto sinnlich gegeben sind, sondern dass sie allenfalls gebrochen in Anbetracht eines schönen Dings erscheinen können (vgl. Schiller 1971: 25 f.). Hegel denkt materialistischer als Kant und auch als Schiller. Er sieht in der Schönheit die sinnliche Manifestation von Freiheit. Dabei kommt der Kunst ein großer Stellenwert zu, da sie im Gegensatz zur Natur fähig ist, etwas zu schaffen, das selbst von einem freien Geist – der Künstlerin – bewerkstelligt wird und zudem in einem autonomen Raum zur Erscheinung kommen kann. Nicht bloß formale, sondern tatsächliche Schönheit als sinnliches Scheinen der Idee gibt es nur im Feld des Kunstschönen (vgl. Hegel 2003: 197). Das Wissen des freien Geistes der Künstler wird zum Inhalt der Kunst und gibt als solcher Anlass zur Befreiung des Geistes der Rezipierenden. Schönheit kann laut Hegel daher nie rein formal bestimmt sein. Schöne Werke gefallen nicht nur ihrer Form nach, sondern diese Eigenschaft ist daran gebunden, dass sie einen Inhalt übermitteln. Auch wenn Kunst idealisiert und sich in einem autonomen Raum, fernab vom Alltag, ereignet, kann sie nicht als eine Flucht aus der normalen, alltäglichen Welt verstanden werden. Sie besitzt mit dem Bezug zur Wahrheit, der ihr inhärent ist, immer eine direkte Bedeutung für das Leben.

Geteilt wird trotz dieser die nähere Klassifizierung des Schönen und die Differenzen zwischen dem Naturschönen und dem Kunstschönen betreffenden merklichen Unterschiede von allen drei Autoren die Ansicht, dass dem Ästhetischen ein autonomer Raum entspricht und dass die ästhetische Erfahrung folglich in einem besonderen Maße frei ist. Mit Blick auf die ästhetische Bildung knüpft sich an die Überzeugung von Autonomie und Freiheit die Idee, dass die Auseinandersetzung mit dem Schönen, sei es in Kunst oder Natur, das Gemüt nicht nur veredeln (Kant), sondern dass sie auch zu einer Befreiung des Menschen von seiner Triebhaftigkeit wie auch von seiner Bestimmtheit durch äußere rationale Normen oder Vernünfteleien beitragen kann. Ästhetische Erfahrungen können, so weit die zentrale These zur ästhetischen Bildung im Deutschen Idealismus, befreien, uns zu autonomer urteilenden, verantwortungsvoll lebenden und das Wahre erkennenden Subjekten machen.

Die Autonomie des ästhetischen Erfahrungs- und Urteilsraums

Die Möglichkeit einer so verstandenen ästhetischen Bildung begründet sich nach Kant zum einen durch die Autonomie ästhetischer Erfahrungen. Zum anderen hängt sie mit der rein formalen, von jedem Begriff – und damit notwendigerweise jedem Inhalt – absehenden Bestimmung ästhetischer Dinge zusammen.

Kant definiert ästhetische Erfahrung und ästhetisches Urteil als prinzipiell unterschieden von logischen und moralischen Erfahrungs- und Urteilsformen, womit er ihren autonomen Geltungsraum beschreibt. Während der Verstand logisch auf eine theoretisch-begriffliche Erkenntnis gerichtet ist (vgl. Kant 2001: B III), ist die moralische Sphäre begehrend und drängt mittels der Vernunft darauf, etwas zu verändern. Die praktische Vernunft versteht nicht, was ist. Sie überlegt vielmehr, was sein *soll.* Bei der Ermittlung des Guten spielen Lust und Unlust eine wichtige Rolle, insofern das Gute nicht nur neutral herausgestellt, sondern *gewollt* wird. Ästhetisches Erfahren ist nun zwischen den Feldern des theoretischen Erkennens und des praktischen Strebens angesiedelt: Es ist laut Kant nämlich kein Erkennen der Schönheit eines Dings, sondern (Selbst-)Erkenntnis des erfahrenden Subjekts, das sich als lustvoll erlebt in der Vorstellung des Dings, das als schön erfahren wird (vgl. ebd.: B 9). Damit ist auch gesagt, dass ästhetisches Erfahren keineswegs bloßes sinnliches Wahrnehmen ist. Es ist vielmehr eine Reflexion auf das, was eine Vorstellung im Subjekt auslöst, nämlich ein Gefühl der Lust, »wodurch gar nichts im Objekt bezeichnet wird, sondern in der das Subjekt, wie es durch die Vorstellungen affiziert wird, sich selbst fühlt« (ebd.: B 4). Ästhetisches Erfahren folgt eigenen Prinzipien und ist autonom, insofern es nicht von einem äußeren Objekt abhängig ist. Der Erfahrende hat laut Kant nämlich keinerlei – weder intellektuelles noch praktisches – Interesse an dem Ding, das als schön betrachtet wird. Der ästhetische Erfahrungs- und Urteilsraum ist aber auch autonom, insofern er sich ein Gesetz zur Beurteilung nicht durch ein anderes Vermögen – wie etwa die praktische Vernunft – vorgeben lässt. Als ästhetisch relevant gilt lediglich das, was dem Subjekt im Vollzug der Erfahrung lustvoll so erscheint.

Mit der Bestimmung der ästhetischen Erfahrung als einer selbstreflexiven Erkenntnis des Subjekts und der damit einhergehenden Definition des ästhetischen Urteils als einer Aussage nicht über die objektive Qualität eines Dings, sondern über einen subjektiven Gemütszustand definiert Kant eine Reihe von Wegmarken für eine Wende in der Theorie der ästhetischen Bildung. Wird in früheren Schriften noch die Möglichkeit in Betracht gezogen, dass das für ästhetische Erfahrung zentrale Gefühl der Lust bzw. Unlust genetisch bedingt sein könnte, d.h. dass es sich im Rahmen impliziter Bildungsprozesse wie Habitualisierung oder Gewöhnung ausbildet (vgl. Kant 1912: 236 f.), wird in der dritten Kritik ein Standpunkt vertreten, der die Möglichkeit einer Bildung *zur* ästhetischen Erfahrung völlig ausschließt. Ästhetisches Erfahren und ästhetisches Urteilen werden hier als Wirkformen eines nicht erworbenen Vermögens (Kant 2001: B 53) erklärt, über das jeder Mensch als Mensch in derselben Art und Weise verfügt. Für Kant sind Unterschiede zwischen denjenigen, die Geschmack beweisen, und denjenigen, denen dieser Geschmack zu fehlen scheint, kein Thema. Ebenso wie die Vermögen des Verstandes und der Vernunft ist die ästhetische Urteilskraft für ihn ein anthropologisches Faktum.[28] Damit bleibt eine wichtige Facette der ästhetischen Bildung mit Kant und der Kant folgenden Tradition unbeleuchtet.

Doch dass sie sich über die bildenden Voraussetzungen ästhetischer Erfahrung ausschweigen und damit einhergehend Differenzen zwischen Menschen mit Bildungsprivilegien und solchen, die diese nicht besitzen, ignorieren, ist nur eine Folge einer Wende in den Theorien ästhetischer Bildung, die mit Kant in Verbindung gebracht werden kann. Produktive Möglichkeiten des Nachdenkens über die bildenden Wirkungen ästhetischer Erfahrung knüpfen sich vor allem an deren Beschreibung als ein Spiel der Erkenntniskräfte, in dem sich das Subjekt als autonom und frei erfahren und erkennen kann. Die von Kant prominent entwickelte Idee eines ästhetischen Spiels wird vor allem von Schiller für den Diskurs über ästhetische Bildung gewendet, indem dieser das Freie des Spielens als ein notwendiges Moment in der Bildung des Menschen zu verstehen sucht. Hegel nimmt ebenso den Gedanken der Freiheit des ästhetischen Erfahrungsraums auf und buchstabiert ihn mit Blick auf eine von drei zentralen Strategien zur Befreiung des Geistes aus. Bevor ich auf diese beiden Positionen eingehe, will ich Kants Autonomiethese sowie seine These über die Konzentration der ästhetischen Erfahrung auf die Form eines Dings mit Blick auf Fragen der ästhetischen Bildung skizzieren.

Die Autonomie der ästhetischen Erfahrung wird bei Kant vor allem durch zwei distinkte Merkmale begründet. In der Kontemplation des Schönen erfährt das Subjekt, wie bereits erwähnt, erstens im Verlauf einer Selbstbetrachtung Lust. Das, was laut Kant in Anbetracht eines schönen Dings erfahren wird, ist entsprechend nicht auf einer logischen Ebene angesiedelt. Das bedeutet, dass es nicht um einen Bezug zum Ding geht, das auf einen Begriff gebracht und verstanden würde. Da das schöne Ding selbst und dessen Verständniszusammenhang – Kontext, Beziehung zu anderen Dingen etc. – in der ästhetischen Erfahrung außen vor bleiben, zählt letztlich nur das, was im Subjekt ausgelöst wird. Autonom ist diese Erfahrung, insofern sie von äußeren – existenziellen, theoretisch-logischen wie auch praktisch-moralischen – Prinzipien, Normen und Gesetzen unangetastet bleibt. Zweitens werden ästhetische Erfahrungen als distanziert, am erfahrenen Ding und dessen Wirkungszusammenhang uninteressiert charakterisiert (vgl. ebd.: B 6 f.). In ihnen gibt es keinerlei Interesse an der tatsächlichen Existenz des angeschauten Dings. Es geht bloß um das, was die Vorstellung im Subjekt auslöst, und nicht um das Ding als Artefakt. Durch die Interesselosigkeit ist die ästhetische nicht zuletzt von der moralischen Sphäre als dem »schlechterdings und in aller Absicht Gute[n] [...], welches das höchste Interesse bei sich führt« (ebd.: B 13), klar abgetrennt. Die Autonomie, die eine Unabhängigkeit sowohl von einem niederen wie auch von einem »höheren« Interesse meint, hat eine bildende Schlagseite. Uninteressiertes Wohlgefallen am Schönen ist nämlich freier als alle anderen Erfahrungs- und Urteilsformen (vgl. ebd.: B 15), die Kant kennt, und kann so im erfahrenden Subjekt ein neues (Selbst-)Verständnis von Freiheit beflügeln.

Neben der Autonomie der ästhetischen Erfahrung spielt in der Kant'schen Ästhetik die Konzentration auf die reine Form eine große Rolle. Die ästhetische Lust an der Vorstellung steht konträr zur logischen Erkenntnis. Die Befreiung von einer rein objektzentrierten Betrachtung ist dabei geknüpft an die reduzierte Betrachtung der bloßen Form des schönen Dings. Es ist die »Reflexion über die Formen der Sachen« (ebd.: B XLVIII) und damit weder eine reine Empfindung noch eine Absicht auf Erkenntnis, die das spezifische ästhetische Lustgefühl auslöst. Erscheint die Form eines Dings als in sich zweckmäßig, ohne von der Erfassung eines äußeren Zwecks begleitet zu sein, so löst die Vorstellung der Form dieses Dings Lust aus (vgl. ebd.: B 61). Die formale Bestimmung der ästhetischen Dinge wie auch das gänzliche Absehen von jeglichen durch sie vermittelten Inhalten haben für eine Theorie der ästhetischen Bildung zur unmittelbaren Folge, dass diese sich zwar der großen Aufgabe der Veredelung des Gemüts stellen, sich aber nicht mit konkreten (gesellschaftspolitischen, moralischen, psychologischen, kulturellen etc.) Problemen befassen kann.

Ästhetische Bildung im freien Spiel der Erkenntniskräfte

Kants Ästhetik zeichnet sich dadurch aus, dass sie penibel die Grenzen zu anderen Erfahrungs- und Urteilsbereichen absteckt. Ästhetische Erfahrungen entpuppen sich im Verlauf dieser abgrenzenden Bestimmung nicht nur – negativ gesprochen – als nicht-objektzentriert, nicht-erkennend, uninteressiert, unparteilich und unbegrifflich, sondern – positiv gesprochen – als selbstreflexiv, kontemplativ, frei und autonom.

Sowohl die Autonomie wie auch die formale Orientierung der ästhetischen Erfahrung zeigen sich vor allem im »*freien Spiel*[] der Erkenntnisvermögen« (ebd.: B 28), das die hierarchische Relation zwischen Einbildungskraft und Verstand suspendiert, wie sie für nicht-ästhetische Erfahrungen typisch ist. In der Ordnung der Mannigfaltigkeit des Erfahrenen lässt sich die Einbildungskraft durch den Verstand im Normalfall einschränkende Regeln aufgeben. Durch die Anwendung verstandesgemäßer Begriffe auf das Erfahrene wird die Einbildungskraft in ihrer Freiheit eingeschränkt. Da ästhetische Erfahrungen nun uninteressiert nicht nur an moralischen Gesetzen und der Existenz, sondern auch an einer begrifflichen Bestimmung des erfahrenen Dings sind, bleibt die hierarchische Deckelung der Einbildungskraft durch den Verstand aus. Die beiden Erkenntniskräfte befinden sich vielmehr in einem freien Spiel, ohne dass die eine Seite in der letztendlichen konzeptuellen Erfassung des Dings in die Schranken gewiesen werden würde. An diesem Zusammenspiel, welches nicht auf die Erkenntnis von etwas Bestimmtem, sondern auf die *»Erkenntnis überhaupt«* (ebd.) gerichtet ist, findet die Erfahrende nun Gefallen, und hierin begründet sich daher auch das Gefühl der Lust, die sie empfindet.

Da das Spiel der Erkenntniskräfte in einem besonderen Maße frei ist, vermittelt es nicht nur ausgleichend zwischen zwei Vermögen, die anders nur hierarchisch geordnet zusammenwirken. Es wirkt laut Kant auch gemütsveredelnd, indem das Intelligible in ein nicht-dominierendes Verhältnis zum Sinnlichen gebracht wird. Geschmack hat damit eine edukative Dimension. Er macht Freiheit greifbar, insofern er ein freies Gefallenfinden ermöglicht. Dadurch wird auch der Übergang von einem egozentrischen, interessegebundenen Dasein zu einem moralischen Leben erleichtert. Wie genau zwei sich hieran knüpfende Konzeptionen von ästhetischer Bildung – als vermittelnde Enthierarchisierung und als Gemütsveredelung – ausbuchstabiert werden können, bleibt mit Blick auf Kants Ästhetik allein schwierig zu beantworten. Denn hier werden zwar wie kaum anderswo zuvor Autonomie und Freiheit der ästhetischen Erfahrung herausgestrichen. Wie diese aber aus dem Raum des Ästhetischen auf das gesamte Selbstverständnis des Subjekts zurückwirken, wird nicht eingehend beleuchtet.

Freiwerden des Einzelnen und die Möglichkeit einer freien Gemeinschaft

Kant hat mit der Autonomiethese wie auch mit der These von der Formkraft allerdings zu vielerlei Spekulationen angeregt, die sich in Gestalt von dezidierteren Theorien der ästhetischen

Bildung niedergeschlagen haben. Insbesondere Schiller wendet in seinen Überlegungen zur ästhetischen Erziehung Kants Idee vom freien Spiel ausdrücklich bildungstheoretisch. Er spricht sich zwar sehr deutlich gegen die rein formale Bestimmung des Schönen aus und problematisiert die im Kantischen System zu kurz kommende Würdigung des Kunstschönen mitsamt seinen materialisierten Werken. Im Großen und Ganzen erklärt er sich aber sowohl mit der Autonomiethese (vgl. Schiller 1971: 18 f.) wie auch mit der stärkeren Betonung der Form gegenüber Stoff, Inhalt oder Begriff (ebd.: 26, 60) einverstanden. Das Konzept der Freiheit rückt bei Schiller ins Zentrum der Ästhetik, nicht zuletzt, weil er die Auseinandersetzung mit Kunst als bildend verstanden wissen will. Hier ist Freiheit allerdings paradox, weil es sie nur in der moralischen, übersinnlichen Welt geben kann und sie mit Sinnlichkeit nicht in Einklang zu bringen ist. Eine ästhetische Erfahrung, die ja sinnlich fundiert ist, kann daher nie wirklich frei sein. Ein Kunstwerk kann aber als frei *erscheinen*, wenn es durch sich selbst und nicht durch anderes, von außen bestimmt angesehen wird, wenn es also Autonomie zeigt (ebd.: 35). Ein schönes Ding muss zudem technisch, d.h. kunstmäßig gefertigt sein. Die Regeln, denen es als technisches Werk folgt, scheint es sich dabei selbst zu geben. Obschon es regelmäßig und gemacht ist, repräsentiert es »Natur in der Kunstmäßigkeit« (ebd.: 37). Einer Regel zu folgen, die selbst gegeben zu sein scheint, ist also jenes Paradox, das es dem ästhetischen Ding möglich macht, Freiheit und Autonomie zu zeigen, obschon es als Sinnliches nie frei und autonom sein kann.

Da Freiheit und Autonomie im Lichte der Kunst erfahrbar werden, muss diese laut Schiller als Trägerin von Bildungsprozessen verstanden werden. Kunst zeigt, was Freiheit ist und was Freisein bedeutet. Ästhetische Erfahrung ist essenziell, denn der Mensch muss erst frei werden, bevor er moralisch und politisch weitsichtig agieren kann. Ausgangspunkt für diese Überlegung zur moralischen und politischen Notwendigkeit von ästhetischer Bildung ist nicht nur eine Wendung von Kants Ausführungen zur Aufklärung als Ausgang aus der »selbst verschuldeten Unmündigkeit« (Kant 1838: 145). Auch Schillers persönliche Enttäuschung über den politischen Status quo im ausgehenden 18. Jahrhundert rahmt seine Theorie der ästhetischen Bildung als eines Zur-Freiheit-und-Verantwortung-Kommens des Menschen. Das Scheitern der Französischen Revolution erklärt er dadurch, dass die Bürger_innen erst dahin geführt werden müssen, in einem Staat frei, gleich und brüderlich zusammenzuleben. Dahin geführt werden können (und müssen) sie durch ästhetische Erziehung. Denn nur durch Schönheit kann man zur Freiheit gelangen (vgl. Schiller 2009: 13). Die ursprünglichen Briefe zur ästhetischen Erziehung des Menschen an den dänischen Prinzen Friedrich-Christian von Schleswig-Holstein-Augustenburg aus dem Jahr 1793 sowie die überarbeiteten späteren Überlegungen (bis 1795) präsentieren nun zwei Thesen zu der Frage, worauf ästhetische Bildung in letzter Konsequenz abzielt. Schiller spricht sich einerseits dafür aus, dass mit dem »ästhetischen Zustand« ein Übergangsstadium bezeichnet wird, durch das der Mensch gehen muss, um vom triebhaften zum moralischen Dasein fortschreiten zu können, welches nicht bloß ein Folgen von äußerlich auferlegten Gesetzen ist. Der ästhetische Zustand markiert damit eine transitorische Schwelle (vgl. ebd.: 14 f.). Ästhetische Bildung erleichtert den Übergang vom Triebhaften zum Moralischen, indem sie beide Seiten ernst nimmt, sie aber jeweils aus ihren Zwängen befreit. Andererseits[29] versteht Schiller den ästhetischen Zustand als Endzustand, den es in Freiheit zu leben gilt. Ästhetische Erfahrung würde, so verstanden, die beiden widerstreitenden Facetten des Menschseins – Trieb und Vernunft – in Einklang bringen (vgl. ebd.: 56), Bestimmungen der einen Seite über die andere aushebeln und so für Ausgleich und Balance sorgen. Der ästhetische Zustand ist dabei als Ziel einer Entwicklung konzipiert. Er wird zum Sinnbild für die von Schiller angestrebte politisch-gesellschaftliche Situation, in der hierarchische Ordnungen aufgelöst sind, sich alle auf Augenhöhe begegnen und niemand beherrscht oder unterdrückt wird (vgl. ebd.: 121 ff.). Ästhetische Bildung in diesem letzteren Sinn ist Freiwerden im Zuge von ästhetischem Erfahren, das nicht nur ein tatsächlich moralisches Leben ermöglicht, sondern das als Inbegriff einer neuen Moral schließlich auch die Hoffnung für die Umsetzung demokratischer Gesellschaftsformen begründet erstarken lässt. Obwohl die Spannung zwischen diesen beiden Weisen, ästhetische Erziehung einmal als Mittel, einmal als Ziel zu beschreiben, in den Briefen selbst nicht aufgelöst wird und dadurch eine Herausforderung ihrer Interpretation darstellt, sind Schillers Überlegungen einschlägig. Mit einer Klarheit und Emphase, die kaum ein anderer Autor in dieser Form zeigt, weist er auf die nicht nur psychologische und moralische, sondern auch auf die politische Dimension von ästhetischen Bildungsprozessen hin. Wie bei Kant kreisen seine Überlegungen um den Begriff der Freiheit, den er in der Adaption des freien Spiels der Erkenntniskräfte entwickelt, das er nicht selbst intersubjektiv denkt, aber insofern aus seiner subjektiven Fassung herauslöst und sozial wendet, als er auf die gesellschaftlichen Folgen einer ästhetischen Bildung der Einzelnen hinweist.

Befreiung des Geistes

Die Bildung des Einzelnen stellt wie bei Kant und Schiller auch Hegels zentrales Interesse dar. In seiner *Ästhetik* weist er allerdings nicht nur entschiedener als Schiller darauf hin, dass es neben der Form auch den Inhalt (Gehalt) der Kunstwerke zu bedenken gilt, wenn es um ein Verständnis von Bedeutung und Wirksamkeit ästhetischer Erfahrungen geht. Er zeigt sich auch überzeugt davon, dass die Auseinandersetzung mit Kunst nicht nur zu einem Freiwerden für eine nicht durch äußere Normen auferlegte Moral beitragen kann, sondern dass sie darüber hinaus als eine Befreiung des Geistes auch einen besonderen Bezug zur Wahrheit besitzt. Kunst lässt den Menschen zu sich selbst kommen – sowohl in der Kunstproduktion, also im Schaffen der Künstlerin (vgl. Hegel 1955: 76), als auch in der Kunstbetrachtung –, indem sie als vermittelnd zwischen der sinnlichen und der geistigen Natur des Menschen dialektisch wirksam wird (vgl. ebd.: 55, 81, 97). Die bildende Wirkung ästhetischer Erfahrung kann damit laut Hegel weder auf bloße Reinigung von niederen Leidenschaften oder moralische Vervollkommnung zielen (vgl. ebd.: 90 f.). Sie muss ihrem eigenen Zweck folgen und damit ganz im Sinne von Kant in ihrem autonomen Bereich – eben nicht in der Richtung auf begriffliche Erkenntnis oder Moral – wirksam sein und bleiben. Für Hegel bedeutet das, dass sie Wahrheit nicht logisch oder vernünftig, sondern *sinnlich* enthüllen muss (vgl. ebd.: 96). Kunst bringt also Wahrheit durch Anschauung und sinnliche Konkretion ans Licht. Sie drückt hierin die »tiefsten Interessen des Menschen« wie auch die »umfassendsten Wahrheiten des Geistes« (ebd.: 54) aus. Obwohl sie der Religion und der Philosophie – den anderen beiden Strategien, die Hegel kennt, durch die Wahrheiten enthüllt werden können und der Geist sich selbst erkennen kann – dahingehend nachsteht, dass sie im Sinnlichen verhaftet bleibt, kann sie durch ihr Scheinen an eine höhere Wahrheit, die Idee, rühren. Nach ihrer Hochform im antiken Griechenland steht die Kunst allerdings nicht mehr auf der obersten Stufe, sich des Geistes und des Innersten bewusst zu werden, also den Geist zu letztem und vollstem Bewusstsein zu bringen. In Hegels Zeit wird sie dagegen von »Gedanke und Reflexion [...] überflügelt« (ebd.: 57, auch 110).

Nichtsdestotrotz bietet die Kunst noch immer immenses Potenzial für ästhetische Bildungsprozesse, die vor allem auf eine Befreiung als Erkenntnis der eigenen freien Natur des Geistes abzielen. Der Geist kann sich in der ästhetischen Erfahrung in seiner »*Entäußerung* zur Empfindung und Sinnlichkeit« (ebd.: 57) wiedererkennen, also zu sich kommen. Dieses Zu-sich-Kommen versteht Hegel dabei als einen Akt der Befreiung, insofern »der Geist sich den beengenden Schranken seines Daseins« (ebd.: 132) enthebt. Erreicht werden kann eine solche Befreiung durch ein angemessenes Zusammenspiel von Inhalt und Form, da es laut Hegel – und hier unterscheidet er sich deutlich von Kant – eine konkrete Darstellung (= Form) einer abstrakten oder allgemeinen Sache (= Inhalt) braucht, um den Geist in eine dialektische Bewegung der Reflexion zu versetzen, die ihn schließlich zu sich kommen lässt. Die Freiheit ist also für ihn nicht bloß die Dynamik zwischen den Erkenntniskräften oder das Ergebnis des ästhetischen Bildungsprozesses, sondern sie ist auch der »höchste[] Inhalt« (ebd.: 134) der künstlerischen Darstellung. Da in der Kunst das Allgemeine durch das sinnlich Konkrete veranschaulicht wird, geht es hier immer um das Finden einer Einheit von Allgemeinem und Besonderem. Das Ineinanderspiel von allgemeinen und abstrakten Ideen einerseits und konkret-sinnlich gestalteter Wirklichkeit andererseits bezeichnet Hegel als das »Ideal« (ebd.: 111) der Kunst.

Die politische Wendung der Freiheit ästhetischen Erfahrens

Zuletzt will ich in diesem Abschnitt zur ästhetischen Bildung als Freiwerden und Befreiung auf eine Position zu sprechen kommen, die – wie ich hoffe – für eine Öffnung der Diskussion der vorhergehenden wie auch der nachfolgenden Positionen sorgen kann. Hannah Arendt liefert mit ihrer originellen Lektüre einer Passage aus Kants dritter Kritik nämlich Stoff für eine Theorie der ästhetischen Bildung als einer politischen Befreiung des Menschen, die eine andere Pointe hat als Schillers *Briefe*. Denn sie versteht nicht das individuelle Freiwerden als Basis für eine neue Gemeinschaft; vielmehr sieht sie das Bestreben, mit anderen im Urteil über das Schöne übereinkommen zu wollen, als Grundlage für einen intersubjektiven Aushandlungsprozess, in dem wir uns von unseren persönlichen Beschränkungen befreien und frei werden für das Zusammenleben mit anderen.

Arendt geht in ihrer Theorie davon aus, dass der politische Raum ein kommunikativer Raum der Auseinandersetzung mit anderen ist. Politik wird nicht im Privaten, sondern im Öffentlichen betrieben und ist hierin eine Angelegenheit der Vielen, die miteinander in Interaktion treten (vgl. Arendt 2002). Kultur, die Kunstwerke hervorbringt, ist im Gegensatz zur Politik zunächst kein Geschäft der Vielen, sondern – sowohl produktions- wie auch rezeptionsästhetisch gesehen – Sache der Einzelnen (vgl. Arendt 1994: 296). Um allerdings ihre volle Wirkung entfalten zu können, muss Kultur in den politischen Raum hinausgetragen werden. Sie muss öffentlich erscheinen, nicht zuletzt, weil sie laut Arendt Bildungspotenzial birgt. Dieses liegt in einer Befreiung, die den Fokus nicht wie bei Kant, Schiller und Hegel auf das Freiwerden des Subjekts im Einklang mit seinen Vermögen legt. Dagegen ist sie politisch, weil sie in der ästhetischen Selbsterfahrung gerade vom Einzelnen absieht und sich auf die anderen richtet, diese miteinbezieht. Wie ist das zu verstehen? Arendt setzt sich mit Kants Theorie der Gemeingültigkeit des ästhetischen Urteils auseinander, die im vierten Teil der Analytik des Schönen damit begründet wird, dass wir alle als Menschen einen ästhetischen Gemeinsinn besitzen, der uns im Urteilen über das Schöne die Zustimmung aller anderen oder deren »Beitritt« (Kant 2001: B 26) einfordern lässt. Kant spricht in diesem Zusammenhang auch von einer »erweiterten Denkungsart« (ebd.), der wir uns in der lustvollen Reflexion über die Formen der Dinge hingeben. Diese zeichnet sich dadurch aus, dass wir uns dem schönen Ding so zuwenden, wie wir das auch von allen anderen als ideale Haltung fordern. Arendt wendet diesen Gedanken Kants nun dahingehend, dass sie ästhetisches Erfahren und das Urteilen, das es begleitet, als ein Denken bzw. Urteilen an Stelle der anderen auffasst (vgl. Arendt 1994: 300 f.). In der ästhetischen Erfahrung wäre ich so verstanden nicht nur deswegen frei, weil ich selbstreflexiv auf mich und das Spiel der Erkenntniskräfte bezogen bin, sondern auch, weil ich mich so für die anderen öffne, dass ich meine individuelle Begrenztheit überschreiten kann. Das Geschmacksurteil ist für Arendt damit ein politisches, weil nicht bloß subjektives, sondern gemeinschaftliches Urteil: Hier geht es nicht um Notwendigkeiten, Beweise, Erkenntnis oder Wahrheit, sondern um die Eröffnung eines diskursiven Raumes, in dem ich um die Einstimmung der anderen in mein Urteil werbe, indem ich deren Perspektiven und Blickpunkte mitreflektiere. Die Auseinandersetzung mit dem Schönen und die Orientierung auf den Geschmack hätten damit nicht nur Folgen dafür, wie ich mich selbst verstehe – als freies und autonomes Wesen –, sondern auch dafür, wie ich anderen konkret begegne in einer gemeinsamen, mit ihnen geteilten Welt. Gerade weil ästhetische Erfahrung und Geschmack subjektiv sind, weil sie eine so persönliche Seite haben, eignet sich das Urteilen über das Schöne, in dem ich die Zustimmung aller anderen in mein Urteil fordere und also Teil einer (ästhetischen) Gemeinschaft werden will, als eine Vermittlung zwischen meiner eigenen Freiheit und einer Befreiung von meinen individuellen Beschränkungen im Umgang und Zusammenleben mit anderen.

Arendt versteht den Geschmack als ein Vermögen, das zur Humanisierung beitragen kann, insofern er ein Absehen von strikter Vernunft oder abstrakter Wahrheit und dagegen ein Hinsehen auf das verlangt, was uns im mit anderen geteilten sinnlichen Raum betrifft. Humanität bedeutet für sie, dass nicht rationale Prinzipien und Logiken regieren, sondern dass die Beziehung zu den anderen darüber entscheidet, wie wir leben wollen (vgl. ebd.: 302). Ästhetische Bildung kann so im Anschluss an Arendt verstanden werden als ein Freiwerden für die anderen im Vollzug der ästhetischen Erfahrung und des sie begleitenden Urteils, das mir abverlangt, mich an die Stelle der anderen zu versetzen und deren Perspektiven mitzureflektieren.

3.3 Hegemonie- und Ideologiekritik

Während in den antiken Theorien der ästhetischen Bildung die Beziehung zwischen Kunst und Leben vor dem Hintergrund des leitenden Gedankens diskutiert wird, dass Kunst in einem klar definierten Verhältnis zum Leben stehen muss, damit sie eine bildende Wirkung entfalten kann, lässt sich im 18. und 19. Jahrhundert die Forderung nach einer zunehmenden Autonomisierung der künstlerischen Schaffens- und Wirkungssphäre beobachten. Basierend auf der Autonomiethese wägen die ästhetischen Theorien im Deutschen Idealismus die Möglichkeit eines Freiwerdens oder gar einer Befreiung des Subjekts im Lichte des Schönen ab. Der Bezug zu nicht-ästhetischen Erfahrungs- und Urteilsfeldern wird bei Kant dabei bewusst unterbrochen. Schiller und Hegel entwickeln in Auseinandersetzung mit der Kant'schen Ästhetik je unterschiedliche Vorstellungen davon, wie die Freiheit des ästhetischen Spiels auch in Bereichen diesseits des bloß Ästhetischen wirksam werden könnte, ohne dass dabei die klare Abgrenzung von ästhetischen und nicht-ästhetischen Räumen aufgehoben würde. Im 20. Jahrhundert lebt die Autonomiethese als ein weiterhin starker Kristallisationspunkt der Theorien der ästhetischen Bildung fort.

Mit einer Veränderung der Kunstformen im 20. Jahrhundert und im Speziellen mit der aufkommenden massenhaften Herstellung und Verbreitung von ästhetischen Artefakten stellt sich die Frage nach dem autonomen Charakter der Kunst und ihrer Wirkmacht allerdings in einer neuen Weise. Ihre Autonomie bedeutet nämlich nicht nur einen Freiraum, der der Kunst neue und eigene Möglichkeiten eröffnet. Sie meint auch eine Isolierung. Für eine Gesellschaft bedeutet sie nicht zuletzt eine Trennung zwischen dezidiert ästhetischen und nicht-ästhetischen Räumen und damit einhergehend eine Scheidung des kunstaffinen Bildungsbürgertums vom kunstfernen Proletariat. Für die ästhetische Bildung hat dies weitreichende Konsequenzen. Gebunden an die autonome Stellung der Kunst im Raum außerhalb des alltäglichen Lebens wird nicht nur der direkte lebenspraktische Nutzen der ästhetischen Erfahrung eingeschränkt. Auch die Frage, wer Zugang zu diesem autonomen Raum haben, wer sich aus den Fängen der normalisierten Lebenswelt befreien und sich dem »interesselosen« Wohlgefallen hingeben kann, bekommt nunmehr neue Virulenz. Denn wenn ästhetisches Erfahren, mit Kant gesprochen, deswegen autonom ist, weil es eine Distanz zum und eine Uninteressiertheit gegenüber alltäglichen Gefühlen und Belangen markiert, und wenn sich gerade hieraus im Anschluss an Schiller und Hegel ästhetische Bildung als Bewegung der subjektiven Befreiung verständlich machen lässt, dann wird der Großteil der Mitglieder einer Gesellschaft womöglich nie in den Genuss einer so verstandenen ästhetischen Bildung kommen.

Vor allem im Rahmen links-marxistischer Theoriebildung wird die Stilisierung einer Trennung zwischen Bildungsbürgertum und Proletariat daher auch mit Blick auf die ästhetische Bildung immer wieder angeprangert. Ich will im Folgenden die nichtsdestotrotz sehr unterschiedlichen Strategien herausarbeiten, die mit einer solchen Problematisierung einhergehen. Bertolt Brecht und Antonio Gramsci münzen diese Problematik auf die Frage um, wie, von wem und wo denn überhaupt kritisches Engagement und so etwas wie emanzipatorischer Wille erwartet oder zumindest erhofft werden können. Beide rechnen dabei mit der Möglichkeit, dass Kritik nicht notwendigerweise nach einem distanzierten Blickpunkt verlangt, sondern dass sie auch aus der direkten Betroffenheit, also von »unten« her geübt werden kann. Entsprechend schließen sie die Möglichkeit nicht aus, dass sich ästhetische Bildungsprozesse auch aus dem Innenraum einer kulturindustriell geprägten Gesellschaft heraus entwickeln können. Walter Benjamin und Theodor W. Adorno, die zu den Hauptvertretern der Kritischen Theorie zählen, zeigen sich in dieser Hinsicht weitaus skeptischer und führen die von Kant, Schiller und Hegel suggerierte Kritik von »oben« eher fort, als dass sie sie durchbrechen würden.

Von der distanzierten zur involvierten Kritik – Benjamin, Brecht und Gramsci

Benjamins viel gelesener Kunstwerk-Aufsatz kreist um die Frage, was ästhetische Erfahrung in einer Zeit und einer Kultur bedeuten und bewirken kann, die immer stärker massenmedial vereinnahmt wird. Dabei ist der Verlust einer autonomen Sphäre, in der Kunst sich ereignet und rezipiert wird, also die schwindende Existenz von abgetrennten Räumen und Zeiten der Kunstproduktion und -betrachtung, eines seiner Kernthemen. Wenn Kunst nicht mehr autonom ist, weil sie durch ihre massenmediale Verbreitung mit unserem Alltag verschmolzen wird, dann verliert sie ihre althergebrachte Wirkung, die Benjamin mit dem Begriff der »Aura« (Benjamin 2007: 14) beschreibt. Eine auratische Kunst ist eine, die trotz ihrer Nähe immer als fern erfahren wird, die unantastbar bleibt und die somit auf phänomenaler Ebene genau das anspricht, was Kant oder Schiller als distanzierte Kontemplation des Schönen beschreiben. Für Benjamin ist, ganz im Sinne der modernen Ästhetik, klar, dass ästhetische Erfahrung uninteressiert am Besitz eines Dings, nicht begehrend und enthaltsam ist. Die Veränderungen, mit denen sich die Kunst- und Medienlandschaft des beginnenden 20. Jahrhunderts konfrontiert sieht, machen eine solche Form der ästhetischen Erfahrung nun allerdings schwierig bis unmöglich. Deshalb stellt sich die Frage, ob allein dem verlorenen Erfahrungsraum nachgetrauert werden soll oder ob sich durch die Entwicklungen nicht neue Funktionen der Kunst erschließen, ob sich nicht neue Facetten auch der ästhetischen Bildung gewinnen lassen.

Benjamin bleibt mit Blick auf diese Frage zwiegespalten. Mit der stärker werdenden Technisierung – sowohl auf Produktions- als auch auf Rezeptionsebene – entwickeln nicht nur die Künstler_innen, sondern auch die Rezipierenden eine neue Haltung, die als testend charakterisiert wird (vgl. ebd.: 27). Das testende, abstrakte Vorgehen, erläutert am Beispiel der Filmschauspieler_innen, die nicht vor dem Publikum, sondern vor der Kamera spielen, wird zunächst als ein Prozess der Entfremdung verstanden (vgl. ebd.: 30 f.). Doch die Entwicklung, die mit dem Eindringen der Technik in die Konstruktion von Wirklichkeit einhergeht, hat nicht nur negative Seiten, von denen Benjamin einige aufzählt, wie die Schockwirkung des Films (vgl. ebd.: 44) und die damit einhergehende Manipulation des Publikums (vgl. ebd.: 35 f.) oder das Entstehen einer massenhaften, kollektiven Kunstrezeption, die keinen Willen zur kritischen Auseinandersetzung zeigt (vgl. ebd.: 37 f.). Gerade aber weil der Blick, den das Kunstwerk im Zeitalter seiner technischen Reproduzierbarkeit generiert, so fremd ist und mittels seiner Apparate eine andere Wirklichkeit konstruiert, kommen im Zuge dieser neuen Form von ästhetischer Erfahrung auch Dinge zur Erscheinung, die in dieser Weise zuvor nicht erfahrbar waren. Benjamin spricht etwa von dem »Optisch-Unbewußten« (ebd.: 41), das der Film ins Bild zu setzen vermag. Zudem bringt die Kleinteiligkeit der Darstellung im Film mit der Enttotalisierung des Blicks auch größere Aufmerksamkeit beim Schauen mit sich, die durch Wachsamkeit und Detailtreue der Apparatur bedingt ist (vgl. ebd.: 39). Da sich hierin die Kunst der Wissenschaft annähert, die durch ihre testweisen Verfahren ebenso Neues und noch nicht Bekanntes zu erkennen sucht, wird freilich wieder an der Autonomie der Kunst gerüttelt. Inwiefern diese anderen Wirkungen der Kunst, die Benjamin zwischen den vielen negativen auch als vereinzelt positive herausstreicht, als ästhetische Bildungsprozesse verstanden werden können, bleibt fragwürdig. Für das Verständnis der nachfolgenden Positionen ist aber wichtig festzuhalten, dass Benjamin den Gedanken einer ästhetischen Bildung als einer Befreiung oder als eines Kritischwerdens der Rezipierenden im Zuge der ästhetischen Erfahrung eher den auratischen als den neueren Kunstformen zugesteht. Für ihn scheint die Möglichkeit des Kritikübens damit auch in einer distanzierten Betrachtungshaltung begründet, die sich nur mit gehörigem Abstand, von »oben«, auf das Kritisierte beziehen kann.[30] Brecht und Gramsci stellen im Vergleich hierzu niederschwelligere Formen der Ausübung von Kritik vor, die sich durchaus im Spannungsfeld einer massenmedial veränderten Kunstbetrachtung realisieren lassen. Ästhetische Bildung kann insofern als eine im Zuge von ästhetischen Erfahrungen entstehende kritische Haltung verständlich gemacht werden, die sich nicht nur aus Distanz, sondern auch aus Involviertheit speisen kann.

Nicht nur eine Möglichkeit, sondern eine besondere Bildungschance sieht Brecht in der massenmedialen Kunst. Das Radio nämlich kann nicht nur die Einzelnen, sondern die Vielen erreichen und eignet sich als solches mehr als ein Nicht-Massenmedium, um pädagogische Wirkungen zu erzielen. Dazu ist es laut Brecht allerdings notwendig, dass die Rezipierenden das Gesendete in einer bestimmten Weise aufnehmen. Sie dürfen nicht bloß passiv-empfangend, sondern müssen aktiv-gestaltend am Rezeptionsvorgang partizipieren (vgl. Brecht 1992a: 552 ff.). Ästhetische Erfahrung, soll sie bildende Effekte zeitigen, muss sich daher von einer distanzierten, kontemplativen Betrachtung lossagen und hat insofern dezidiert bildende Voraussetzungen. Die Betrachter_innen müssen ihren Abstand zum Betrachteten aufheben und gestaltend in es eingreifen. Laut Brecht muss dieses eigene Gestalten angeleitet sein. Das Publikum engagiert sich nicht frei, sondern es hat klar definierten Aufgaben zu folgen (vgl. Brecht 1992b: 87 ff.). Die Disziplinierung, die sich an das Erledigen der Aufgaben knüpft, ist nun für Brecht nicht problematisch. Im Gegenteil sieht er in der Disziplinierung die einzige Möglichkeit zur Befreiung. Sie erweist sich als bildende Voraussetzung.[31] Befreiung zielt in Brechts Sinne nicht auf die Realisierung der persönlichen Freiheit der Einzelnen, sondern auf die Freiheit der Masse, des Kollektivs. Ästhetische Bildung kreist daher nicht um Individualisierung, sondern um Kollektivierung und eröffnet hierin eine alternative Vorstellung von Emanzipation und Demokratisierung zu den im Deutschen Idealismus vertretenen Freiheitstheorien.

Mit einer ähnlichen Stoßrichtung wie Brecht, wenn auch weniger pädagogisierend, sieht Gramsci eine Befreiung aus dem hegemonialen Verhältnis als konkrete Möglichkeit dort, wo eine Veränderung von der Basis her passiert. Während Brecht dezidiert die Masse ansprechen und zur Kritik an den bestehenden Verhältnissen befähigen will, beschreibt Gramsci Prozesse einer kulturellen Transformation, die sich Hand in Hand mit einer »Kritik der Gewohnheit, im Kampf um die Zerstörung und Überwindung bestimmter Strömungen des Fühlens und Glaubens, bestimmter Haltungen gegenüber dem Leben und der Welt« (Gramsci 2012: 2187) ereignen muss. Das Feld der Kunst ist in diesem Zusammenhang bedeutsam, weil es dem Bestreben um eine neue Kultur – verstanden als für eine spezifische Gesellschaft charakteristische Lebensweise – und damit dem Umsturz der hegemonialen Ordnung einen Ort geben kann. Dabei wird weder die Position der Künstlerin als eine herausgehobene verstanden, noch wird der Kunstraum als autonom betrachtet. Ausdrucksformen der Kunst und Kultur bedingen sich gegenseitig und können gestaltend aufeinander Einfluss nehmen. Eine neue Kunst kann zu einer neuen Kultur, die nicht nur ein anderes Sehen und Denken, sondern auch ein anderes Empfinden mit sich bringt, beitragen. Ebenso bringt aber auch die jeweilige Kultur ihre Künstler_innen hervor. Was kann die Beschäftigung mit Kunst im Sinne einer ästhetischen Bildung aber nun konkret bewirken?

Als kritischer Blickpunkt, der nicht nur theoretische, sondern auch praktische Konsequenzen nach sich zieht, ist für Gramsci die Perspektive der Intellektuellen nicht geeignet. Denn sofern Kritik nur distanziert und von Einzelnen geübt wird, bleibt sie von der jeweiligen gesellschaftlichen Situation sowie den tatsächlichen Bedürfnissen entkoppelt und ist nicht fähig zu bewegen. Bildung, ganz allgemein, gilt daher als die Realisierung der Intellektualität, die *jedem* Menschen zukommt. Dieses Hervorbringen von Intellektualität bedarf einer Erziehung zur Emanzipation als einer Freisetzung des selbstbestimmten Denkens und Handelns, das allerdings – anders als im Deutschen Idealismus – ganz dezidiert in Beziehung zum Denken und Handeln der Masse gesetzt wird (vgl. ebd.: 1497 ff.). Befreiung wird von Gramsci damit anti-idealistisch gedacht, nämlich als konkrete Auseinandersetzung mit der eigenen Situiertheit. Bildung schafft Bewusstsein über die eigene Situation und über sich selbst. Von dieser Situiertheit kann (und soll) nicht abstrahiert werden, denn sie ist als eigene Ordnungsstiftung der Ausgangspunkt von Transformationsprozessen (vgl. ebd.: 1375). Sie kann systemerhaltend, sie kann aber auch systemtransformierend wirken. Gesellschaftliche Emanzipation hat zur Vorbedingung, dass »die Regierten von den Regierenden intellektuell unabhängig« (ebd.: 1325) werden, dass eine Hegemonie zerstört und eine andere geschaffen wird. Nur wenn eine solche, allerdings relative, nie absolute Unabhängigkeit erreicht wird, können neue Denkweisen entstehen (vgl. ebd.: 1531).

Eine solche Befreiung als praktisches Ziel von Bildung als kritischer Auseinandersetzung braucht zwar Wissen über die gesellschaftliche Situation wie auch Selbstreflexion und ist damit sehr wohl auf eine intellektuelle Ebene angewiesen. Sie bedarf aber ebenso des Gefühls. Kunst wird von Gramsci nun als Möglichkeit verstanden, Kritik nicht nur auf einer abstrakt-geistigen, sondern auch auf einer konkret-emotionalen Ebene ins Werk zu setzen und somit zu einer tatsächlichen Befreiung aus hegemonialen Zwängen beizutragen. Bildung auf der Ebene ästhetischer Erfahrung hat damit nicht nur die bildende Voraussetzung einer Bereitschaft zur kritischen Auseinandersetzung mit der eigenen Situation. Sie hat auch die bildende Wirkung, eine neue Gefühlswelt zu schaffen, die kulturelle Umschwünge tatsächlich möglich macht. Dadurch dass ästhetische Erfahrung Haltungen, Lebensgefühle und Wahrnehmungsweisen nicht nur einsichtig, sondern auch nachvollziehbar macht, indem sie sie mitfühlen lässt – durch ein Mitleben mit den Protagonist_innen von Romanen etwa –, kann sie zu einer kritischen Auseinandersetzung beitragen. Kunst muss daher aber auch möglichst nah am Leben und an der Kultur sein – ohne dabei mit ihr zu verschmelzen –, wenn sie bilden soll. Der Traum von der Autonomie der Kunst, wie ihn nicht nur Kant, Schiller oder Hegel, sondern in gewissem Sinne auch Benjamin und Adorno hegen, ist für Gramsci daher in keiner Weise erstrebenswert. Denn als autonome würde Kunst in Bezug auf die herrschende Kultur wirkungslos bleiben müssen.

Neben dem Bezug zu einer emotionalen Basis für neue Lebensweisen, die durch die Kunst konkretisiert werden kann, bedarf es in Zeiten einer Kulturindustrie, die entscheidend an der hegemonialen Machterhaltung mitwirkt, indem sie gesellschaftliche Wahrnehmungs-, Vorstellungs- und Denkweisen subtil und fast ständig habitualisieren kann, auch einer ideologiekritischen Haltung. Teil einer ästhetischen Bildung muss daher auch sein, ein Bewusstsein über die Verführungsmechanismen kulturindustrieller Artefakte zu schaffen und sich von diesen abgrenzen zu können. Ästhetische Bildung muss sich also auch in dieser Hinsicht weniger an der hohen Kunst als an der Massenkultur orientieren.

Das Paradox der Autonomie der Kunst – die Probleme der Kulturindustrie und die Intervention der Kunst als gesellschaftlicher Antithese

Seine Position zu den Möglichkeiten einer hegemonie- oder ideologiekritischen Dimension ästhetischen Erfahrens entwickelt Adorno, indem er mit Benjamin, Brecht und Gramsci darin übereinstimmt, dass es zunächst das Verhältnis von Gesellschaft, Kultur und Kunst zu bedenken gilt. Entschiedener als Benjamin und im Gegensatz zu Brecht und Gramsci vertritt er, hier im affirmativen Anschluss an Kant und Hegel, die Autonomiethese: Kunst markiert ein Außerhalb der Gesellschaft und muss sich daher gerade im Zeitalter von Massenmedien und Kapitalismus von der Kulturindustrie abgrenzen. Wodurch sich genau die Kulturindustrie auszeichnet und wie sie eine hohle Form von Unterhaltung als Gegenkonzept zu einer ästhetischen Erfahrung im starken Sinne mit sich bringt, erörtert Adorno zusammen mit Max Horkheimer in der *Dialektik der Aufklärung* sowie in eigenen Reflexionen über das Fernsehen.

Horkheimer und Adorno fundieren ihre kapitalismuskritische These über den Verfall der kritischen Funktion der Kultur mit einer Bestandsaufnahme. Im kulturindustriellen Zeitalter wird Kultur gemäß der Logik industrieller Fertigung produziert. Diese Produktion folgt den Prinzipien der Kapitalmacht, deren Ziel die Steigerung von Profit ist. Die Kultur kann keine gegenhegemoniale Position einnehmen, wie das bei Brecht und Gramsci zumindest als Möglichkeit in den Raum gestellt wird. Dies führt nicht zuletzt dazu, dass kulturindustrielle Artefakte keine kritische Funktion haben, also gerade keine alternativen, den Status quo befragenden Erfahrungsweisen eröffnen können. Im Gegenteil zielen sie auf die Produktion einer unkritischen Masse, indem sie das Publikum zu Bedürftigen machen, die von den Massenmedien abhängig sind. Die Kulturindustrie will das Publikum einnehmen und stillstellen. Die Prinzipien, die zur Erreichung dieses Effekts führen, sind dabei invariabel, wie Adorno auch in der Untersuchung unterschiedlicher amerikanischer Fernsehspiele herausstreicht. Er diagnostiziert eine Unterdrückung des Willens zur Veränderung, wobei nicht nur der Einsatz von Stereotypen, sondern die Zeichnung eines Gesamtsystems ideologische Methode hat. Typische Geschichten wie diejenige vom Widerstand, der nicht zum Erfolg führt, zeigen die Funktionsweise kulturindustrieller Artefakte (vgl. Adorno 1963: 81 ff.).

Ideologisch ist an der Kulturindustrie einerseits, dass sie stets dasselbe effektive Vorgehen an den Tag legt und keine Variationen oder Abweichungen davon, schon gar keine dazu widerständigen Verfahren zulässt. Andererseits drängt sie mittels eines bewährten, hegemonialen Stils auf die Herstellung eines Gefühls des Vertrauten, das Unerwartetes und Überraschendes ausschließt und damit auch Infragestellungen oder kritischen Reflexionen keinen Nährboden bietet. Unterhaltung und »Amusement« stehen im Zentrum (vgl. Horkheimer/Adorno 2006: 144 ff.). Das gängige Amusement im massenmedialen Kulturbetrieb beschränkt sich auf das kalkulierte Abrufen eines konditionierten Verhaltens, das als solches keinerlei Möglichkeit für eine Öffnung der Erfahrung bereitstellt, wie sie für Bildungsprozesse Voraussetzung ist (vgl. Adorno 1998: 113 ff.). Die Unterhaltungsindustrie schafft damit eine Art von Kultur, die ihre Konsument_innen steuert und einengt. Sie wirkt ideologiestützend, nicht ideologiekritisch und erzieht – in einem freilich negativen Sinne – zur Systemtreue und Widerstandslosigkeit (vgl. Horkheimer/Adorno 2006: 153).

Vor allem am Beispiel des Fernsehens wird diese anti-emanzipatorische Wirkung für Adorno evident. Das Fernsehen nämlich erzeugt durch Nähe und Intimität eine Sogwirkung, die es als Wunderwaffe zur Verdummung des Publikums einsetzt. Im Fernsehen gibt es keine ästhetische Vielschichtigkeit, die zu einer mehrdimensionalen Betrachtung anregen würde. Prozesse eines ästhetischen Erfahrens können durch dieses Medium daher auch nicht angestoßen werden (vgl. Adorno 1963: 69 ff.).

Wie aber sieht eine ästhetische Erfahrung aus, die sich in Antwort auf eine ästhetische Vielschichtigkeit ausgestaltet? Wodurch zeichnen sich ästhetische Gegenstände abseits der Kulturindustrie aus und welche bildenden Wege können sie eröffnen?

Aus Adornos Überlegungen zum Fernsehen und den mit Horkheimer formulierten Thesen zur Kulturindustrie lässt sich bereits erahnen, dass ein ästhetisches Ding, das eine vielschichtige, gehaltvolle und bildende Wirkung entfalten kann, außerhalb der kapitalistische Produktions- und Vermarktungslogik stehen muss. Dies ist nun allein dann möglich, wenn Kultur nicht bereits zur Ware verkommen ist, wenn sie, mit anderen Worten, einen autonomen Status für sich beanspruchen und bewahren kann. Das autonome Werk der Kunst – freilich ein Ideal, da jedes Kunstwerk immer an der Schwelle zur Vermarktung steht, selbst wenn es sich nicht um eine massenmediale Vermarktung handelt – kann nun, anders als im idealistischen Denken, nicht einfach als Gegenstand des interesselosen Wohlgefallens oder der freien Kontemplation in einem Raum des mysteriösen Außerhalb stehen. Es muss dagegen, wie schon von Schiller formuliert, ein bestimmtes Verhältnis zu demjenigen unterhalten, zu dessen Infragestellung und Kritik es Anlass gibt. Ein ideologiekritisches Kunstwerk – und letzten Endes zeigt sich die Wichtigkeit der Kunst für Adorno darin, dass sie sowohl zur Selbstkritik wie auch zur Kritik am politischen Status quo aufrufen kann – bildet eine »soziale Antithese zur Gesellschaft« (Adorno 2000: 29). Es steht damit nicht bloß abseits, sondern in einem dialektisch negierenden Verhältnis zur gesellschaftlich-politischen Wirklichkeit. Einerseits muss Kunst also autonom sein, sie darf nicht aus den gegebenen sozialen Verhältnissen ableitbar sein, sie darf nicht in der Welt aufgehen, sondern muss sich zu dieser widerständig verhalten. Andererseits muss sie aber eine Relevanz für die Gesellschaft haben, in der sie rezipiert wird. Ansonsten würde sie allenfalls zu Schönheitsurteilen Anlass geben, nicht aber eine ästhetische Erfahrung im hier beschriebenen Sinne bewirken. Kunst bildet damit nicht eine in sich abgeschottete Gegenwelt, sondern eine, die sich abgrenzt, an ihrer Grenze zur herkömmlichen Welt diese aber samt der in ihr lebenden Subjekte aus den Fugen hebt.

In phänomenaler Hinsicht zeichnet sich ästhetisches Erfahren dadurch aus, dass es nicht mehr – wie in der modernen Ästhetik – als lustvoll gilt, sondern dagegen als eine »Erschütterung« (ebd.: 364) beschrieben wird, die das erfahrende Subjekt nachhaltig infrage stellt. Damit ist der Begriff des ästhetischen

Erfahrens mit seinen traditionellen Behaftungen bei Adorno selbst ambivalent. Im für die hier angestellten Überlegungen relevanten Sinn handelt es sich nicht um eine positive Erfahrung, sondern um die Erfahrung einer Negation, eines Scheiterns jeglicher Art von positivem, identifizierendem Erfahren, das für nicht-ästhetisches Erfahren bestimmend ist. Damit ist die ästhetische Erfahrung zwar, wie in den modernen Ästhetiken, klar von anderen Erfahrungen unterscheidbar, insofern sie als besonders einnehmend charakterisiert wird. Sie kreist allerdings nicht um das Empfinden von Lust. Was ästhetisches Erfahren auszeichnet, liegt für Adorno im Gegenteil darin, dass sie die Erfahrenden aus der Ruhe bringt, sie verstört und als Folge einer Erschütterung zur Kritik zwingt – zur Kritik an den bestehenden Verhältnissen, der Ideologie, zur Kritik aber auch an sich selbst.

Ästhetische Erfahrung, die den Wahrheitsgehalt des Kunstwerkes zu erkennen sucht (vgl. ebd.: 513 ff.), hat ihren bildenden Charakter eben gerade dadurch, dass sie erschüttert. In der ästhetischen Erfahrung wird das erfahrende Subjekt mit den Herausforderungen seiner Situation und hierin mit seiner eigenen Begrenzung konfrontiert. Dabei zeigt sich diese Wirkung nicht unmittelbar – und auch hier grenzt sich Adorno von Kant ab. Ästhetisches Erfahren ereignet sich nicht schlagartig, sondern ist ein Prozess, der oszilliert zwischen einem Empfinden und einem Verstehen des Werks, das nicht zuletzt eine Reflexion und ein Miteinbeziehen des Kontextes meint: »Nicht die Erfahrung allein, erst der mit ihr gesättigte ästhetische Gedanke ist ihm gewachsen.« (Ebd.: 519)

Obschon die ästhetische Erfahrung ein zwischen sinnlichen und reflexiven Momenten sich entfaltender Prozess ist, betont Adorno, dass die Erfahrenden sich im Gang der ästhetischen Erfahrung verlieren. Die Haltung dem ästhetischen Ding gegenüber ist also nicht distanziert. Im Gegenteil gehen die Rezipierenden in der Kontemplation des Kunstwerks auf. Das »Verschwinden« (ebd.: 363) im ästhetischen Ding zieht ein Gefühl der Hilflosigkeit nach sich, das als solches genau jenen erschütterten Nährboden bereitstellt, auf dem Bildungsprozesse sich entfalten können.

Adornos Theorie, die dem ästhetischen Erfahren zugleich eine immense Wirkung zuschreibt und eine enorme Aufgabe auferlegt, wird auf Basis einer Revision der modernen Ästhetik entwickelt. Zentral ist der Umstand, dass ästhetisches Erfahren sich in einem autonomen Raum vollzieht, also von anderen Erfahrungen unabhängig ist. Als autonomer Raum kann das Ästhetische den herrschenden Hierarchien, Machtverhältnissen und Subjektivitätsverständnissen gegenüber seine spezifische Position beziehen und erweist sich so als der – erklärtermaßen paradoxe – Ausgangspunkt für Selbstkritik wie auch für Ideologiekritik. Nicht nur dadurch, dass Kunst einem in die eigene Rationalität vertrauenden Subjekt die Grenzen der eigenen Vernunft vor Augen zu führen vermag, kann sie einen Bildungsprozess im starken Sinne des Wortes, nämlich als ein umfassendes Transformationsgeschehen basierend auf einer krisenhaften Erfahrung, auslösen. Sie kann auch konkret politisch wirksam werden. Und das gerade nicht dadurch, dass sie durch bestimmte Inhalte Bewusstsein für spezifische Probleme und Fragen schafft. Kunst ist nicht durch das, was sie an Geschichten erzählt, politisch brisant. Insofern bleibt Adorno nicht zuletzt der Kant'schen Betonung der ästhetischen Bedeutung des Formalen treu, auch wenn er auf der Dynamik von Form und Inhalt beharrt.

Adorno liefert jede Menge Material für eine Konzeption einer kritisch wirksamen ästhetischen Bildung. Problematisiert werden kann aber einerseits der emphatische Bildungsbegriff, der seine Theorie grundiert, insofern dieser eine Gesamterschütterung und Selbstinfragestellung des Subjekts impliziert. Andererseits kann sein hochtrabender Kunstbegriff, der sich an Werken wie der Zwölftonmusik oder des absurden Theaters abarbeitet, auch dahingehend befragt werden, ob er nicht eine gewisse Bildung, im Sinne einer Erfahrungsweise oder Haltung, schon zur Voraussetzung für die Auseinandersetzung mit derartigen ästhetischen Phänomenen macht. So emanzipatorisch und revolutionär Adornos Verständnis von ästhetischer Bildung als einer selbst- und ideologiekritischen Bildung *durch* ästhetische Erfahrung also ist, so wenig kann es doch weiterhelfen bei der Frage danach, wie Voraussetzungen dafür geschaffen werden können, dass möglichst viele und nicht wieder nur eine überschaubare (Bildungs-)Elite von diesen Werken profitieren können.

3.4 Ästhetische Revolution und politischer Umbruch

Die Problematisierung der Massenkultur und die mit ihr verbundene Gefährdung bzw. Erhaltung der Autonomie der Ästhetik bestimmt als ein großes Thema viele Theorien der ästhetischen Bildung im 20. Jahrhundert. Besonders dort, wo nicht an eine Revolution von unten geglaubt wird (Adorno), wird ein im Vergleich zu Kant und Hegel fast ungebrochenes Vertrauen in die eigene Kraft des autonomen ästhetischen Raums gesetzt. Gegen Ende des 20. Jahrhunderts und im 21. Jahrhundert findet sich – gerade mit Blick auf die politische Relevanz der Kunst und damit eine gesellschaftskritische, emanzipatorische Facette der ästhetischen Bildung – eine Reihe von Positionen, die diese Gedanken aufnehmen, dabei aber entschieden wenden. In jenen Diskussionen, in denen die Autonomie der Kunst noch eine Rolle spielt, wird auf deren paradoxe Verwirkung mit der Lebenswelt hingewiesen. Dabei steht die Betonung des kritisch-politischen Potenzials nicht selten im Gegensatz zu einem Verständnis des

Moralischen bzw. Ethischen, das als bildender Aspekt des ästhetischen Erfahrens aus der Diskussion verbannt wird.[32]

Die Position von Jacques Rancière ist in diesem Zusammenhang besonders aufschlussreich. Dieser betont nämlich, dass es für eine Entfesselung der emanzipatorischen Kraft ästhetischen Erfahrens notwendig ist, von ihren moralisch-ethischen Aspekten abzusehen. Wird in ästhetischen Erfahrungen – wie bei Platon – eine Seinsweise (*ethos*) samt den Kriterien für die Unterscheidung zwischen gut und schlecht bzw. richtig und falsch[33] vermittelt oder konzentrieren sich die Künste – wie bei Aristoteles – auf eine bestimmte Form der Abbildung von Wirklichkeit (vgl. Rancière 2006a: 37 f.), so können sie keine bildende Wirkung entfalten. Eine solche Wirkung übt nämlich Kritik am Grundverständnis der politischen und gesellschaftlichen Verhältnisse, an der »Aufteilung des Sinnlichen«. Vorstellbar ist sie also allein dort, wo Kunst sich nicht in die bestehende Ordnung einpassen lässt, sondern diese infrage stellt. Sie kann das, wenn sie nicht auf einen Konsens abzielt – wenn sie also keine Übereinkunft in Bezug auf das Adäquate, Richtige, Gute oder Wahre zum Ziel hat. Emanzipatorische Bewegungen auf politischer Ebene können sich entfalten, sofern ein Übereinkommen suspendiert wird, denn das »Prinzip der Politik ist der Dissens« (Rancière 2000: 98). Solange Konsens herrscht, bleibt die Logik eines festgelegten Ordnungssystems unbefragt. Die gegebene Ordnung bestimmt dann, wer herrscht und wer beherrscht wird. Platons Einpassung der Künste in ein ethisches Schema und Aristoteles' Festlegung eines mimetischen Rahmens für die bestmögliche Form der Tragödie intendieren für Rancière einen Konsens nicht nur in ästhetischer, sondern auch in moralischer und gesellschaftlicher Hinsicht. Sie sind unpolitisch, da sie nicht auf ein Durchbrechen der herrschenden Ordnung, auf eine Neuaufteilung des Sinnlichen drängen.

Als historisches Vorbild und Stichwortgeber für ein Verständnis der emanzipatorischen Wirkung ästhetischen Erfahrens, das sich von der beschriebenen Konsensbildung abgrenzt und dadurch einen politischen Raum eröffnet, spielt vor allem Schiller eine große Rolle für Rancière. Dieser betont nämlich, inwiefern Kunst als reines, freies Spiel der schönen Form Platz schaffen kann für eine losgelöste Kontemplation. Damit thematisiert er auch die Möglichkeit einer Unterbrechung des politischen und gesellschaftlichen Status quo. Das ästhetische Spiel bei Schiller setzt nach Rancière nicht nur dem Dualismus von Spiel und Ernst ein Ende, sondern es unterwandert auch die Aufteilung des Sinnlichen in seiner Grundstruktur. Die von Schiller beschriebene müßige Göttin Juno Ludovisi ist das Paradigma für eine Freiheit, die die ästhetische Gemeinschaft ereilt, ohne Macht auszuüben. In ihr drückt sich nicht mehr ein Konsens über das Schöne und damit das in das System zu Integrierende aus, sondern im ästhetischen Spiel wird bereits Politik als Dissens ins Werk gesetzt: »Die Erfahrung des Schönen, die Erfahrung des *weder ... noch ...*, ist bereits die Erfahrung einer Spannung der Gegensätze. Sie ist schon eine Erfahrung von *Dissens*, dem tatsächlichen Bruch zwischen einer gegebenen Verfasstheit der sinnlichen Welt und ihrem ›Gesetz‹. Das freie ästhetische Spiel ist, im eigentlichen Sinne des Wortes, ein aufschiebender Zustand, ein Zustand, in dem die Logik der Herrschaft aufgeschoben ist und Freiheit sich entfalten kann[.]« (Rancière 2006b: 46) Im sogenannten »ästhetischen Regime« wird eine hierarchische Aufteilung des Sinnlichen befragt, indem der Gegensatz von Aktivität, welche der herrschenden Klasse, und Passivität, welche der beherrschten, arbeitenden Klasse zugeschrieben wird, im »ästhetischen Zustand« aufgehoben wird. Im 19. Jahrhundert und aufbauend auf den Schiller'schen Überlegungen schließlich wird die »Schwebe des ›ästhetischen Zustands‹ in die positive Behauptung eines ästhetischen Willens transformiert« (Rancière 2006a: 68). Kunst wird hier nicht mehr diesseits der Lebensverhältnisse situiert, sondern sie wird mit Arbeit identifiziert, wobei die klassische Aufteilung, in der sich Arbeit und Öffentlichkeit diametral gegenüberstehen, aufgelöst wird. Rancière affirmiert diese Bewegung, die den exklusiven Status der Kunst aufzuheben sucht und sie in den Bereich der Produktion integriert. Nur hier kann Kunst in ihrer Erfahrung schließlich auch bildend wirken, indem sie direkt in das gesellschaftliche und politische Feld eindringt, ohne dieses dabei aber – wie im ethischen Regime bei Platon oder im poetischen Regime bei Aristoteles – zu bestätigen. Die »Perspektiven politischer Emanzipation« (Rancière 2007: 31), die sich in der ästhetischen Erfahrung eröffnen, bedürfen einer Abgrenzung von den herrschenden Verhältnissen. Durch die Kunst muss die gegebene Ordnung infrage gestellt werden, ansonsten könnte sich an ihr kein Bildungsprozess entzünden. Gleichzeitig kann diese Infragestellung aber nicht in einem von der konkreten Lebenssituation losgelösten künstlerischen Feld erfolgen. Ästhetische Autonomie liegt für Rancière gerade nicht in einer totalen Abgegrenztheit der Kunst vom Leben, sondern vielmehr in der »Autonomie einer Form sinnlicher Erfahrung« (ebd.: 43). Seine Idee ästhetischer Bildung kreist damit um ein grundlegend paradoxes Verhältnis: Wenn die Kunst emanzipatorisch wirksam werden will, muss sie sich aus ihrem solipsistischen Dasein lösen und Form des Lebens werden, sich verwirklichen und damit in gewissem Sinne auch aufhören, Kunst zu sein. Gleichzeitig findet sich aber das Revolutionäre der Kunst genau in jener Form, die sich fernab des Lebens quasi unbehelligt, »müßig« nicht um das Herrschaftsregime kümmert, um es so von außen torpedieren zu können. »Der Kunst, die Politik macht, indem sie sich als Kunst abschafft, steht also eine Kunst gegenüber, die unter der Bedingung politisch ist, dass sie sich von jeder politischen Einwirkung rein hält.« (Ebd.: 51)

Ästhetische Bildung kann so verstanden werden als emanzipatorische Bewegung, die sich in einer ästhetischen Erfahrung artikuliert, welche das herrschende Ordnungssystem unterwandert. Sie speist sich nach Rancière aus der paradoxen Situation, die das ästhetische Feld als außerhalb der politischen und gesellschaftlichen Ordnung stehendes und diese gleichzeitig affizierendes kennzeichnet. Inwiefern die beschriebene Wirkung über den ästhetischen Zustand hinaus aber tragend werden kann, inwiefern ästhetische Bildung also durch eine ästhetische Erfahrung angestoßen wird, aber auch über deren unmittelbaren Vollzug hinaus greifbar ist, darüber gibt Rancières Theorie wenig Aufschluss. Dies hängt nicht zuletzt mit der Überzeugung zusammen, eine emanzipatorische Bewegung zeichne sich in erster Linie dadurch aus, dass sie bestehende Ordnungen infrage stellt. Emanzipation und Kritik auf der Ebene der Politik zielen auf ein neues Ausverhandeln der gesellschaftlichen Ordnungsstrukturen und Werte, die eine Gemeinschaft in ihrem Zusammenleben leiten. Sie geben allerdings keine Perspektive darauf, wie sich neue Strukturen bzw. Werte konstruktiv finden lassen.

Chantal Mouffe setzt – trotz einer Reihe von Überzeugungen, die sie mit Rancière teilt – in dieser Frage eine andere Pointe. Sie sieht ästhetische Bildung nämlich gerade dann und dort als bedeutsam für eine kritisch-emanzipatorische Haltung an, wo sie nicht nur mit dem Gegebenen bricht und dieses erschüttert, sondern wo sie auch konstruktive Perspektiven für Veränderung schafft. Indem sie zu verstehen sucht, inwiefern ästhetische Erfahrungen zu kritischer Positionierung und emanzipierendem Verhalten beitragen können, interessiert sie sich wie Rancière nicht nur für eine auch, sondern eine vor allem politisch-emanzipatorische Schlagseite der Kunst. Interessant an Mouffes Ansatz ist, dass sie dabei nicht ausschließlich das infrage stellende Potenzial der Kunst betont – also die Tatsache, dass Kunst politische Konstellationen oder gesellschaftliche Verhältnisse zu unterwandern sucht –, sondern dass ästhetische Erfahrungen auch »den Wunsch nach Veränderung« (Mouffe 2014: 146) wecken, indem Kunst affizieren, Leidenschaften hervorbringen und konkrete Bedürfnisse beflügeln kann. Durch diese Hervorhebung operiert sie mit einem Verständnis von ästhetischer Bildung, das demjenigen von Gramsci ähnelt. Wie dieser sieht Mouffe den Wandel von Kultur und Gesellschaft nämlich nur dort als konkrete Möglichkeit, wo nicht ein radikal kritischer, autonomer Gegenraum zu den bestehenden hegemonialen Machtverhältnissen geschaffen wird (vgl. ebd.: 157). Nachhaltige Veränderungen des politischen und gesellschaftlichen Feldes können nur aus einer Betroffenheit derjenigen, die in den zu verändernden Verhältnissen leben, und nicht aus einer Distanz heraus entstehen. Sie müssen darüber hinaus konkrete Perspektiven für die Transformation der bestehenden Situation schaffen, können diese nicht nur über Bord werfen. Da für Mouffe feststeht, dass es keine hegemoniefreie Situation geben kann, dass Ordnungen immer von Interessen und Mächten kontrolliert und geleitet werden, kann nicht verändert werden, wenn gänzlich mit hegemonialen, machtgesteuerten Verhältnissen gebrochen wird. Transformation kann als Ziel emanzipatorischer Bestrebungen nicht aus einer reinen »Dekonstruktion« (ebd.: 144) resultieren. Sie bedarf dagegen einer Neukonstruktion, welche Gegenhegemonien schafft und insgesamt auf eine »Pluralisierung der Hegemonien« (ebd.: 49) zielt. Künstlerische Praxis und die ästhetische Erfahrung künstlerischer Artefakte spielen im Zusammenhang mit dieser Pluralisierung nun eine wesentliche Rolle.

Kunst und Politik müssen – und hierin ist Mouffes Ansatz demjenigen von Rancière nahe – nicht erst in ein Verhältnis gesetzt werden. Sie stehen in einem Zusammenhang. Um diesen Zusammenhang zu verstehen und ihn auch auf der Ebene der ästhetischen Bildung nutzbar zu machen, muss allerdings die richtige Perspektive eingenommen werden: »Wenn wir ihr politisches Potenzial verstehen wollen, sollten wir Formen des künstlerischen Widerstands als agonistische Interventionen im Kontext des gegenhegemonialen Kampfes betrachten.« (Ebd.: 136) Dadurch dass in der Kunst eigene Welten, in denen andere Wahrnehmungs- und Empfindungsweisen, andere Vorstellungs- und Denkarten vorherrschen, geschaffen werden, kann die Erfahrung von Kunst die Wahrnehmungs-, Empfindungs-, Vorstellungs- und Denkwelt der Erfahrenden ändern. Sie kann ihr Selbstverständnis affizieren und auf diese Weise nicht zuletzt die Herausbildung einer gegenhegemonialen Ordnung motivieren. In der Schaffung imaginärer Welten, die eine Alternative zur Realität darstellen, welche eben nicht bloß in einer autonomen Sphäre verbleibt, sondern welche die gelebte Wirklichkeit betrifft, können die Erfahrenden »andere Identifikationsformen« (ebd.: 140) finden. Ästhetische Bildung zeichnet in diesem Verständnis nicht nur verantwortlich für das Entstehen neuer Bedürfnisse und Wünsche in den Einzelnen, sondern sie wirkt dezidiert gemeinschaftsstiftend. Mouffe deutet hierin – wie schon Brecht und Gramsci – auf eine Ebene hin, die von vielen ästhetischen Theorien ausgeblendet wird, nämlich diejenige einer kollektiven ästhetischen Erfahrung und einer damit verbundenen ästhetischen Gemeinschaft. Kunst kann, indem sie erfahren wird, nicht nur für den Einzelnen aufzeigen, dass es Alternativen zur bestehenden Ordnung gibt. Ihre kritische Dimension, die darin besteht, dass sie aufdeckt, »was der vorherrschende Konsens oft verschleiert und überdeckt, und all jenen eine Stimme [...] verleih[t], die im Rahmen der bestehenden Hegemonie mundtot gemacht werden« (ebd.: 143), wird gemeinschaftlich erfahren.

Stärker als Mouffe weist Gayatri C. Spivak auf die Notwendigkeit hin, ästhetische Bildung nicht nur als »imaginative Welten« schaffend – also hinsichtlich dessen, was sie in der Erfahrung an neuen Impulsen liefern kann –, sondern als grundsätzliches »training of the imagination that can teach the subject to play« (Spivak 2007: 10) zu begreifen. Spivaks Überlegungen kreisen dabei in erster Linie um eine ästhetische Bildung, die die Literalität fördert, die es ästhetischen Subjekten also ermöglicht, zu lesen und zu entziffern und sich damit überhaupt erst jene imaginativen Welten erschließen zu können, von denen Mouffe spricht. Damit thematisiert sie als eine der wenigen in diesem Kapitel besprochenen Autor_innen nicht nur das, was ästhetische Erfahrungen bewirken können, sondern auch die Voraussetzungen, die jenes ästhetische Erfahren bedingen, dem eine kritisch-emanzipatorische Wirkung zugesprochen wird. Die Einbildungskraft (*imagination*), die durch Übung in Praktiken des Lesens gezielt gestärkt werden kann, zeichnet sich dadurch aus, dass sie nicht vorhandene Dinge und Sachverhalte vorstell- und denkbar macht (vgl. ebd.: 16). Ästhetische Bildung, deren Bedeutung Spivak im Spannungsfeld einer globalisierten und zunehmend kapitalisierten Welt erörtert, zielt aber insofern nicht bloß kumulativ auf die Erweiterung des Vorstell- und Denkbaren. Sie kann vor allem dazu beitragen, dem- und denjenigen, das und die normalerweise nicht vernommen werden, eine Stimme zu geben (vgl. ebd.: 27). Damit diese, die aus dem Normalraum ausgeschlossen sind, aber überhaupt gehört werden können, bedarf es einer ausgebildeten Lesefertigkeit. Es müssen Spuren diesseits des Bekannten entziffert, aber auch – genereller – *andere* Dinge und Sachverhalte vorstell- und denkbar werden. Ästhetische Bildung übernimmt hierin eine auch kritische Funktion: Sie liefert nicht nur Material, das uns bisher fremde oder gänzlich andere Perspektiven und Welten näherbringen kann. Sie schult auch und vor allem unsere Fertigkeit, uns selbst und unseren Standort im gesellschaftlichen Raum zu hinterfragen, uns neu zu positionieren, das Selbst zu »verandern« und dem Anderen als einem Selbst auf die Spur zu kommen (vgl. ebd.: 113). Die kritische Komponente der ästhetischen Bildung, die Spivak hervorhebt, besteht damit wesentlich darin, identitätslogische Zuschreibungen zu unterwandern. Das Denken eines aus sich selbst heraus begründeten und für sich allein vernünftig urteilenden Subjekts muss aufgegeben werden. Spivak – eine aufmerksame Leserin der Aufklärungstheorien und hier vor allem von Kant, aber auch von Schiller – will dabei aber den Traum vom »Ausgang aus der selbst verschuldeten Unmündigkeit« nicht einfach als Idealismus abhaken. Vielmehr macht sie darauf aufmerksam, dass die Aufklärung gegen den Strich (*from below*) gelesen werden muss (vgl. ebd.: 4) und ihre internen Widersprüchlichkeiten (*double binds*) bewusst hervorgekehrt werden müssen, nicht aber um diese aufzulösen, sondern im Gegenteil, um sie bewusst in Szene zu setzen, mit ihnen zu arbeiten oder – im Sinne Schillers gesprochen – sie zu spielen. Spivak knüpft so einerseits an die idealistische Tradition an und kehrt die produktive Seite von Kants und Schillers Überlegungen zu (Selbst-)Bildung, Vernunft, Vorstellungskraft und Spieltrieb hervor. Sie wendet diese aber entschieden gegen sich selbst und entwickelt dabei eine eigene Theorie der ästhetischen Bildung, die sich – wie auch Mouffes Ansatz – stark von Gramsci beeinflusst zeigt. Ästhetische Bildung schürt die Hoffnung auf dem Weg zu einer kosmopolitischen Welt, in der niemand ungehört bleibt, weil sie aus dem Rahmen fällt oder anderen die Fantasie fehlt, sich in sie einzufühlen. Ästhetische Bildung gilt aber ebenso als ein ideologie- und hegemoniekritisches Mittel, um vereinheitlichende, gleichmacherische und identitätslogische Prinzipien zu hinterfragen.

4. Einbildungskraft, Kreativität und Handlungsfähigkeit

Am Ende des vorherigen Kapitels wurden drei neuere Positionen dargestellt, die gebunden an die ästhetische Erfahrung die Infragestellung gegebener Ordnungen und damit verbunden die Etablierung neuer Gesellschaftsformen thematisieren. Sie entwickeln damit eine Konzeption von ästhetischer Bildung, die in engen Bezug zu Gesellschaft und Politik gebracht wird. Ästhetische Bildung in diesem Sinne findet nicht in einem autarken Raum statt. Vielmehr erweist sie sich, wie schon in den antiken Theorien von Platon und Aristoteles, als mit nicht-ästhetischen Bereichen verknüpft. Die in diesem abschließenden Kapitel erörterten Theorien rücken ebenfalls die Beziehung von ästhetischen und nicht-ästhetischen Räumen ins Zentrum. Dabei interessieren sie sich aber nicht so sehr für die politischen, gesellschaftlichen oder moralischen Konsequenzen ästhetischer Auseinandersetzungen, sondern für deren Bezug zu technischen und praktischen – körperlichen wie auch geistigen – Fertigkeiten, Lebens- und Handlungsweisen des ästhetischen Subjekts generell. Wird ästhetische Bildung, wie in den vorhergehenden Kapiteln erörtert, entweder mit Blick auf Wahrnehmung und Geschmack oder mit Blick auf Moralität, Urteilsfähigkeit und Kritikvermögen thematisiert, dann stehen vor allem ästhetische Erfahrungen im Fokus der Debatten. Diese können entlang zweier Leitfragen

– derjenigen nach der Bildung *zu* ästhetischen Erfahrungen und derjenigen nach der Bildung *durch* ästhetische Erfahrungen – als die *bildenden Voraussetzungen* oder die *bildenden Wirkungen* einer Auseinandersetzung mit ästhetischen Dingen verständlich gemacht werden. Nun möchte ich die Perspektive wechseln und mich sowohl den bildenden Voraussetzungen als auch den bildenden Wirkungen einer Auseinandersetzung mit ästhetischen Dingen widmen, die das Augenmerk nicht auf Erfahrungen, sondern auf die Praxis, also das Hervorbringen ästhetischer Dinge, legt. Resultat einer ästhetischen Praxis, wie ich sie hier verstehen möchte, müssen dabei keine materiellen Artefakte, keine manifesten Kunstwerke oder andere ästhetische Gegenstände sein. Sie kann dagegen auch Ideen, imaginäre Szenarien oder fiktive Welten mit ästhetischem Charakter hervorbringen.

Ein Blickwechsel von der ästhetischen Erfahrung hin zur ästhetischen Praxis, der sich auf deren Bildungspotenzial richtet, rührt an ähnliche Themenfelder, wie sie im zweiten Kapitel erörtert wurden. Auch hier wird über Wahrnehmung, Gefühl, Empfindung und Körperlichkeit sowie ihre Veränderung als Voraussetzung wie auch als Wirkung ästhetischer Auseinandersetzung nachgedacht. Schließlich geht es im vorliegenden Teil an zentralen Stellen um das nachahmende Tun, die Einbildungskraft und das kreative Schaffen. Dabei werden die folgenden Ausführungen im Rahmen von drei Spannungsfeldern entwickelt:

1. Erstens lässt sich in den diskutierten Theorien die Vorstellung finden, dass ästhetische Praxis entweder auf ein perfektioniertes Nachahmen (*mimesis*) der Natur abzielt oder aber auf das Hervorbringen von Neuem, das in einem klaren Gegensatz zum mimetischen Tun verstanden wird. Ästhetische Bildung würde so einerseits darin bestehen, die Natur richtig zu erkennen und dementsprechend adäquat nachzuahmen. Oder sie würde andererseits

gerade bedeuten, konträr zum Erkennen des Wirklichen etwas Originales bzw. Innovatives hervorzubringen.

2. Ob dieses Hervorbringen von Innovativem seinerseits bildende Voraussetzungen hat, ist eine Frage, die das zweite Spannungsfeld markiert. Eine Reihe von Theorien, die der ästhetischen Praxis zutrauen, neue und andere Perspektiven zu eröffnen, operieren mit dem Geniebegriff. Ein Genie gilt dabei als ein ästhetisches Subjekt, das von Natur aus zur Originalität befähigt ist und das insofern keiner Bildung bedarf, um genial agieren zu können. Dem Genie gegenüber steht in diesem Verständnis die Figur des Experten bzw. der gelernten Praktikerin, die sich sehr wohl üben muss, um ästhetische Dinge von Gehalt schaffen zu können. Eine zentrale Frage, um die die folgenden Ausführungen kreisen, ist also diejenige, ob und inwiefern ein Subjekt sich bilden muss, um innovativ agieren zu können. Im Zusammenhang damit muss auch erörtert werden, wie es um die bildenden Wirkungen von innovativen Praktiken und kreativem Ausdrucksgeschehen bestellt ist: Was können sie in der Praktikerin selbst bewirken? Welche bildenden Wirkungen können die hervorgebrachten ästhetischen Dinge für ästhetisch Erfahrende haben?

3. Ein drittes und letztes Spannungsfeld für die Analyse der Bildungsdimension ästhetischer Praxis kreist um das Thema der Beispielhaftigkeit: Sind ästhetische Praktiken beispielhaft für andere, nicht-ästhetische Praktiken oder sind sie extraordinär im Sinne einer klaren Unterschiedenheit von nicht-ästhetischen Praktiken? In diesem Zusammenhang spielt die im vorhergehenden Kapitel dargelegte Autonomiethese eine wichtige Rolle. Die Extraordinarität ästhetischer Praxis hängt nämlich nicht zuletzt damit zusammen, ob das Feld des Ästhetischen als autonom begriffen wird. Gilt ästhetische Praxis als in einem nicht-autonomen Raum angesiedelt, dann kann sie eine Bildungsdimension eröffnen, in der sie mit anderen Praktiken und damit mit nicht-äs-

thetischen Aspekten des Handelns produktiv in Wechselwirkung tritt. Solche Wechselwirkungen zeigen sich nicht nur allgemein in der Rückwirkung von ästhetischen Auseinandersetzungen auf das alltägliche Leben, sondern spezifisch auch in Fällen wie beispielsweise der gegenseitigen Befruchtung von ästhetischem und wissenschaftlichem Tun.

4.1 Ästhetische Praxis als Nachahmen oder als Hervorbringen von Neuem?

In der griechischen Antike wird ästhetische Praxis in erster Linie als nachahmende Tätigkeit beschrieben. Damit wird das erste Spannungsfeld aufgerissen, von dem eingangs die Rede war. Aufgabe von Künstler_innen ist es im antiken Verständnis zunächst nicht, innovativ zu sein und Originales zu schaffen. Vielmehr geht es darum, ansprechende Werke zu kreieren, die die in der Welt vorkommenden Dinge oder Charaktere darstellen. Ästhetische Praxis bedarf deshalb nicht nur der Beherrschung von Technik und der Kenntnis formaler Gestaltungsprinzipien. Sie gründet zudem auf Beobachtung und Wissen über die nachzuahmende Welt. Woher dieses Wissen rührt und wie tief es geht – ob es nur die oberflächliche Erscheinung oder aber das Wesen der Dinge berührt –, sind zentrale Fragen, um die die Auseinandersetzungen mit ästhetischer Praxis bei Platon und Aristoteles kreisen. Ihre Beantwortung entscheidet schließlich auch darüber, ob der ästhetischen Praxis Bildungspotenzial zugesprochen wird.

Bei Platon werden die Überlegungen zur ästhetischen Praxis in zweierlei Hinsicht ausbuchstabiert: Zum einen bringen die Künste, wie im vorhergehenden Kapitel erörtert, Artefakte hervor, die zur Nachahmung Anlass geben und hierin bildend wirken. Zum anderen wird die ästhetische Praxis selbst als nachahmende Tätigkeit charakterisiert, wobei Platon uneinheitliche Ansichten darüber vertritt, ob und inwiefern diese Nachahmung zur Bildung beiträgt. In einer vielzitierten Passage des zehnten Buchs des *Staats* wird erörtert, welchen Status das Werk des Nachbildners (*mimētēn*) hat und in welchem Verhältnis zum wahrhaft Seienden es steht: Während das in der Natur seiende Ding von Gott, der als Wesensbildner (*phytourgòn*) bezeichnet wird, gemacht worden ist, fertigt die Werkbildnerin (*demiourgòn*) Gebrauchsdinge. Die Nachbildnerin bringt ästhetische Dinge hervor (vgl. Platon 1994b: 597b ff.). Werkbildner_innen beziehen sich in ihrer Fertigung auf das wahrhaft seiende Ding, Nachbildner_innen nur auf die Weise seiner Erscheinung, nicht aber auf seine Wahrheit (vgl. ebd.: 598b). Platon unterscheidet dementsprechend drei verschiedene Stufen von Kunstfertigkeit, von denen die nachahmende Kunst – die ästhetische Praxis also – die unterste Stufe darstellt. Sie steht hinter der verfertigenden und der gebrauchenden Kunst zurück (vgl. ebd.: 601d). Nachbildner_innen setzen sich nicht damit auseinander, wie das Nachzubildende richtig gebraucht oder adäquat hergestellt wird, sondern konzentrieren sich allein darauf, wie es als schön erscheint. Es sind also Trug und Schatten der Erscheinungen, nicht aber wahre Kenntnis oder Einsicht in das Wesen der Dinge, die die ästhetische Praxis motivieren. Wie Platon an anderer Stelle bemerkt, muss sich Nachahmung aber nicht auf dieser – nicht nur epistemologisch gesehen – problematischen Ebene vollziehen. Sie kann auch als kenntnisreiche Praxis verstanden werden. Ebenfalls im *Staat* vergleicht Sokrates Maler und Philosoph hinsichtlich ihrer Erkenntnisfähigkeit. Diejenigen, die ein anschauliches Urbild einer Sache in sich tragen, seien »wie Maler, indem sie auf das Wahrhafteste sehen und von dorther alles, auf das genaueste achtgebend, übertrügen« (ebd.: 484c).

Ästhetische Praxis, verstanden als Nachahmung, schwankt also zwischen einer am bloßen Schein sich orientierenden Effekthascherei und einer ernsthaften Auseinandersetzung mit dem wahrhaften Sein der Dinge. Ästhetische Bildung könnte mit Blick auf die Nachahmung so bestenfalls verstanden werden als ein Erkennen der Natur der Dinge durch die ästhetische Auseinandersetzung, als ein Kenntniserwerb über die Welt, die sich gegenüber einer intellektuell betrachtenden Auseinandersetzung auch im positivsten beschriebenen Fall allerdings nicht auszuzeichnen scheint. Ist ästhetische Praxis nach Platon also lediglich eine andere, im Zweifelsfall schlechtere Form von Erkenntnis?

Nicht, wenn sich das Tun der Künstler_innen nicht im reinen Nachahmen erschöpft. Es kann dann nämlich über die Kenntnis des Gegebenen hinausführen. Im *Symposion* bezeichnet Diotima die Künstler_innen als diejenigen, die »in der Seele Zeugungskraft haben viel mehr als im Leibe« (Platon 1994c: 208e f.). Sie gelten ihr als Erneuerer, als Erfinder_innen. Sie bringen Weisheit und Tugend hervor und zeigen sich hierin von nachhaltigem Wert für die Gemeinschaft. Im *Ion* wird eine Antwort auf die Frage gesucht, woher ein solcher Erfindungsgeist rühren könnte. Künstlerisch Schaffende werden hier als von den Göttern Inspirierte beschrieben. Dichter_innen sprechen nicht aus eigener Erfahrung, sondern sind begeistert, wodurch ihre Reden als wahre Reden motiviert sind (vgl. Platon 1980: 534b).

Ästhetische Bildung könnte im Zusammenhang mit einer als begeistertem Schaffen verstandenen ästhetischen Praxis als Möglichkeit der Einsicht in die Natur der Dinge einerseits und als das Erfinden neuer Ideen andererseits begriffen werden. So verstanden wäre sie innerhalb des Spannungsfeldes von Nachahmen und Hervorbringen von Neuem angesiedelt, wobei das beschriebene Neue allerdings immer einen klaren Bezug zum wahren Sein der Dinge und damit zur Natur hat. Das, was die Künstler_innen während ihres Tuns erkennen oder erfinden, wird durch das von ihnen geschaffene Werk an die Rezipierenden weitergegeben. Insofern kommt den Künstler_innen auch eine immense Verantwortung zu. Sie sind – neben den staatlichen Supervisionsorganen – diejenigen, die nicht nur entscheiden müssen, was, wie und mit welchen Mitteln nachgeahmt wird (vgl. Platon 1994b: 392c ff.), sondern auch, ob sie die Wahrheit aufzeigen oder aber täuschen und manipulieren wollen (vgl. Platon 1994a: 292a ff.).

Aristoteles beschreibt die ästhetische Praxis ähnlich wie Platon als in erster Linie nachahmende Tätigkeit. Im Zentrum seines Interesses steht das Hervorbringen jener ästhetischen Werke, die die Handlungen von Charakteren nachahmen, und hier spezifisch die tragischen Erzählungen. Für die Realisierung der bestmöglichen und wirkungsvollsten ästhetischen Praxis sind laut Aristoteles nicht nur unterschiedliche Weisen und Wege des Nachahmens gegeneinander abzuwägen – inklusive der Anwendung der richtigen narrativen Technik und formalen Gestaltungsprinzipien –, sondern es muss auch Klarheit über das angemessene Objekt der Nachahmung bestehen. Tragische Erzählungen, die in der Hierarchie der ästhetischen Werke an oberster Stelle stehen, ahmen Charaktere nach, die besser sind als diejenigen, die wir aus unserem normalen Leben kennen. Und dies in einer rhythmisch ansprechenden, sprachlich ausgefeilten Form, die die Rezipierenden affiziert (vgl. Aristoteles 2008: 1448b f.). Ästhetische Praxis ist damit eine normativ angeleitete Tätigkeit, die nicht nur formalen, gestalterischen und narrativen Kriterien folgt, sondern auch eine abschätzbare Wirkung beim Publikum erzielt. Über den kathartischen Effekt der tragischen Erzählung ist im vorhergehenden Kapitel bereits gesprochen worden. Da nun die ästhetische Praxis und ihre bildenden Facetten im Zentrum stehen, stellt sich die Frage, inwiefern das nachahmende Tun der Künstler_innen selbst bildet.

Aristoteles äußert sich einerseits zwar klar dahingehend, dass Nachahmung im Allgemeinen eine bildende Wirkung hat, da sie als Basis allen Lernens angesehen wird. Mit Blick auf das ästhetische Tun bedeutet das, dass dieses Wirkungen nach sich zieht, insofern es in erster Linie um das Nachahmen kreist, im Fall des Tanzens und Musizierens ebenso wie im Fall des Malens und Dichtens (vgl. ebd.: 1448b). Die Fähigkeiten zum rhythmischen, harmonischen Nachahmen müssen laut Aristoteles dabei geschult werden. Damit sind die bildenden Voraussetzungen ästhetischer Praxis benannt. Nur wer die richtigen Mittel zur Verfügung hat, wer über die richtige Technik, das Handwerk und das nötige Wissen verfügt, kann sich auch frei dem nachahmenden Tun hingeben. Die Kenntnis von Regeln ist für Aristoteles gerade im Fall der tragischen Dichtung besonders wichtig. Nur wenn die Erzählerin auch weiß, was die angemessene Weise und der adäquate Inhalt einer Nachahmung sind, kann sie ein ansprechendes Werk schaffen. Die Frage, ob sich im Vollzug ästhetischer Praxis – also im nachahmenden Tun selbst – daneben noch etwas zeigen kann, bleibt allerdings offen. Darüber, ob der Künstler im Hervorbringen eines Werkes besondere Kenntnisse erwerben oder gar Neues entdecken oder erfinden kann, gibt Aristoteles' Ansatz wenig Aufschluss.

Einbildungskraft

Obwohl der Aspekt des Neuen und Erfinderischen von Platon zwar an verstreuten Stellen zumindest angesprochen wird, ist die antike Ästhetik doch in erster Linie mit der Frage nach der ästhetischen Praxis als einer adäquaten und wirkungsvollen Form der Nachahmung beschäftigt. Abweichungen vom Bekannten oder Gewussten sind zwar insofern ein Thema, als angemessene ästhetische Praxis im Sinne Platons auf der Erkenntnis des Richtigen und Wahren aufbauen oder im Sinne Aristoteles' einen klar definierten Unterschied zum alltäglichen Sein ausdrücken soll. Richtmaß für künstlerisches Gestalten ist und bleibt aber die Nähe zur gelebten Welt und zum wahren Sein. Insofern kreisen die antiken Überlegungen um das Wahrnehmungs- und das Erkenntnisvermögen der Künstlerin wie auch um ihr gestalterisches und technisches Know-how. Relativ wenig befassen sie sich hingegen mit Einbildungskraft als der ästhetischen Schaffenskraft schlechthin, wie sie ab dem 17. Jahrhundert zum einschlägigen Thema der Auseinandersetzung wird und im Geniebegriff am Beginn des 18. Jahrhundert kulminiert. Das Genie wird als paradigmatische Figur eingeführt, die fantasievoll ist, Kreativität besitzt und Neues hervorbringen kann.

Bevor ich auf den Geniebegriff näher eingehe, möchte ich auf die Betonung der schöpferischen Einbildungskraft zu sprechen kommen, wie sie im frühneuzeitlichen Empirismus eingeführt wird. Francis Bacon ist einer der wichtigen Autoren, die die Einbildungskraft (*imagination*) nicht nur aus einem epistemologisch nachrangigen Verständnis befreien, sondern auch ihre Bedeutung für Lern- und Bildungsprozesse thematisieren. In diesem Zusammenhang spielt für ihn der Verweis auf die ästhetische Praxis eine wesentliche Rolle.

Allgemein geht es in den empiristischen Überlegungen zur Einbildungskraft um die Frage, wie das Material, das durch die Sinne in den Geist Eingang findet, arrangiert wird. Assoziative Prinzipien stehen dabei im Fokus der Aufmerksamkeit. Sinnliche Eindrücke können sich in der Erinnerung so niederschlagen und ordnen, wie sie erfahren wurden. Oder sie können durch das Vermögen der Einbildungskraft neu arrangiert werden. Die Beziehung der Einbildungskraft zu den anderen Vermögen – der sinnlichen Wahrnehmung, der erinnernden Ordnung, der verstandesgemäßen Verarbeitung oder der vernünftigen Schlussfolgerung – wird dabei verstärktes Thema der Auseinandersetzung. Im Gegensatz zur rationalistischen Tradition, die die Einbildungskraft als weitgehend passives Vermögen thematisiert, das keine genuinen Erkenntnisse hervorbringen kann, betont Bacon die aktiv-gestaltende Rolle der Einbildungskraft und ihre positiven Wechselwirkungen mit Erinnerung und Verstand. Einbildungskraft besitzt Bildungspotenzial, weil sie gerade nicht einen gegenüber Wahrnehmung und Verstand alternativen Weg zum Erkennen der Wahrheit bahnt, sondern weil sie neue, nicht wahrheitsgemäße Verknüpfungen hervorbringt und so anderes erkennen lässt als das wahre Sein. Nach Bacon lässt sich ästhetische Praxis dementsprechend nicht als primär mimetisches, sondern als mittels der Einbildungskraft Neues gestaltendes Tun beschreiben.

Lernen vollzieht sich in den unterschiedlichen Gebieten des menschlichen Geistes auf unterschiedliche Weise. Während im Bereich der Erinnerung durch eine Beschäftigung mit der Geschichte und im Bereich des Verstandes durch philosophische Auseinandersetzung gelernt werden kann, konzentriert sich das Lernen der Einbildungskraft auf die Dichtung (vgl. Bacon 1996: 329). Im Unterschied zu den antiken Konzeptionen hat Dichtung zwar auch mit Realität und wahrem Sein zu tun – sie ist wie die nachahmende Erzählung eine Art von Geschichte –, zeichnet sich aber durch eine besondere Freiheit aus, insofern sie »unlawful matches and divorces of things« (ebd.: 343) vornimmt. Dichtung wird also als ein assoziatives Verfahren verstanden, das bekannte Verbindungen zwischen Sachverhalten kappt, neue hervorbringt und hierin schließlich »feigned history« (ebd.) schreibt. Faktentreue Erzählungen, die sich an den tatsächlichen Verlauf des Geschehenen halten, versagen laut Bacon bisweilen, den Verstand zu affizieren. Sie gehen nicht tief genug, lassen die Zuhörenden kalt und erzielen insofern keine Wirkung. Fingierte Geschichte muss also dort greifen, wo faktische Geschichte nicht beeindruckend genug ist und den Begierden des Verstandes nicht genügt. Durch die assoziative, neu arrangierende Kraft, von der sie Gebrauch macht, zeichnet Dichtung Ereignisse stärker und beeindruckender, als sie tatsächlich sind. Insofern geht Bacons Ansatz mit Aristoteles' Überlegungen konform, dass eine Erzählung etwas bewegen kann, was eine einfache geschichtliche Rekonstruktion nicht erreicht. In der Dichtung werden seines Erachtens über diese Wirkungen hinaus nicht bloß Fakten intensiviert wiedergegeben, sondern es werden mögliche Verbesserungen des Ist-Zustandes durchgespielt. In der ästhetischen Praxis geht es somit um das Imaginieren alternativer Zustände und Welten. Das Wissen, das sie hervorbringt, ist ein zur Wissenschaft alternatives Wissen, das einen eigenen Geltungsbereich besitzt. Dieser liegt nicht im Bereich des Rationalen, sondern in dem des lustvollen Engagements. Thomas Hobbes weist ähnlich wie Bacon darauf hin, dass deshalb »a good wit/fancy« auch entscheidend sei für die ästhetische Praxis. Dichter_innen brauchen daneben »a good judgment« (Hobbes 2003: I/viii/57). Ästhetische Praxis baut in diesem Sinne einerseits auf die Fertigkeit, Ähnlichkeiten erfassen, und zum anderen darauf, Unterschiede erkennen zu können.

Skeptischer als Bacon und Hobbes, aber ebenso mit wohlwollendem Blick auf das produktive Vermögen der Einbildungskraft präsentieren sich David Humes Überlegungen, die den assoziativen Charakter, Eindrücke zu rearrangieren und damit neue Ideen hervorzubringen, betonen. In diesem Zusammenhang weist Hume zwar auch auf die Grenzen der freien Neugestaltung des Erfahrenen hin (vgl. Hume 1978: 1/III/IV/1). Es steht allerdings fest, dass die Arbeit der Einbildungskraft für den Reichtum der Erfahrungswelt eine wichtige Rolle spielt. Obwohl die Dichter_innen auch als »liars by profession« (ebd.: 1/III/X/5) bezeichnet werden, können sie die Einbildungskraft dazu nutzen, Geschichten zu entwickeln, die nicht nur emotional affizieren, sondern auch den Glauben (*belief*) an Sachverhalte befördern, welche der direkten Erfahrung nicht zugänglich sind. Ästhetische Praxis wird solchermaßen, wie dies auch bei Bacon und Hobbes angedeutet wird, als eine Möglichkeit zur Erweiterung des Erfahrungsraums angesehen. Die Imagination alternativer Welten kann bestehende Überzeugungen durchstreichen oder festigen. Sie kann sogar neue entstehen lassen. Die Dichter_innen folgen in ihrer Tätigkeit dabei nicht selten einem »counterfeit belief« (vgl. ebd.: 1/III/X/10), der nicht auf den von ihnen gemachten Erfahrungen beruht, sondern aus dem poetischen System, der Logik der fiktionalen Welt, heraus entsteht, das von ihnen imaginierend geschaffen wird. Damit thematisiert der Skeptiker Hume zwar die Problematik, dass es mit Blick auf ästhetische Werke mitunter schwierig ist, zwischen Wahrheit und Falschheit eine klare Grenze zu ziehen. Er betont aber in positiver Hinsicht die Kraft, die den künstlerisch gestalteten Welten innewohnt, und die eigenen epistemischen Bereiche, die durch die ästhetische Praxis erst aufgestoßen werden. Ästhetische Praxis ist demnach bildend wirksam, insofern sie im Rahmen eines assoziativen Systems alternativer Welten neue Beziehungen, Verbindungen und Ideen hervorbringt. Diese sind von der realen Welt klar unterschieden und zeichnen sich dadurch aus, dass sie epistemologisch nicht mit dem Wahrsprechen konkurrieren – ein Aspekt, der bei Platon und Aristoteles ausgeklammert wird.

Genie

Die Betonung der Fertigkeit der Künstler_innen, innovativ zu sein und Neues hervorzubringen, wird im 18. Jahrhundert schließlich mit der Etablierung eines emphatischen Geniebegriffs auf ihre Spitze getrieben. Das Genie wird nicht nur als besonders reich an Einbildungskraft beschrieben. Es gilt daneben auch als sensibel, einfühlsam und leidenschaftlich. Für Jean-Baptiste Dubos kann sich ästhetische Praxis daher nicht in perfekter Ausführung erschöpfen. Künstler_innen verfügen nach seiner Auffassung über ausgeprägte mentale Kapazitäten, die nicht nur die Einbildungskraft, sondern auch das kognitive Vermögen betreffen. Vor allem für die Dichterin ist es wichtig, Sachverhalte gut und adäquat zu repräsentieren, wofür die geistigen Fertigkeiten wesentlich sind. Sensibilität, Heißblütigkeit und anhaltender Enthusiasmus zeichnen das ästhetische Tun darüber hinaus aus. Ein Künstler muss sich in andere so weit einfühlen können, dass er versteht, wie Sachverhalte anderen Menschen erscheinen und wie er diese dementsprechend überzeugend abbilden kann (vgl. Dubos 1748b: 11). Für die Malerin ist neben den richtigen Dispositionen, ausgeprägter Sensibilität und Einbildungskraft Übung wichtig, da das Beherrschen malerischer Techniken besonders zeitaufwendig und arbeitsintensiv ist. Ein Genie besitzt dabei grundsätzlich die Fertigkeit, eigenständig zu lernen, und zwar durch eine aufmerksame Beobachtung der Natur ebenso wie durch die Beschäftigung mit Vorbildern (vgl. ebd.: 33). Übungs- und Lernprozesse sind nicht unbedingt kumulativ. Sie umfassen im Normalfall auch Versuche, die scheitern. Dubos unterscheidet grundsätzlich zwei Möglichkeiten, wie sich eine Malerin professionalisieren kann: Sie kann versuchen, besser zu werden, indem sie einem guten Beispiel folgt. Sie kann aber ebenso besser werden, wenn sie beobachtet, wo das Vorbild scheitert (vgl. ebd.: 16). Die Beschäftigung mit einem negativen Beispiel, dessen Schwachstellen beobachtend identifiziert werden, kann so für eigene Innovationen genutzt werden. Besonders junge Künstler_innen bringen neue Gedanken und Ideen hervor, indem sie sich von ihren Lehrer_innen abgrenzen. Insofern ist ihre Einstellung stets kritisch grundiert: Im Unterrichtetwerden erkennen sie Schwachstellen und Probleme und nutzen diese Einsichten als Ausgangspunkt für ihre eigene ästhetische Praxis (vgl. ebd.: 41).

Obwohl durch die Rede vom Genie schnell der Eindruck entstehen könnte, dass gelungener ästhetischer Praxis eine natürlich gegebene Fähigkeit zugrunde liegt, weist Dubos doch darauf hin, dass neben dem angeborenen Talent auch Übung notwendig ist, um ästhetische Dinge von Gehalt zu schaffen.: »Genius is [...] a plant which shoots up [...] of itself; but the quality and quantity of its fruits depend in a great measure on the culture it receives.« (Ebd.: 32) Ein Künstler braucht Erfahrung und muss beobachten, um seine Kenntnisse darüber, was bewegt, zu verbessern. Die Befähigung zur ästhetischen Praxis muss einem also in die Wiege gelegt werden. Auf einer von Geburt an gegebenen Begabung darf man sich aber nicht ausruhen. Dubos buchstabiert den Zusammenhang zwischen natürlicher Anlage und bildenden Voraussetzungen ästhetischen Tuns folgendermaßen aus: »Now a person must be born with a genius, to know how to invent, but to be able to invent well, requires a long and unweaned application.« (Ebd.: 4) Um nicht nur Neues hervorzubringen, sondern dies auch gut zu machen, braucht es Übung. Dubos thematisiert damit die bildenden Voraussetzungen ästhetischer Praxis als einen anhaltenden Übungsprozess, der schließlich dazu führt, dass Neues in einer ästhetisch besonders ansprechenden und vom Publikum geschätzten Art und Weise entstehen kann.

Im idealistischen Denken Kants, das wie kaum ein anderes die Rede über das Genie beeinflusst hat, wird die Übung als bildende Voraussetzung für die geniale ästhetische Praxis allerdings dezidiert negiert: »*Genie* ist die angeborene Gemütslage (*ingenium*), *durch welche* die Natur der Kunst die Regel gibt.« (Kant 2001: B 181) Ein Genie zu sein kann laut Kant per definitionem nicht gelernt werden, wenn genial zu sein bedeutet, sich von der Natur eine Regel für das ästhetische Tun vorgeben zu lassen. Die Regeln, die die ästhetische Praxis anleiten, wie auch die ästhetischen Ideen, die das Genie hervorbringt, werden diesem eingegeben (vgl. ebd.: B 183). Sie können nicht gelernt oder eingeübt werden. Geniales Erfinden von originalen Ideen, die exemplarischen Charakter besitzen, kann darüber hinaus auch nicht im Nachahmen bestehen. In der Kunst etwas Neues zu schaffen muss heißen, auf das von Natur Gegebene zu vertrauen und sich – anders als in der Wissenschaft, die in ihren Erfindungen sehr wohl nachahmt – vom mimetischen Vorgehen zu befreien. Ästhetische Praxis hat als Hervorbringen von Neuem keine bildenden Voraussetzungen und ist charakterisiert als das Gegenteil von Nachahmung. Sie kann weder gelernt noch gelehrt werden. Wie ist es aber um die bildende Wirkung von ästhetischer Praxis nach Kant bestellt?

Ästhetische Praxis zeichnet sich nicht nur dadurch aus, dass sie schöne Werke hervorbringt, sondern auch dadurch, dass sie diesen Geist einhaucht. Geist, verstanden als »das belebende Prinzip im Gemüte« (ebd.: B 192), entsteht in dem spielerischen Verhältnis, in das Einbildungskraft und Verstand in der ästhetischen Praxis eintreten. Ähnlich wie im ästhetischen Erfahren handelt es sich um ein freies Spiel, das die normalerweise hierarchische Ordnung zwischen Einbildungskraft und Verstand suspendiert. In seinen Ausführungen zum genialen Tun weist Kant über diese befreiende und enthierarchisierende Wirkung hinaus darauf hin, dass in der Gemütsverfassung des Genies eine spezielle Art von Ideen, ästhetische Ideen, entstehen können. Diese sind – anders als die Ideen des Verstandes und die Vernunftideen – allein auf die Anschauung einer Sache gerichtet und unterwandern hier ihre begriffliche Fassung. Ästhetische Ideen können nicht in Sprache übersetzt werden, ja sie können nicht einmal adäquat beschrieben werden. Somit markieren sie die Grenzen des Logischen. Aber nicht nur gegenüber dem Logischen, sondern auch gegenüber dem Erfahrbaren und hierin auch gegenüber der Natur bringt die ästhetische Praxis neue Ideen hervor, »die dem Vernunft-Vorspiele in Erreichung eines Größten nacheifer[n]« (ebd.: B 194). Dies tun sie, insofern sie ein assoziatives Feld eröffnen, das neue Bezüge und Relationen stiftet. Ästhetische Praxis kann insofern Ideen hervorbringen, die anders schlichtweg nicht vorhanden wären und somit bildend wirken. Sie schmeicheln nicht nur dem Gemüt und bereiten Lust. Sie untergraben – anders als die ästhetische Erfahrung – nicht lediglich die hierarchische Ordnung von Einbildungskraft und Verstand. Sie beflügeln dagegen das Denken auf nicht-begrifflicher Ebene, indem sie »viel Unnennbares hinzu denken« (ebd.: B 197) lassen und damit nicht den logischen oder empirischen Raum direkt ausdehnen, sondern ihn auf den Vorstellungsraum hin entgrenzen.

Anders als Kant weist Hegel, ähnlich wie Dubos, sehr wohl auf die bildenden Voraussetzungen ästhetischer Praxis hin, wenn er betont, dass das Kunstwerk ein Produkt künstlerischer Tätigkeit ist, die sich aus »Reflexion, Fleiß und Übung« (Hegel 1955: 72) speist. Gerade was den Aspekt der Erfahrung und des Sich-Eindenkens betrifft, stellt auch er Differenzen zwischen den Kunstformen fest. Musiker_innen können Kunst eher intuitiv schaffen als Dichter_innen. Im Fall der poetischen Praxis müssen »Geist und Gemüt selbst durch Leben, Erfahrung und Nachdenken reich und tief gebildet sein, ehe das Genie etwas Reifes, Gehaltvolles und in sich Vollendetes zustande bringen kann« (ebd.: 73). Die Reifung von Geist und Gemüt ist aber nicht nur eine bildende Voraussetzung ästhetischer Praxis. Sie hat auch selbst ein Bildungspotenzial. Denn das für das ästhetische Tun notwendige Ergründen des Unbekannten und die damit einhergehende Selbstreflexion schaffen nicht nur neue Ideen, sondern führen schließlich auch zur Erkenntnis. Diese Erkenntnis wird von Hegel als ein Akt geistiger Befreiung (vgl. ebd.: 76) aufgefasst, die durch das Kunstwerk – wie im vorhergehenden Kapitel erörtert – vermittelt in der ästhetischen Erfahrung auf die Rezipierenden übergeht und auf diese ebenso befreiend wirkt. Die spezifisch im künstlerischen Bereich sich artikulierende Einbildungskraft vermittelt zwischen dem Sinnlichen und dem Geistigen und überbrückt damit eine in anderen Erfahrungs- und Tätigkeitsformen festgefahrene Trennung. Das Genie, das künstlerische Fantasie als angeborenes Talent besitzt, vermag es daher auch, das Abstrakte oder Allgemeine – das Geistige also – in sinnlicher Form beispielhaft zu konkretisieren (vgl. ebd.: 83). Ästhetische Praxis ist insofern nicht nur innovativ, weil sie neue Ideen hervorbringt. Sie befördert daneben die Selbsterkenntnis der schaffenden Künstlerin, teilt diese auf der Ebene der ästhetischen Erfahrung mit den Rezipierenden und zeigt ihre bildende Wirkung nicht zuletzt darin, die Kluft zwischen Geistigem und Sinnlichem zu überwinden und zu einem harmonischeren Selbstverständnis des Menschen als geistig-sinnliches Wesen beizutragen.

4.2 Erfahrung, Gefühle, Körperlichkeit

Während Hegel und Dubos betonen, dass genial zu sein durchaus Bildung zur Voraussetzung hat, entwickelt Kant die einflussreiche Vorstellung, dass ein Genie von Natur aus innovativ und originell ist und sich weder üben noch Erfahrungen sammeln muss, um die eigene Praxis zu perfektionieren. Die Theorie vom Genie als Naturtalent, das nicht nachahmend, sondern aus der eigenen Genialität neue Ideen schafft, markiert zwei negative Extreme im Verständnis der Bildungsdimension ästhetischer Praxis: Einerseits sieht sie nicht das Nachahmen und dementsprechend das Studieren und Kennenlernen des wahren Seins als Voraussetzung des Hervorbringens ästhetischer Dinge an. Andererseits negiert sie den Einfluss übenden und erfahrenden Engagements auf den ästhetischen Schaffensprozess. Die bildenden Voraussetzungen ästhetischer Praxis werden damit – ebenso wie jene des ästhetischen Erfahrens, das im vorhergehenden Kapitel im Zentrum stand – durchgestrichen. Bildende Wirkungen hingegen zieht die ästhetische Praxis Kant zufolge nach sich, insofern sie mit den ästhetischen Ideen Raum für neue Erkenntnisse schafft, die sich alternativ zur Logik verhalten. Der Wirkungsraum des Ästhetischen mit der speziellen spielerischen Beziehung, in die Einbildungskraft und Verstand in ästhetischer Erfahrung wie auch Praxis treten, ist und bleibt in Kants Verständnis allerdings ein autonomer Raum. Als solcher bietet er viel Angriffsfläche für Theorien, die sich für die Wechselwirkungen zwischen ästhetischen und nicht-ästhetischen Praktiken interessieren.

Nicht nur die fehlende Thematisierung von Synergieeffekten zwischen Ästhetischem und Nicht-Ästhetischem in der Autonomieästhetik, auch das Geniedenken wird nach seiner Blütezeit im 18. und 19. Jahrhundert spätestens im 20. Jahrhundert eingehend problematisiert. Entsprechend wird auch nach anderen Beschreibungsmodellen für das künstlerische Subjekt und die von ihm ausgeübte ästhetische Praxis gesucht. Interessant sind in diesem Zusammenhang Überlegungen im Kontext des amerikanischen Pragmatismus, der in seinem Verständnis des Schaffensprozesses dessen bildende Wirkung in den Fokus rückt. Ästhetische Praxis wird hier begriffen als eine Form nicht nur des Tuns, sondern auch des Erfahrens, die originale Werke kreiert und im selben Zuge auf die Praktiker_innen als erfahrende Subjekte zurückwirkt. Sich ästhetisch auseinanderzusetzen kann dabei bedeuten, sich neue Dimensionen des Erfahrens zu erschließen, das eigene Selbstverständnis zu erweitern, aber auch bisher Verstandenes zu hinterfragen. Es kann daneben beinhalten, sich neue Gefühlswelten zu erschließen oder die eigenen körperlichen Möglichkeiten in ihrem Zusammenspiel mit den mentalen Fertigkeiten zu entwickeln. In allen diesen Fällen gilt ästhetische Praxis als kreatives Hervorbringen, das sich nicht in einem abgeschotteten Raum vollzieht, sondern das in den normalen Lebens- und Handlungszusammenhang eingelassen ist und damit das autonome Feld des Ästhetischen aufbricht.

Ästhetische Praxis als bildende Erfahrung

Einer der Kerngedanken von John Deweys Theorie der ästhetischen Bildung steht in diesem Sinne wenig überraschend in klarem Gegensatz zur Autonomiethese (vgl. Dewey 2005: 92 f.). Ästhetische und nicht-ästhetische Bereiche werden nicht als voneinander isoliert, sondern als fließend ineinander übergreifend verstanden. Engagement im Feld des Ästhetischen und vor allem im Zusammenhang mit Kunst gilt dabei – für Rezipient_innen wie auch für Schaffende – als ein wichtiger Träger von Bildungsprozessen (vgl. Dewey 2005: 4). Insofern die ästhetische Welt eine Auseinandersetzung mit der nicht-ästhetischen Welt darstellt, beruht sie auf dem Bezug zu dieser und fügt sich in das Kontinuum des Alltäglichen ein. Dies zeigt sich nicht zuletzt in der Fundierung ästhetischer Praxis: Eine ihrer wesentlichen Bedingungen ist nämlich die persönliche Geschichte der Schaffenden. Nur ausgehend von dieser Geschichte und damit allein auf Basis der Eingebundenheit in ihre nicht-ästhetische Lebensnormalität kann die Künstlerin einen ästhetischen Ausdruck finden und ein originales Werk hervorbringen. Die Auseinandersetzung mit der nicht-ästhetischen Welt kann so als eine Voraussetzung ästhetischen Tuns beschrieben werden. Ähnlich wie Hegel, der die Notwendigkeit des Sammelns von Erfahrungen durch die Künstler_innen unterstreicht, betont Dewey, dass innovativ zu sein zur Bedingung hat, auf einen reichhaltigen Pool an eigenen Erfahrungen zurückgreifen zu können. Im kreativen Schaffen wird das bereits Erfahrene allerdings nicht bloß verarbeitet, sondern es wird überschritten und es werden neue Erfahrungsräume aufgerissen, nicht zuletzt für die ästhetischen Praktiker_innen selbst. Diese neuen Räume sind nicht autark und können daher nicht als Kontrapunkt zur nicht-ästhetischen Welt verstanden werden. Sie stehen vielmehr in einem bedingenden Verhältnis mit dieser.

Die Autonomiethese wird von Dewey nicht nur durch den Hinweis auf die Einbettung von ästhetischer Praxis und Erfahrung in das Alltägliche gesprengt. Für ihn ist daneben die Verwandtschaft von ästhetischer und wissenschaftlicher Praxis von Interesse. In beiden Bereichen ist die Beziehung zwischen Problemlösen und Gestalten nämlich handlungsleitend. Im Gegensatz zur Wissenschaft, die auf Wahrheitsfindung und Erkenntnisgewinnung abzielt, kreist künstlerisches Tun aber um das Hervorbringen von Erfahrungen und entwickelt hierin seine spezifische bildende Wirkung. Ziel des ästhetischen Schaffensprozesses ist es dementsprechend, eine ganzheitliche und harmonisch-stimmige Erfahrung zu kreieren. Um dies zu erreichen, muss die Kunstproduktion mit der Kunstbetrachtung, die ästhetische Praxis also mit der ästhetischen Erfahrung zusammenwirken (vgl. ebd.: 50). Nicht nur muss das Geschaffene supervidierend betrachtet und geprüft werden. Es muss auch tatsächlich ästhetisch – nämlich schätzend und lustvoll – erfahren werden. Ein Künstler hat daher nicht allein in technischen Belangen versiert zu sein und seine Werkzeuge perfekt zu beherrschen. Er muss auch sensibel und aufmerksam in der Betrachtung sein.

Die im Rahmen der ästhetischen Praxis geschaffenen Erfahrungen zeichnen sich zum einen durch Ganzheitlichkeit und Stimmigkeit aus. Zum anderen eröffnen sie die Perspektive auf Neues und reißen Erfahrungsräume auf. Hierin sind sie kreativ. Kreativität in der ästhetischen Praxis verdankt sich dabei laut Dewey keinem spontanen Erguss oder plötzlicher Eingebung. Sie ist motiviert und steht mit der Erfahrungsgeschichte der Künstlerin in untrennbarem Zusammenhang. Motiv des Ausdrucks ist ein Konflikt (*turmoil*), der ein emotionales Engagement in der Künstlerin verursacht und diese zur Äußerung des Gefühls aufruft (vgl. ebd.: 69 ff.). Damit eine solche Äußerung in Form eines kreativen Ausdrucks zustande kommen kann, wird auf frühere Beobachtungen zurückgegriffen wie auch auf eine in der Rekonstruktion des Wahrgenommenen geübte Einbildungskraft (vgl. ebd.: 75). Dabei entsteht ein Werk, in welchem das Gefühl der Künstlerin mit einem Bild, einer dargestellten Szenerie z.B., verknüpft wird, das das persönliche Empfinden neu strukturiert und so ein »ästhetisches Gefühl« bedingt. Im ästhetischen Tun wird also kein Ding abgebildet. Vielmehr wird der Ausdruck für ein Gefühl gesucht, wobei eben dieses Gefühl sich zwar aus den individuellen Vorerfahrungen der Künstlerin speist, diese aber ein Bild zu finden sucht, das eine neue Erfahrung ins Werk setzt, die von anderen nachvollzogen werden kann (vgl. ebd.: 90). Kreativität kreist daher immer um das Verhältnis zwischen dem Erlernten und Bekannten und dem Hervorbringen von Neuem.

Dewey versteht das spezifisch kreative Hervorbringen von Neuem als intelligente Praxis. Wie eingangs mit dem Vergleich von ästhetischer und wissenschaftlicher Praxis bereits angedeutet, umfasst es nicht zuletzt das Lösen von Problemen. Auf Basis des bereits Gewussten und Angeeigneten werden neue Wege beschritten, um einen Ausdruck zu finden, der ein persönliches

Gefühl für andere zugänglich macht. Das Geheimnis kreativen Tuns liegt also darin, einen Ausdruck zu (er-)finden, sich auf dem Weg dorthin aber flexibel und intelligent, d.h. offen für Änderungen des Weges und Abweichungen von einem ursprünglichen Plan zu zeigen (vgl. ebd.: 144). Deweys Ansatz lotet damit die persönlichen – bewussten wie auch unbewussten – Hintergründe ästhetischer Praxis aus. Daneben erfasst er die Änderungen und Abweichungen von diesen, wie sie für kreatives Tun als (Er-) Finden neuer Wege zentral sind, als Beispiele technisch-gestalterischer Weiterentwicklung. Neben den individuellen Motiven und der eigenen Geschichte der Künstler_innen spielen das technische Know-how und der experimentelle Hang, die Technik weiterzuentwickeln und zu verbessern (vgl. ebd.: 149), in der ästhetischen Praxis eine tragende Rolle. Um ihre individuelle Erfahrung innovativ, aber in allgemein verständlicher Form auszudrücken, muss die Künstlerin experimentieren. Nur so kann sie neue Erfahrungsfelder zugänglich machen.

Diese beiden Facetten vereinend, kann Kreativität mit Dewey definiert werden als Grundzug einer ästhetischen Praxis, die ästhetische Gefühle zum Ausdruck bringt und hierbei – in der intelligenten Anwendung von technischen Fertigkeiten, Wissen, Wahrnehmung und Einbildungskraft – neue Erfahrungswelten aufreißt. Sie hat klare Bedingungen, was Motive und Fertigkeiten der kreativ Schaffenden betrifft, und ereignet sich weder unbegründet noch spontan. Zu ihren Voraussetzungen zählt neben der Lebenserfahrung der Praktiker_innen generell auch eine spezifisch gestalterisch-technische Bildung. Um ästhetisch und kreativ tätig zu werden, muss man sich nach Dewey also in mehrerlei Hinsicht und auf unterschiedlichen Ebenen bilden. Wie ist es aber um die bildenden Wirkungen ästhetischer Praxis bestellt?

Im kreativen Prozess werden nicht nur das Material, mit dem gearbeitet wird, und die Gestaltungsmöglichkeiten ausgelotet.

Der Künstler begibt sich auch in eine Situation, in welcher die eigenen Grenzen umrissen und gegebenenfalls neu gesetzt werden. In der Auseinandersetzung mit Gefühlen, Ideen und Material wird sich der kreativ Schaffende insofern nicht nur seiner eigenen Erfahrungswelt bewusster. Diese kann sich auch ändern (vgl. ebd.: 67 f.). Ästhetische Praxis setzt ins Werk und affiziert ebenso die inneren, mentalen Gegebenheiten (*inner and mental stuff*), wie Gefühle, Bilder, Ideen usw. Die Wechselwirkung von äußerer und innerer Ebene des Ausdrucks ermöglicht dabei eine tatsächlich kreative Äußerung (vgl. ebd.: 78).

Hinsichtlich von Bildungsprozessen kann mit Dewey festgehalten werden, dass ästhetische Praxis zu besserer Kenntnis des Selbst, gegebenenfalls auch zu dessen Veränderung führt. Sie zieht eine größere Vertrautheit mit der Welt und ihren materiellen Bedingungen nach sich. Daneben eröffnet sie – als Ausdruck eines individuellen Gefühls in allgemein verständlicher Form – ein Kommunikationsfeld, das Zustände und Sachverhalte in neuer Form verständlich macht. Kunst hat in dieser Hinsicht nicht zuletzt eine epistemische Komponente, ein Aspekt, auf den ich im letzten Teil dieses Kapitels noch eigens zu sprechen kommen werde.

Kommunikation von Gefühl als Ausdruckshandlung ästhetischer Praxis

Der Ausdruck von Gefühlen ist eine für Dewey wichtige Komponente ästhetischer Schaffensprozesse. Wird Kunst mit Susanne K. Langer nun generell als »the creation of forms symbolic of human feeling« (Langer 1953: 47) verstanden, so rückt das Kommunizieren von emotionalen Zuständen ins Zentrum der Überlegungen. Ästhetische Praxis vermittelt, indem sie einen symbolischen Bedeutungsraum eröffnet, welcher Gefühle erfahrbar macht.

Ähnlich wie Dewey analysiert Langer, inwiefern im Vollzug des ästhetischen Tuns neue Erfahrungsdimensionen erschlossen werden. Da es ihrem Verständnis nach keine direkte Erfahrung von Fakten oder Daten gibt, erfahren wir durch Symbole und Zeichen, die entschlüsselnd verstanden werden. Selbst sinnliche Daten sind symbolisch vermittelt (vgl. Langer 1951: 16). Daher nimmt die spezifische Form der symbolischen Vermittlung durch die ästhetische Praxis auch einen besonders großen Stellenwert für unsere Erfahrung ein. Jeder Mensch besitzt nach Langer das Bedürfnis, sich auszudrücken. Künstler_innen tun dies nun in einer eindrücklichen und eindringlichen Form. Ihr Schaffen formiert sich im Rahmen von Handlungen, die nicht-diskursive Ausdrücke hervorbringen und damit sinnliche Gestalten als konkrete Formen symbolisieren.[34]

Ästhetische Praxis gilt in diesem Zusammenhang nicht als Machen, sondern als Kreation. Etwas zu kreieren bedeutet, dass nicht bloß vorhandene Teile kombiniert werden, sondern dass im Arrangieren und Zusammenstellen etwas entsteht, das zuvor nicht da war (vgl. Langer 1957: 27 f.). Kreation beginnt mit einem Prozess der Abstraktion, obschon sie nicht auf das Hervorbringen eines abstrakten Dings, sondern auf eine konkrete Form gerichtet ist. Im Verlauf des Abstrahierens wird in einem spezifischen Ding jene Form erkannt, die diesem seine Ausdrücklichkeit und Ausdrucksstärke verleiht. Eine manifeste expressive Form drückt laut Langer das empfindsame Leben und damit Gefühle aus (vgl. ebd.: 126 f.). In der Ausübung der ästhetischen Praxis nimmt die Künstlerin zwar die Gefühle, die sie kreiert, wahr. Sie befindet sich selbst aber nicht in dem Gefühlszustand, der zum Ausdruck gebracht wird (vgl. ebd.: 176). Künstlerisches Schaffen ist, so verstanden, ein responsiver Prozess. Die Künstlerin hat eine Idee, ein Werk zu schaffen, welche als »*commanding form* of the work« (Langer 1953: 122) gilt. Sie gibt einen

Rahmen für das kreative Schaffen vor, ohne dabei restriktiv zu sein, eröffnet einen Horizont von Möglichkeiten, der sich erst in der aktuellen Praxis entfaltet. Langer versteht diesen Horizont als einen solchen, der Dimensionen des Erfahrens bereitstellt, die der Künstlerin zuvor fremd und nicht zugänglich waren. Ausgangspunkt für die Entstehung dieses Horizonts von neuen Möglichkeiten ist die Auseinandersetzung mit der Wahrnehmungswelt. Der Künstler »learns from the perceptible reality before him possibilities of subjective experience that he has not known in his personal life« (ebd.: 390). Die Kreation eines Ausdrucks als aufmerksame Auseinandersetzung mit jener Erfahrungs- und Gefühlswelt, die sich dem Künstler während seines Schaffens offenbart, zeigt so eine eigenartige Verwirkung von bildenden Voraussetzungen und bildenden Wirkungen. Einerseits ist das Lernen durch die im Moment des ästhetischen Tuns gegebene Wahrnehmungsrealität eine Bedingung des kreativen Handelns. Andererseits kann die ästhetische Praxis als für die Praktiker_innen bildend wirksam betrachtet werden, insofern sie diesen neue Erfahrungs- und Gefühlsräume eröffnet. Neben den bildenden Voraussetzungen und Wirkungen für die Künstler_innen selbst setzt die ästhetische Praxis auch bildende Wirkungen für die Rezipierenden frei, insofern die Erschließung neuer Erfahrungen und Gefühle, wie sie die Künstler_innen im ästhetischen Tun vollziehen, im Kunstwerk manifest wird und hierin von anderen nachvollzogen werden kann.

Ästhetische Praxis als körperliche Erfahrung

Um den bildenden Charakter ästhetischer Praxis in ihrer Bandbreite zu erfassen, spricht sich Richard Shusterman für die Notwendigkeit aus, nicht nur den Aspekt von Erfahrung und Gefühl, sondern auch den der Körperlichkeit zu bedenken. Ästhetische

Praxis und jene Fertigkeiten, die diese in ihrer wiederholten Ausführung begünstigt, erweisen sich seines Erachtens dort als besonders wertvoll, wo auf ein nicht-reduktionistisches Verhältnis von Körper und Geist geachtet wird. Sein Entwurf der Somästhetik unterstreicht in diesem Sinne zunächst die bildenden Wirkungen ästhetischer Auseinandersetzung für die eigenen körperlichen Fähigkeiten und das Körperbewusstsein. Schließlich argumentiert er auf dieser Grundlage und mit Blick auf Transfereffekte, dass Verbesserungen im Hinblick auf das Körperliche direkt auf die geistigen Vermögen zurückwirken. Ästhetische Bildung – verstanden als ein Üben und Trainieren im praktischen ästhetischen Feld – erfüllt so keineswegs einen Selbstzweck. Sie ist auch nicht bloß die Voraussetzung von Expert_innenkönnen. Im Gegenteil entpuppt sie sich als notwendige Mitbedingung einer allgemeinen Form von Bildung, genauer einer Bildung von Geist und Intellekt (vgl. Shusterman 2012a: 25 f.).

Ihren historischen Ausgang nehmen Shustermans Überlegungen von Baumgarten, dessen Verständnis des ästhetischen Übens und der Kunstlehre im zweiten Kapitel dargelegt wurde. Er knüpft affirmierend an die Rede von der epistemischen Relevanz der niederen Erkenntnisvermögen und der damit verbundenen Aufwertung der ästhetischen Erfahrung an. Daneben zeigt er sich einverstanden mit der Orientierung auf die Verbesserung dieser Erkenntnisvermögen im Rahmen von Übung und Spiel. Was Shusterman an Baumgartens Ansatz kritisiert, ist allerdings, dass dieser »bodily exercise« als Grundlage des ästhetischen Erkennens zumindest unthematisiert lässt, wenn nicht sogar offen zurückweist (Shusterman 2012b: 11). Diesen blinden Fleck macht er nun zum Ausgangspunkt seiner Theorie, die neben Problemen der Ästhetik im Allgemeinen besonders auch Perspektiven der ästhetischen Bildung behandelt.

Eine pragmatistische Perspektive auf Bildung nimmt laut Shusterman die Beziehung zwischen Mitteln und Zwecken in den Blick. Wenn es darum geht zu klären, welche Mittel dem Zweck einer besseren Arbeit von Geist und Intellekt dienen, so darf Übung im körperlichen Bereich nicht unterbelichtet bleiben. Denn es wäre ein Fehlschluss zu glauben, dass körperliche und geistige Akte separat vor sich gingen und damit die körperlichen Fähigkeiten keine Rückwirkungen auf die geistigen hätten. Da wiederholte ästhetische Praxis dazu beiträgt, Aufmerksamkeit, Leistungsfähigkeit, Durchhaltevermögen und Konzentration zu fördern, gilt sie als fruchtbare Grundlage gerade auch für geistige Auseinandersetzungen (vgl. Shusterman 2012a: 37). Im Speziellen für die Philosophie erweisen sich eine im Rahmen von Körperübungen geschärfte sinnliche Wahrnehmung, die im aktiven Tun sich artikulierende körperliche Selbsterkenntnis, eine durch körperliches Training verbesserte Abschätzbarkeit von Handlungen, gesteigerte somatische Achtsamkeit wie auch die Fähigkeit zur Disziplinierung als zentrale bildende Elemente. Dabei ist es für eine ästhetische Praxis, die bilden soll, wichtig, dass sie einerseits eine dezidierte Auseinandersetzung mit der Welt darstellt, welche problemorientiert vorgeht und eine Lösung hervorbringen will. Andererseits ist im problemorientierten hervorbringenden Tun, das körperliche Fertigkeiten schult, ebenso wichtig, dass auf ebendieses Tun reflektiert wird, dass es thematisiert und geprüft wird (vgl. ebd.: 39 f.).

Es wäre allerdings irreführend zu glauben, dass ästhetische Bildung in Form von praktischen Übungen im Sinne Shustermans lediglich als Mittel zu einem höheren, nämlich intellektuellen Zweck angesehen wird. Er will dagegen darauf hinweisen, dass die bildenden Wirkungen körperlichen Engagements im ästhetischen Feld sich nicht bloß auf den enger verstandenen ästhetischen Bereich beschränken. Körperliche und geistige Betätigung hängen zusammen, ohne dass dabei die eine die andere Seite hierarchisch dominieren würde. Das Ästhetische wird damit auf das Nicht-Ästhetische hin entgrenzt, insofern sich Synergieeffekte zwischen beiden Bereichen auf unterschiedlichen Ebenen beobachten lassen. Ästhetische Praxis, die von Shusterman als Form der ästhetischen Auseinandersetzung neben der ästhetischen Erfahrung in den Fokus gerückt wird, wird dabei weniger hinsichtlich ihrer bildenden Voraussetzungen als mit Blick auf ihre bildenden Wirkungen thematisiert. Die Verbesserung der körperlichen Fertigkeiten, die Sensibilisierung, die Selbsterkenntnis, die sich im ästhetischen Üben einstellen, werden nicht als Bedingungen denn vielmehr als Effekte des ästhetischen Handelns aufgefasst. Damit verschiebt Shusterman auch die Baumgarten'sche Perspektive, an die er anschließt, sieht Baumgarten doch ästhetische Übung und Kunstlehre als Voraussetzungen von ästhetischem Engagement.

4.3 Kreatives Handeln als Alternative zu rationalem und normativ orientiertem Handeln

Der Pragmatismus betont die bildenden Wirkungen von ästhetischer Praxis auf unser körperliches Tun, den Reichtum und die Komplexität unseres Gefühlslebens wie auch unseres Erfahrungsspektrums und nicht zuletzt unsere Handlungsfähigkeit. Durch Auseinandersetzungen mit Körperlichkeit, Gefühlen und bisher unbekannten Aspekten der Erfahrung, wie sie für das ästhetische Tun kennzeichnend sind, werden laut Shusterman, Langer und Dewey nicht nur Werke von Intensität und Bedeutung geschaffen, sondern die Erfahrende entdeckt auch Neues – über die Welt und über sich selbst. Ästhetische Praxis wird dementsprechend als ein Bildungsbereich beschrieben, der nicht nur vielfältige, sondern auch eigene Möglichkeiten des Übens, der Aneignung von Wissen und des Lernens bereitstellt.

Ästhetische Praxis als einen besonderen Handlungstypus zu verstehen ist eine Idee, die auch Hans Joas entwickelt. Deutlicher als die Positionen der bereits beschriebenen Autor_innen fragt er danach, wie sich ein Begriff des Handelns begründen lässt, der nicht nur mit rationalen Maßstäben oder normativ operiert, sondern der Kreativität als ein Grundprinzip aller Handlungen in den Fokus rückt. Dabei ist entscheidend, dass Kreativität kein Alleinstellungsmerkmal ästhetischer Praxis ist. Nichtsdestotrotz tritt sie aber im Vergleich mit anderen Handlungsfeldern in den ästhetischen Praktiken deutlicher hervor. Joas' Überlegungen können dahingehend ausbuchstabiert werden, dass das, was in ästhetischen Praktiken geübt werden kann – nämlich das kreative Tun –, in handlungspraktischer Perspektive nicht nur für den Bereich des Ästhetischen Relevanz besitzt, sondern dass es für unser gesamtes Handeln fruchtbar ist. Denn Kreativität, heute oft als ein Modewort gebraucht, darf nicht auf den ästhetischen Bereich eingeengt werden (vgl. Joas 1996: 110). Sie ist bedeutend für alle Formen des Handelns. Und sie ist auch nicht, entgegen gängigen Meinungen, unvereinbar mit rationalistischen Motiven oder aufklärerischem Bestreben. Kreativität kann durchaus in Dialog mit »höheren« Handlungsmotiven treten. Als Korrektiv zu einer rein rationalen Bestimmung von Handlungsfähigkeit rückt eine Betonung der kreativen Seite des Handelns die Kontextbestimmtheit, die Situationsbedingtheit wie auch die Sozialität der Handelnden in den Fokus (vgl. ebd.: 217). Kreatives Handeln ist dementsprechend zu verstehen als ein Tun, das in Antwort auf eine bestimmte Situation und in einem bestimmten Zusammenhang von einer sozialen Akteurin vollzogen wird.

Nachdem das Konzept der Kreativität in der Antike und im Mittelalter eher randständig ist, wird es im neuzeitlichen Denken, besonders im englischsprachigen Raum, begeistert diskutiert. Spätestens mit dem Deutschen Idealismus schwappt die Faszination dann in den deutschsprachigen Raum über. Am Beispiel von Johann Gottfried Herder expliziert Joas einen Begriff von Kreativität, den er für seine nicht-reduktionistische Handlungstheorie fruchtbar macht und der sich auch für eine Theorie der ästhetischen Bildung als anschlussfähig erweist. Kreativität im Anschluss an Herder kann als das Finden eines Ausdrucks verstanden werden, wodurch sich Parallelen mit einigen der oben skizzierten Positionen zeigen. In der Sprache spielt der Ausdruck eine tragende Rolle, da sprechen zu können nicht auf der Fähigkeit beruht, eine vorgefertigte zeichenhafte Entsprechung für eine Regung, einen Gedanken oder einen Sachverhalt zu finden. Etwas sprachlich zu äußern bedeutet vielmehr, im Verlauf der Sprachhandlung selbst einen Ausdruck zu bilden oder zu gestalten. Jeder Ausdruck ist insofern – und hier zeigt sich die Nähe der Dewey'schen Überlegungen zu Herders Theorie – vermittelnd und zeugt vom sozialen Charakter des in einer Ausdrucksgemeinschaft stehenden Menschen. Besonders starke, eindringliche und hierin auch kreative Ausdrücke bringen Dichter_innen hervor. Ästhetische Praxis ist insofern ein paradigmatisches Feld kreativen Handelns.

Der Dichter wird begriffen als derjenige, der im kreativen Engagement den richtigen Ausdruck sucht. Ziel des künstlerischen Schaffens ist – wie bei Dewey – das Finden eines Ausdrucks, der neu ist, insofern er das bestehende künstlerische Regelwerk überschreitet oder unterwandert. Künstler_innen sehen in ihrer ästhetischen Praxis jedoch niemals völlig von den Regeln ab, sondern sie setzen sich mit dem bestehenden Regelwerk auseinander. Kreatives Engagement ist dabei nicht nur bildend, weil es neue Ausdrücke schafft und damit Erfahrungsdimensionen eröffnet. Es bringt auch einen Prozess der Persönlichkeitsbildung in Gang, in welchem sich die Dichter_innen selbst finden. »Der wahre Dichter unterwirft sich keiner gesellschaftlich tradierten Form des Empfindungsausdrucks, sondern sucht in der Auseinandersetzung mit den Regeln nach sich selbst.« (Ebd.: 120)

Joas spricht sich klar dagegen aus, dass Herders Konzeption des kreativen Handelns durch eine Genieideologie motiviert sei (vgl. ebd.: 124 f.). Laut Herder nämlich kann jede Genie sein. Damit kann theoretisch auch jede – und nicht nur die genialen Künstler_innen im engeren Sinne – von der selbstbildenden Wirkung des kreativen Tuns profitieren. Wenn die Bildung des Selbst als Selbstverwirklichung verstanden wird und in diesem Sinne als ein aktives und nicht minder kreatives Fokussieren des Ziels des eigenen Lebens und dessen gestaltender Umsetzung, dann wird zwar die Kreativität der ästhetischen Praxis relativiert. Kreativ handeln können dann nämlich alle, die nicht bloß nach Regeln handeln, sondern sich mit diesen auseinandersetzen und sie gegebenenfalls neu gestalten (vgl. ebd.: 287). Das kreative Tun im Bereich des Ästhetischen würde aber eine besonders klare und deutliche Form darstellen, die aufschlussreich ist für das, was wir in anderen – vielleicht normalisierteren – Handlungsfeldern bewusst herausarbeiten müssen, um unser Handeln nicht auf eingeübte Reiz-Reaktionsmuster zu beschränken. Ästhetische Praxis könnte sich in ihrer bildenden Wirkung insofern gerade für die nicht-ästhetischen Handlungsbereiche als fruchtbar erweisen. Wie eine solche Rückwirkung genauer aussehen kann – denn bei Joas bleibt sie, abgesehen von dem allgemeinen Hinweis auf die nicht bloß ästhetische Dimension des kreativen Tuns, unthematisiert –, soll nun abschließend mit Blick auf Maurice Merleau-Ponty erläutert werden.

4.4 Synergien zwischen ästhetischen und nicht-ästhetischen Praktiken

Maurice Merleau-Pontys Phänomenologie, die schon im zweiten Kapitel zur Sprache gekommen ist, interessiert sich nicht nur für die ästhetische Erfahrung, sondern vor allem auch für die ästhetische Praxis. Zum einen sind dabei der Aspekt des Schaffens eines Kunstwerks in Antwort auf die Ansprüche der gegebenen Situation und die Betonung der insbesondere malerischen Auseinandersetzung als einem körperlichen Engagement für die hier angestellten Überlegungen fruchtbar. Zum anderen kann auch seine Theorie des Ausdrucks für eine Theorie ästhetischer Bildung produktiv gemacht werden.

Etwas auszudrücken bedeutet für Merleau-Ponty – der sich hier in Nähe zu Dewey bewegt –, etwas Neues in den Erfahrungsraum einzuführen: »On entendra ici par expression ou expressivité la propriété qu'a un phénomène, par son agencement interne, d'en faire connaître qui n'est pas ou même n'a jamais été donné.«[35] (Merleau-Ponty 2011: 48) Die Ausdruckskraft (*expressivité*) bringt ein anderes (*un autre*) hervor, das die Ordnung des Gegebenen hinsichtlich eines so noch nicht Gegebenen unterwandert. Ein »paradoxes Unterfangen« (Merleau-Ponty 1984: 57) nennt Merleau-Ponty die für das Ausdrucksgeschehen charakteristische Konstellation, in der unter Rückgriff auf Vorhandenes Neues entsteht. Mit diesem Hinweis ist bereits angedeutet, dass Merleau-Pontys Theorie sich für das Verhältnis von Freiheit und Determination interessiert. Ausdrücke zerschlagen ihrer Möglichkeit nach vermeintlich bindende Kausalketten, indem sie etwas Neuartiges und Originales ins Werk setzen, das quer zum Etablierten steht. Als solches entstehen in Ausdrücken nicht nur neue Erfahrungsräume. Diese können durch ihre »Macht [puissance]« (Phänomenologie, 216) auch festgeschriebene Dualismen auflösen und Offenheit auf der Ebene des Denkens herbeiführen.

Wie aber entsteht ein Ausdruck und woher rührt seine Sprengkraft? Ausdrücke speisen sich aus dem Gegebenen. In einer Ausdruckshandlung werden Schneisen in das Vorhandene geschlagen, es werden Abstände oder Abweichungen (*écarts*) geschaffen, die Platz für neuen Sinn bereitstellen (vgl. Merleau-Ponty 2011: 75). Dieser neue Sinn drückt nicht positiv etwas aus, das zeichenhaft symbolisiert würde. Er manifestiert sich dagegen »indirekt« bzw. »lateral« (vgl. Merleau-Ponty 2007: 63 bzw. 2003: 121). Das Subjekt der Ausdruckshandlung kann dementsprechend nicht einfach dem Werk einen Sinn einschreiben, der vor dem ästhetischen Tun bereits als Idee oder Intention festgelegt wäre. Der Sinn eines ausdruckshaften Dings entsteht vielmehr ereignishaft und situativ im Verlauf des Tuns wie des Betrachtens selbst. Ästhetische Praxis und ästhetische Erfahrung erweisen sich – und auch in dieser Hinsicht ähneln sich Merleau-Pontys und Deweys Theorien – aufs Engste miteinander verwoben.

Bezüglich der Frage nach dem bildenden Charakter ästhetischer Praxis können zunächst zwei Aspekte festgehalten werden, die sich aus Merleau-Pontys Überlegungen gewinnen lassen: Zum einen ist ästhetische Praxis bildend, insofern die durch sie hervorgebrachten Ausdrücke neue Erfahrungsräume stiften – sowohl für Schaffende als auch für Betrachtende. Dieser Aspekt kann als kumulativ bezeichnet werden, da er sich in erster Linie auf den Erfahrungszuwachs bezieht. Zum anderen zeigt die ästhetische Praxis aber eine weitere bildende Schlagseite, die nicht bloß kumulativ ist, sofern sie in kritischen Ausdruckshandlungen besteht, also einem Tun, das sich hinterfragend zur gegebenen Ordnung verhält. Merleau-Ponty spricht in dieser Hinsicht, wie oben ausgeführt, nicht nur davon, dass etablierte Dualismen und eingeübte Denkmuster unterwandert werden. Er verweist auch auf das »offen-endlose Vermögen des Bedeutens [...], kraft dessen der Mensch durch den Leib und die Sprache sich selbst transzendiert zu neuem Verhalten, zu Anderen hin und zum eigenen Denken« (Merleau-Ponty 1966: 230). Wenig überraschend gilt das Tun der Künstler_innen nicht zuletzt als selbstbildend und selbstverwirklichend in einem Sinne, der dem von Joas im Anschluss an Herder explizierten vergleichbar ist. Im dichterischen Ausdruck bringen die Dichter_innen nicht nur ein neues Werk hervor. Sie schaffen auch sich selbst als Dichtende neu, wobei das Neue indirekt geweckt wird: »Beim Dichter wird die Sprache nicht von außen her durch den Geist geführt: der Dichter ist wie ein neues, sich selbst konstituierendes Idiom, das neue Ausdrucksmittel erfindet und sich je nach Sinn diversifiziert.« (Merleau-Ponty 1973: 9) Ästhetische Praxis kann so verstanden werden als eröffnend, als unterwandernd, aber auch als transzendierend, und ist als solche nicht nur für den Bereich des Ästhetischen im engeren Sinne bedeutsam. Sie reißt ein bildendes Feld auf, das sich mit anderen praktischen Bereichen überschneidet. In dieser Hinsicht kann sie in ihrer produktiven Wechselwirkung mit dem Nicht-Ästhetischen beschrieben werden.

Im zweiten Kapitel bin ich bereits auf das Verhältnis zwischen ästhetischen und nicht-ästhetischen Erfahrungen zu sprechen gekommen, insofern ich das Durchbrechen alltäglicher Wahrnehmungsweisen als ein Charakteristikum ästhetischer Erfahrungsweise beschrieben habe. Ein solches Durchbrechen des Alltäglichen ist nicht nur für den Bereich des Ästhetischen kennzeichnend. Es ist laut Merleau-Ponty auch typisch für pathologische Auseinandersetzungen mit der Welt, die zur Normalisierung und Gewöhnung nicht fähig sind, wie auch für spezialisierte Praktiken, in den Wissenschaften etwa, die sich normalisierten und eingeübten Mustern des Denkens und Beobachtens dezidiert gegenüberstellen müssen, um neue Erkenntnisse etablieren zu können.

Wird die experimentelle Vorgehensweise der Wissenschaft, wie in den sehr späten Texten Merleau-Pontys, dahingehend problematisiert, dass sie sich gar »nicht mit der wirklichen Welt konfrontiert« (Merleau-Ponty 2003: 275), bietet die ästhetische Praxis ein reicheres Feld der Auseinandersetzung mit der Welt. Sie allein ermöglicht es dann, der Welt und der Natur diesseits von Zuschreibungen und Festsetzungen zu begegnen. Insofern besitzt die ästhetische Praxis eine bildende Schlagseite, die unvergleichlich ist, da sie in keinem anderen Bereich der Auseinandersetzung in ähnlicher Weise zu beobachten ist. Im eigenen Schaffen engagieren die Künstler_innen sich direkt in der Welt, konfrontieren sich mit dieser und lernen dabei Essenzielles über sich selbst, den eigenen Leib mitsamt seiner Situiertheit wie auch über das Sein schlechthin.

Ästhetische Praxis wird von Merleau-Ponty an früheren Stellen seines Werkes allerdings als weit weniger abgeschottet vom Nicht-Ästhetischen beschrieben. Vielmehr werden dort Parallelen und Synergieeffekte zwischen ästhetischen und nicht-ästhetischen Praktiken positiv herausgestrichen. Neben der Reflexion über die Nähe von Film und Psychologie (vgl. Merleau-Ponty 2000b: 65 ff.) sind die Überlegungen zur experimentellen Vorgehensweise der Naturwissenschaften in dieser Hinsicht aufschlussreich. Sie deuten an, inwiefern künstlerisches und nicht-künstlerisches Schaffen Weisen der Auseinandersetzung mit der Welt teilen, die nicht zuletzt hinsichtlich ihres Bildungspotenzials positiv wechselwirken.

In *Die Natur* wird der Naturwissenschaftler in Person des Physikers als ein Praktiker beschrieben, der die direkte Auseinandersetzung mit der experimentell angeordneten Situation sucht und hier engagiert vorgeht (vgl. Merleau-Ponty 2000a: 137). Als Beobachter fügt er sich in die Apparatur ein und nimmt darin eine Position ein, lässt sich affizieren (vgl. ebd.: 131). Wie der

Künstler geht die Wissenschaftlerin, wenn sie »bei der Arbeit ist« (Das Sichtbare, 34), in der Auseinandersetzung mit den Dingen auf, wendet sich der Situation zu. Ein Blick auf die wissenschaftliche Praxis als solche erweist eine gegenseitige »Abhängigkeit einer jeden Beobachtung von einem inkarnierten und situierten Physiker« (Merleau-Ponty 1986: 32). Diese Abhängigkeit ist dabei zwar bezeichnend für die tatsächliche wissenschaftliche Arbeit, das engagierte experimentelle Tun. Sie geht aber im Aufzeichnen wissenschaftlicher Untersuchungsergebnisse verloren. Daher ist die Wissenschaft als praktisches Feld für diejenigen, die ihr nicht direkt beiwohnen, schwer greifbar. Die Wechselseitigkeit von Praxis und dem durch die praktische Tätigkeit Hervorgebrachten ist nicht in derselben Weise nachvollziehbar, wie sie das im Bereich des Ästhetischen ist. Trotz dieses verstellteren Zusammenhangs ist es bezeichnend, dass das Tun der Künstler_innen in ihrer körperlichen, situierten und engagierten Auseinandersetzung mit der Welt – die bildend ist, insofern sie nicht nur bisher ungesehene und unbekannte Aspekte der Welt, sondern auch der Praktiker_innen selbst zum Vorschein bringt – eine große Verwandtschaft mit dem Tun der Wissenschaftler_innen aufweist. Es handelt sich um einen Hinweis nicht zuletzt auf mögliche Synergieeffekte zwischen verschiedenen Weisen der praktischen Auseinandersetzung, die Merleau-Ponty hier anspricht. Auch andere Autor_innen, wie etwa Nelson Goodman (vgl. Goodman 1978) oder Michael Polanyi und Harry Prosch, weisen auf solche Effekte hin, wenn sie betonen, dass nicht nur das experimentelle Vorgehen ästhetische und wissenschaftliche Praktiken gleichermaßen kennzeichnet, sondern dass es vor allem der engagierte Gebrauch der Einbildungskraft ist, der für beide praktischen Felder charakteristisch ist (vgl. Polanyi/Prosch 1977: 85). Generell sind die Überlegungen zu den Parallelen ästhetischen und wissenschaftlichen Tuns ein Exempel für die Beispielhaftigkeit ästhetischer Praktiken, wie sie in etablierten wie auch aktuellen Diskursen der Kunstpädagogik herausgestellt wird. Ästhetische Praxis hat diesem Verständnis nach nicht nur eine bildende Wirkung auf Handlungen im ästhetischen Feld und das Selbstverständnis von ästhetischen Praktiker_innen. Sie kann ebenso nicht-ästhetische Handlungsbereiche wie auch das gesamte Selbstverständnis des Subjekts affizieren und zeigt hierin ein Bildungspotenzial, das weit über das hinausgeht, was heute als ihre Möglichkeiten beschrieben werden. Die Theorien der ästhetischen Bildung, wie sie in diesem Buch dargestellt wurden, zeigen somit nicht nur Versuche der Bestimmung möglicher Bildungsfelder und -bereiche an. Sie geben auch Material in die Hand für ein konkretes bildungspolitisches Umdenken.

4.5 Imaginationsbildung und alternative Zukünfte: Ästhetische Bildung für zukunftsfähiges Handeln

Ein Umdenken zeigt sich dort als besonders dringlich, wo die Folgen eines Bildungssystems spürbar werden, das die neoliberale Logik der Leistungssteigerung und das kapitalistische Prinzip der Bedürfnisbefriedigung durch wachsenden Konsum in den Mittelpunkt stellt: Mehr Output und mehr Verbrauch gehen Hand in Hand mit einer Überlastung unserer ökologischen Systeme und der Ausbeutung von humanen wie auch nicht-humanen Ressourcen. Dass die Zukunft unseres Planeten im Lichte dieser Entwicklungen keine rosige ist, davon zeugen neben wissenschaftlichen Untersuchungen nicht zuletzt die unzähligen dystopischen Erzählungen, die unsere Bilder des Künftigen heutzutage prägen. Apokalypse ist längst nicht mehr primär eine religiöse Drohung; sie ist seit geraumer Zeit zu einer logischen Folge eines Systems geworden, das selbst in politisch nicht liberal geführten Staaten das globale Denken mehr und mehr bestimmt. Bildungspolitisch umzudenken kann dabei nicht bloß bedeuten, möglichst viele Menschen über Fakten der ökologischen Krise(n) und die Gründe für diese aufzuklären. Ein solches Umdenken muss tiefer ansetzen und Emotionen, Haltungen und damit verbunden Praktiken in den Fokus rücken. Die ästhetische Praxis als eine Praxis des Hervorbringens innerer Bilder ist in diesem Zusammenhang ein, vielleicht der Dreh- und Angelpunkt einer anderen Art von Bildung für nachhaltige Entwicklung (vgl. Leiserowitz 2006, Jensen 2016), nämlich einer *ästhetischen* Bildung für nachhaltige Entwicklung.

Wie schon zu Beginn dieses vierten Kapitels erörtert, mündet ästhetische Praxis nicht notwendigerweise in die Hervorbringung von materiellen Artefakten. Sie kann sich auch in der Entwicklung von inneren Bildern niederschlagen. In diesem letzten Abschnitt soll insofern der Fokus auf die Imaginationsbildung als Teil einer ästhetischen Praxis gelegt werden, die schließlich als ästhetische Bildung für nachhaltige Entwicklung radikalisiert werden könnte. Die Einbildungskraft, welche als Vermögen Imaginationen hervorbringt, wird in diesem Sinne als zu bildende verstanden. In den einleitenden Überlegungen in Kapitel eins und ebenso in Abschnitt 3.4 wurde mit den kunstpädagogischen Überlegungen von Broudy bzw. mit der postkolonialen Position von Spivak bereits angedeutet, dass das Hervorbringen von Imaginationen von inneren Bildern als ein Können verstanden werden muss, das auf ein Üben angewiesen ist, um ausgeprägt zu werden. Am Ende dieser Einführung soll nun eine Perspektive darauf eröffnet werden, inwiefern Imaginationsbildung als zentraler Teil der ästhetischen Bildung eine ästhetische Praxis ermöglicht, die nicht nur unsere Auseinandersetzung mit anderen, sondern auch unsere Haltung dem Künftigen gegenüber prägen kann.

Um diesen Weg vom Imaginieren als einem Vermögen der Konfrontation mit anderen hin zur Auseinandersetzung mit Zukunft als einen Bildungsweg beschreiben zu können, will ich zunächst die phänomenologischen Theorien der Fantasie und der Einfühlung vorstellen, die Imaginationen als innere Bilder des Als-ob und damit als ästhetische Verhandlungsräume thematisierbar machen. Ausgehend hiervon soll verständlich gemacht werden, dass durch das Einbeziehen von Bildungsbewegungen jene Grenzen des Eigenen, an welchen sich die Phänomenologie abarbeitet, bewusst konfrontiert, erschüttert und rekonfiguriert werden müssen. Mit diesem Zusammendenken von theoretischen Versatzstücken soll Imaginationsbildung schließlich als Übung im zukunftsfähigen Handeln lesbar werden.

Imaginationen, Fantasie und Einfühlung

Nach Edmund Husserl, der bereits im zweiten Kapitel dieser Einführung im Rahmen der Bestimmungen des ästhetischen Erfahrens als Mitbegründer der phänomenologischen Tradition zur Sprache kam, können Imaginationen als Bilder verstanden werden, die durch den Akt des Fantasierens hervorgebracht werden. Mit der Rede vom Bild ist dabei auf das Spezifikum verwiesen, dass im Akt des Fantasierens keine direkte, sondern eine vermittelte Vorstellung im Kopf generiert wird: »Die Phantasie stellt einen Gegenstand dadurch vor, dass sie zunächst einen anderen, ihm ähnlichen Gegenstand zur Erscheinung bringt und ihn als Stellvertreter oder besser, das einzige Wort ist hier doch Bild, ihn als Bild für den eigentlich gemeinten nimmt. Sie blickt auf das Bild hin, schaut aber im Bild die Sache oder fasst die Sache durch das Bild auf.« (Husserl 1980: 24) Das Verhältnis zwischen einem Gegenstand, der »als Stellvertreter« »zur Erscheinung« gebracht wird, und dem »eigentlich gemeinten« Gegenstand ist für Husserls frühere phänomenologische Überlegungen typisch. Das Fantasieren, auch als »Einbildung« bezeichnet, gilt ihm in diesem Zusammenhang als ein Vermögen des Generierens von Bildern im Kopf, welche in einer bestimmten Art und Weise aufgefasst werden, nämlich in der des »Als-ob«: »Wir erfahren, können wir auch sagen, nicht wirklich, sondern wir phantasieren uns in ein Erfahren hinein, uns ist so, als ob wir erführen. Und korrelativ entspricht dem, ein Individuum steht als inhaltlich so und so bestimmtes vor unseren Augen, aber nur im Als-ob.« (Ebd.: 505) Die Betonung des Als-ob bedeutet nun allerdings nicht, dass Imaginationen »wirklichen« Erfahrungen nachstehen; es bedeutet zunächst lediglich, dass die Art und Weise ihrer Auffassung sich von jener »wirklicher« Erfahrungen, wie etwa dem Wahrnehmen, unterscheidet. Laut Husserl sind wir im Fantasieren wesentlich freier als im Wahrnehmen, und doch gelten etwa mit Blick auf das Urteilen dieselben Normen der Logik, die auch in der wirklichen Welt gelten (vgl. ebd.: 522). Insofern könnten Imaginationen als Gegenstände einer ästhetischen Praxis verstanden werden, die als »perzeptive Fiktionen« (ebd.: 519) auch künstlerisch gestaltet werden können. Aktives Fantasieren kann dabei ästhetisch ansprechende Fiktionen hervorbringen, die Husserl dezidiert als motivierend beschreibt (vgl. ebd.: 514).

Imaginationen gelten im klassischen phänomenologischen Verständnis so als nicht-materielle Bilder oder Fiktionen, die aktiv generiert und durchaus im Kontext künstlerischer Handlungsräume mit ästhetischen Ansprüchen gestaltet werden können. Sie können einerseits neue, fiktive Welten erschaffen und sind damit potenziell in die Zukunft gerichtet, weil sie über das Hier und Jetzt hinausgehen; andererseits spielen sie aber gleichzeitig eine Rolle in der Auseinandersetzung mit dem Gegebenen. Durch diese Dopplung von Abarbeitung am Gegebenen und

Loslösung von ebendiesem kann ein ästhetischer Spannungsraum entstehen, der mit Blick auf die Frage einer lebenswerten Zukunft Bildungspotential besitzt. Dieser Aspekt ist im klassischen phänomenologischen Ansatz zwar nicht benannt, ich werde ihn aber weiter unten ausgehend von der bei Husserl schon benannten Spannung mit Rückgriff auf die Positionen von Spivak und Haraway ausarbeiten. Mit Bezug auf die Auseinandersetzung mit dem Gegebenen ist in der Phänomenologie das Konzept der Einfühlung interessant, weil es die Rolle des Fantasierens für ein soziales Ich, das mit anderen in Beziehung steht, als eine fiktive Perspektivenübernahme thematisiert, in deren Rahmen sich der eigene Horizont erweitern kann. Damit verweist die Einfühlung auf die Wichtigkeit von Imaginationen für das Zusammenleben und für die Bildung eines Verständnisses für andere und für sich selbst als soziales Wesen. Einem klassischen phänomenologischen Verständnis sind dabei allerdings klare Grenzen gesetzt, die nach einer Revision der Theorie der Imaginationen und der Einfühlung im Sinne der Phänomenologie verlangen, wenn sie mit Blick auf eine ästhetische Bildung für zukunftsfähiges Handeln gestärkt werden sollen.

Für Husserl ist die Einfühlung ein zentraler Akt, der eine Entgrenzung des Ichs durch die Auseinandersetzung mit anderen Personen ermöglicht. Interessanterweise ist diese Auseinandersetzung aber keineswegs als reale Begegnung und Austausch zweier oder mehrerer Personen gedacht. Vielmehr gilt die Einfühlung als ein Sichhineinversetzen in eine andere Person, das keiner konkreten Situation des Aufeinandertreffens bedarf. Einfühlung kann, zumindest ihrer Möglichkeit nach, auch im Alleinsein vollzogen werden. Es soll sowohl die körperliche und sinnliche ebenso wie auch die geistige und emotionale Perspektive anderer erfassen (vgl. Husserl 1973: 265). Der Phänomenologe unterstreicht, dass meine Vorstellungen der Wahrnehmungen,

Empfindungen und Gefühle anderer für mich eine gewisse epistemische Gültigkeit haben: Wenn ich mich einfühle, glaube ich, dass die andere Person jene Wahrnehmungen, Empfindungen und Gefühle, die ich mir vorstelle, wirklich hat, so als ob ich sie wäre. Ihre Wahrnehmungen, Empfindungen und Gefühle sind mir insofern mitgegenwärtig und erweitern in dieser Hinsicht meinen Horizont (vgl. ebd.: 238). Durch Einfühlung werden die anderen so ein Teil von mir, ich verinnerliche ihre Situiertheit und Perspektiven, und sie erweitern dadurch meinen Horizont im Modus des Als-ob. Husserl benennt hier eine Art von Wissenszuwachs durch Imaginationen: Durch jene Imaginationen der Situationen anderer, die ich im Rahmen des Einfühlens generiere, kann mein Horizont erweitert werden, indem ich meine Perspektive auf die Welt mit anderen komplementiere und dadurch mehr Wissen über körperliche, sinnliche, emotionale usw. Zugänge zur Welt erwerbe. Diese Erweiterung des Horizonts hat einen kumulativen, keineswegs aber einen transformatorischen Charakter, warum sie nicht als Bildung im starken Sinne des Wortes beschrieben werden kann. Auch Edith Stein weist, in der Tradition von Husserls früherer Phänomenologie stehend, auf das Lernpotenzial des Einfühlens hin. Für sie ist es der Unterschied zwischen der Weise, wie ich die Wahrnehmungen, Empfindungen und Gefühle der anderen Person vorstelle, und jener, wie ich meine eigenen erfahre, der einen Raum für Wissenszuwachs eröffnet (vgl. Stein 2008: 20). Durch die Differenzen, die in diesem Raum spürbar sind, kann ich meinen eigenen Horizont als spezifisch situierten erkennen und die Perspektiven anderer miteinbeziehen. Für Stein hat die Einfühlung wie für Husserl aber eine Grenze dort, wo gewisse Voraussetzungen des Teilens von Perspektiven zwischen mir und den anderen nicht gegeben sind: Dies können radikale körperliche Unterschiede ebenso wie kulturelle sein. In jenen Momenten, in denen ich versuche, mich in eine andere Person einzufühlen, mit der ich jene Voraussetzungen nicht teile, muss die Einfühlung scheitern, und ich werde auf die radikale Begrenztheit meines Horizonts zurückgeworfen.

Begrenzungen, andere und Zukünfte

Die radikale Begrenztheit meines Horizonts als die konkrete körperliche, historische, politische und kulturelle Situation, in der ich lebe, markiert insofern im klassischen phänomenologischen Zugang von Husserl und Stein jenen Raum möglicher Perspektivübernahmen und des Mitdenkens von anderen, der schließlich auch das Bildungspotenzial von Imaginationen umreißt. Wie bereits in Abschnitt 3.4 erwähnt, widmet sich das postkoloniale Denken gerade jener Begrenztheit, die als koloniale Grenzen des Denkens, aber durchaus auch des Wahrnehmens und Fühlens an den Pranger gestellt werden. Dabei bietet der Ansatz des Verlernens eine Perspektive, um die postkoloniale Kritik für bildungstheoretische Überlegungen fruchtbar zu machen.

Verlernen, *unlearning*, ist eine Bildungsbewegung, die von Gayatri C. Spivak bereits Anfang der 1990er Jahre thematisiert wird. Zunächst fokussiert Spivak dabei auf die reale Situation, in welcher sich das Bildungssubjekt befindet, welche im Rahmen des Verlernens nicht nur kritisch geprüft, sondern abgebaut werden soll. Die Philosophin spricht in diesem Zusammenhang vom »unlearning one's privilege as one's loss« (Spivak 1990: 42), also dem Verlernen der eigenen Privilegien als Verlust. Mit Privilegien sind dabei unterschiedliche Dimensionen des Besitzes angesprochen: Zu ihnen zählen unter anderen Besitz von Wissen, von Sprach- und Ausdrucksfähigkeit, von politischer, gesellschaftlicher und kultureller Sichtbarkeit. Solche Besitztümer als Verlust zu verlernen bedeutet, dass sie nicht einfach an weniger Privilegierte abgegeben werden können, um Ungleichheiten zu minimieren. Vielmehr müssen sie in einer komplexen Wechselbeziehung von Erinnern, Bewusstwerden und Selbstkritik einer anhaltenden Reflexion unterzogen werden. Diese Reflexionsarbeit ist die Voraussetzung dafür, „andere, gerechtere Welten zu imaginieren« (Heinemann/Castro Varela 2016: 2). Wie aber ist der Zusammenhang von Verlernen als einer selbstkritischen Bildungsbewegung und dem Imaginieren von anderen Welten zu denken?

Die Komplexität der Beziehung zwischen Erinnern, Bewusstwerden und Selbstkritik deutet bereits an, dass das Verlernen keineswegs einfach umzusetzen ist. Es ist wohl kaum vorstellbar, dass eine Person im reinen Selbstbezug zu verlernen beginnt. Spivak relativiert in späteren Aussagen ihre anfänglich sehr radikale Forderung nach einer Form des Verlernens, die von der Position eines »subject of knowledge« (Danius/Jonsson/Spivak 1993: 25) ausgeht. Während hier die Bewegung des Verlernens als »more clear-cut, as a kind of political decision« (ebd.) gedacht wird, weist sie auf die Notwendigkeit der Konfrontation hin, die Prozesse des Verlernens als langwierige immer wieder befeuern muss. Konfrontation nun ist aber als Gegenüber auf konkrete andere angewiesen und muss sich am Hier und Jetzt abarbeiten. Mit dieser Blickwendung wird deutlich, dass Verlernen einerseits Anlässe, Erfahrungen und Situationen der Konfrontation braucht, sich also im Rahmen punktueller Ereignisse vollzieht. Andererseits aber ist sie als anhaltender, träger und durchaus mühevoller Prozess auf eine langfristige Reflexionsarbeit, eine Auseinandersetzung mit sich selbst und der eigenen Situierung angewiesen. In der Bezugnahme auf das Konzept des Verlernens im kunstpädagogischen und kunstvermittlerischen Diskurs werden dabei diese beiden komplementären Komponenten eines Wechselspiels durchaus mit unterschiedlicher Emphase thematisiert: Während in manchen Positionen das Ereignis, das zum Verlernen anstößt, im Vordergrund steht (vgl. etwa Sternfeld 2014), werden von anderen Positionen die träge Praxis und der prozesshafte Charakter in den Vordergrund gerückt (vgl. etwa Krauss 2019). Imaginationen spielen in diesen expliziten Weiterführungen des Spivak'schen Konzepts aber interessanterweise keine zentrale Rolle. Für Spivak selbst indes markieren Imaginationen genau jenen Schnittpunkt, in dem Ereignisse der Konfrontation als die eigene Situierung herausfordernde vorstellbar werden und damit als punktuelle einwirken wie auch zu Prozessen einer langwierigen Reflexionsarbeit anstoßen können. Imagination müssen, wie bereits ausgeführt, kraft der Fantasie gebildet werden, wobei das Imaginationsvermögen als zu bildendes verstanden wird (vgl. Spivak 2007: 10). Diese Bildung vollzieht sich, zunächst vergleichbar mit dem klassischen phänomenologischen Ansatz, in der Auseinandersetzung mit anderen. Im Unterschied zur Einfühlung aber ist es das Imaginationsvermögen selbst, das einer Bildungsbewegung ausgesetzt werden muss, weil es als grundsätzlich in seinen Grenzen zu hinterfragendes verstanden wird. Husserl und Stein dagegen sehen die Fantasie als freies Vermögen an, weisen aber auf die lebensweltliche Situiertheit des Subjekts hin. Spivak bringt nun diese beiden Komponenten zusammen und unterstreicht, dass mit der lebensweltlichen Situiertheit des Subjekts, die die Kolonialgeschichte an zentraler Stelle einbezieht, unseren Imaginationen Grenzen gesetzt sind, gegen die wir im Prozess eines anhaltenden Verlernens angehen müssen. Eine Ästhetische Bildung zeichnet sich für sie insofern wesentlich dadurch aus, dass die eigenen Vorstellungen des Eigenen zugunsten anderer Vorstellungen von anderen und anderem verlernt werden (Spivak 2007: 113), wozu es die gezielte Konfrontation mit anderen, in persona (Danius/Jonsson/Spivak 1993: 25) wie auch in Form von Fiktionen und Bildern (Spivak 2007: 26) braucht.

Jener Prozess des Verlernens, der nicht zuletzt die Beschränkungen unserer Imaginationen in den Blick nimmt, kann als Kernstück einer ästhetischen Bildung für nachhaltige Entwicklung gedacht werden, weil er unsere Haltung nicht nur den anderen im Hier und Jetzt, sondern auch der Zukunft gegenüber neujustieren kann. Eine solche Neujustierung ist besonders notwendig in Zeiten, in denen das Fehlen einer »Utopiekompetenz« (Schröder 2018) als eines soliden Fundaments für zukunftsfähiges Handelns beklagt wird. Mit Bezug zu Donna Haraway möchte ich am Ende dieser Einführung daher ein Plädoyer für Imaginationen alternativer Zukünfte formulieren, welche ein Kernstück der Bemühungen Ästhetischer Bildung ausmachen sollten, um menschliche und nicht-menschliche andere in unsere Vorstellungen eines gemeinsamen, für alle lebenswerten Planeten einzubeziehen. Um zu verstehen, wie die entgrenzende Veränderung unserer Vorstellungen von Zukunft im Zuge der Imaginationsbildung mit unseren alltäglichen Handlungen verkoppelt werden kann, lässt sich die Idee der *response-ability* heranziehen. Verantwortung nicht nur als ethisches Handlungsprinzip, sondern als Fähigkeit (*ability*) zu begreifen, in menschlichen und nicht-menschlichen Beziehungen auf die Bedürfnisse anderer zu antworten (vgl. Haraway 2008), verweist einmal mehr auf die Notwendigkeit der Bildung. Haraway weist ähnlich wie Spivak auf die Bedeutung des Spielens für eine Reflexion der eigenen Situierung mitsamt ihren Grenzen hin. Fadenspiele (*string figures*) sind für sie Spiele, die Neuausrichtungen durch das Revidieren bestehender und das Herstellen neuer Beziehungen ermöglichen: »Playing games of string figures is about giving and receiving patterns, dropping threads and failing but sometimes finding something that works, something consequential and maybe even beautiful, that wasn't there before, of relaying connections that matter, of telling stories in hand upon hand, digit upon digit, attachment site upon attachment site, to craft conditions for finite flourishing on terra, on earth.« (Haraway 2016: 10) Nicht nur Fadenspiele, sondern auch Science-Fiction-Narrative werden als bildende Prozesse der Auseinandersetzung mit anderen Formen der Bezugnahme verstanden, die die eigene Situiertheit im Sinne einer verantwortungsvolleren, offeneren Haltung entgrenzen können. Gerade mit Blick auf ein nachhaltiges, zukunftsfähiges Handeln gemeinsam mit anderen menschlichen und nicht-menschlichen Wesen auf einem Planeten würden Imaginationen als affizierende, motivierende Bilder des anderen uns selbst in unserem derzeitigen begrenzten Handeln infrage stellen können. Imaginationsbildung wäre damit eine, wenn nicht die zentrale Aufgabe einer *ästhetischen* Bildung für nachhaltige Entwicklung, die für eine lebenswerte Zukunft aller notwendig ist.

Anhang

Anmerkungen

1 Als beispielhafte Ausnahmen möchte ich hier zwei Namen nennen, die keineswegs als die alleinigen theoriebildenden Vorstöße in der Kunstpädagogik und der Kunstvermittlung missverstanden werden sollen, sondern mögliche Horizonte der Theoriebildung von innerhalb der Disziplin anzeigen: Andrea Sabisch (2018) nutzt ihre Überlegungen und empirischen Untersuchungen für die Weiterentwicklung einer Theorie des Bildes in Anschluss an responsiv-phänomenologische und psychoanalytische Theorien. Torsten Meyer (2013) knüpft allem voran an medientheoretische Denkmodelle und die Akteur-Netzwerk-Theorie an, um seine kunstpädagogischen Überlegungen als Theorien zu stärken.

2 Ästhetische Bildung kann auch noch mehr und anderes meinen, wie zum Beispiel Geschmackserziehung beim Verkosten von Speisen und Getränken, von Käse oder Wein etwa. Auch hier geht es um die Konzentration auf das ästhetische Ding, den Käse beispielsweise, und seine geschmackliche »Erscheinung«.

3 Freilich gibt es zu einer solchen Definition in der Ästhetik auch einschlägige Gegenpositionen, wie zum Beispiel, wenn die Ästhetik des Erhabenen oder auch des Hässlichen zur Debatte steht.

4 Neben dem Gefallen, das oft als Empfinden von Schönheit oder als Lustgewinn konzipiert wird, gibt es andere Kriterien, die für ästhetische Erfahrungen ausschlaggebend sein können. In den in diesem Band besprochenen Theorien werden solche anderen Kriterien verstärkt unter dem Blickpunkt einer Kritik an den klassischen Ästhetiken in den Blick genommen.

5 Ein bemerkenswertes Projekt, die Geschichte der ästhetischen Bildung seit der griechischen Antike aufzuarbeiten, haben in den letzten Jahren Jörg Zirfas, Leopold Klepacki, Johannes Bilstein, Eckart Liebau, Diana Lohwasser, Daniel Burghardt und Thomas Höhne unternommen (vgl. Zirfas et al. 2009, Klepacki et al. 2011, Zirfas et al. 2014,

Zirfas et al. 2016). Mein Projekt unterscheidet sich – neben der viel schmaleren Bandbreite an Theorien und Autor_innen – vor allem durch den geringeren Fokus auf historische Klassifizierung und den Versuch einer durchgehenden Ordnung und Systematisierung der Theorien.

6 In der zeitgenössischen – vor allem angloamerikanischen – Ästhetik wird neben der Diskussion über die Künste häufig auch über die ästhetische Erfahrung von Essen und Trinken gesprochen. Überlegungen dieser Art finden sich zuvor vor allem in den englischen Ästhetiken des 18. Jahrhunderts.

7 Musische Erziehung ist im altgriechischen Bildungssystem mehr als Musizieren oder Erziehung durch und mittels Musik. Musik ist alles, was mit Rhythmus zu tun hat. Musische Erziehung umfasst ebenso Dichtung und Erzählungen, die in der Regel nicht gelesen, sondern denen – musikalisch vorgetragen – gelauscht wird.

8 Allgemeiner beschreibt Velthaus ästhetische Bildung, wenn er diese als Paradigma für Bildung überhaupt begreift: »[D]ie Entwicklung des Selbst – und diese meint dann hier das selbst denkende und entscheidende Individuum – [geht] aus dem Engagement für das Werk hervor [...] – wobei Engagement hier die Beschreibung einer Wirkung bzw. Das-sich-im-Ausdrücken-Rechenschaft-Geben-über-eine-Wirkung meint. Schlichter gesagt ist es eine durch das Werk provozierte und in Gang gehaltene Auseinandersetzung mit einer überkommenen Aussage. Damit gewinnt der in diesem Sinn Beschreibende eine Sinnperspektive des Daseins, von der zu erwarten ist, daß sie sein Handeln umgreift, aber nicht determiniert.« (Velthaus 2002: 57)

9 Liebau und Zirfas unterstreichen ebenso den eigenen Charakter ästhetischer Bildung, wenn sie diese als »reflektierende und in Urteilen sich präsentierende Bildungsform, die in besonderer Weise die prozessualen Möglichkeiten für Übergänge, Verknüpfungen und das In-Beziehung-Setzen von Wahrnehmungen, Erfahrungen und Imaginationen auf der einen und Kunst, Schönheit und die mit ihr verbundenen Zeichen und Symbole auf der anderen Seite betrifft« (Liebau/Zirfas 2008: 11), beschreiben.

10 In nicht-zeitgenössischen Überlegungen werden die Termini allerdings auch anders benutzt. Schiller (2009) zum Beispiel beschreibt mit Rück-

griff auf den Terminus ästhetische Erziehung durchaus Bildungsprozesse, ebenso Herbart (1986).

11 Lebendigkeit (*liveliness*) ist ein Begriff, der nicht nur durch Baumgarten, sondern vor allem auch durch seine englischen Zeitgenossen geprägt wird. Für David Hume etwa ist Lebendigkeit die Hauptqualität, die in Wahrnehmungsakten gegebene Eindrücke (*impressions*) von in Denk- oder Erinnerungsakten konstituierten Ideen (*ideas*) unterscheidet. Für den Rationalisten Baumgarten ist es weitaus wichtiger als für den Empiristen Hume, auf die Nähe von Wahrnehmungen und Ideen hinzuweisen, um Wahrnehmung als sinnliches Denken gerade auch im Vergleich mit kognitiven Akten aufzuwerten.

12 Die Erkenntnis der nicht-objektiven Natur des Ästhetischen oder des Schönen hat so manchem Denker Kopfzerbrechen beschert. Immanuel Kants *Kritik der Urteilskraft* etwa kreist über weite Strecken um die Frage, wie es möglich ist, von einem gültigen und verbindlichen ästhetischen Urteil zu sprechen, wenn die Schönheit keinen objektiven, sondern einen bloß subjektiven Ursprung hat, wenn sie also nicht einer beobachtbaren und beschreibbaren, letztendlich erkennbaren und begrifflich fassbaren Eigenschaft des Dings, sondern einer nicht greifbaren Erscheinung, einem Gefühl entspringt.

13 Ist diese Unterscheidbarkeit nicht gegeben, könnte man stattdessen von ästhetischen Situationen oder Ereignissen sprechen. Der Einfachheit halber werde ich mich in dem hier gegebenen Rahmen aber auf die Rede von ästhetischen Dingen beschränken, ohne damit sagen zu wollen, dass eine eigene Analyse ästhetischer Situationen oder Ereignisse überflüssig wäre. Ganz im Gegenteil würde es Sinn machen, Filme, Theater- und Musikstücke oder Performances keineswegs als ästhetische Dinge zu bezeichnen, da sie raumgreifend sind und die Möglichkeit einer Unterscheidung von anderen angrenzenden Dingen im Moment der Aufführung geradezu auflösen. Hier wäre eine differenziertere Beschreibung durchaus angebracht. Dass ich dennoch auch im Folgenden von ästhetischen Dingen sprechen werde, hat vor allem den simplen Grund, dass diese sich zumindest zeitlich abgrenzen lassen und so, vielleicht mehr als Zeit- denn als Raumdinge, von anderen zu unterscheiden sind.

14 Mit Blick auf die »Natürlichkeitsthese« werden solche Theorien im zweiten Kapitel beschrieben. Die Natürlichkeitsthese ist einer der

Hauptangriffspunkte für jene Überlegungen zur ästhetischen Bildung, die davon ausgehen, dass ästhetische Erfahrung und ästhetische Praxis nicht einfachhin für jede in gleichem Maße zugänglich sind, sondern auf Prozessen der Gewöhnung, Einübung oder auch des bewussten Lernens und des Erwerbs von Fertigkeiten beruhen.

15 Freilich ist die Rede von äußeren und inneren Bildern problematisch, sofern ein physisches Bild nur dann als Bild bezeichnet werden kann, wenn ihm in der Erfahrung ein inneres Bild entspricht. Ein Bild gibt es nach Ansicht des Phänomenologen Edmund Husserl folglich auch nur dann, wenn es einen Widerstreit zwischen Wahrnehmung und »Fiktum der Wahrnehmung« (Husserl 1980: 64), also Einbildung, gibt. Vgl. dazu auch Laner 2016.

16 Der Sinn, in dem hier von Bildung gesprochen wird, unterscheidet sich von dem emphatischen Bildungsbegriff, wie er im Anschluss an die deutschsprachigen Debatten im vorgehenden Abschnitt dargestellt wurde. Bildung ist hier zwar eine subjektive Angelegenheit, weil sie das sich bildende Subjekt betrifft, sie wird allerdings nicht als individualistisches Geschehen verstanden. Im Folgenden werde ich von Bildung in jenem breiten Sinne sprechen, der sowohl individualisierte wie auch gemeinschaftliche Formen der Veränderung von Fertigkeiten, Können, Wissen oder Horizont eines sich bildenden Subjekts in der Auseinandersetzung mit der Welt meint. Vor allem in diesem und im letzten Kapitel werden eine Reihe von impliziten Inkorporierungs- und Gewöhnungsprozessen besprochen, die sich von expliziten, bewussten Formen des Aneignens und Lernens wie auch vom Aufgehen neuer Erfahrungsdimensionen unterscheiden, die das Ich-Selbst-Verhältnis grundlegend transformieren.

17 Mit Wittgenstein ist hier auch ein Begriff des ästhetischen Erfahrens angesprochen, der nicht konform mit der irritierenden Erfahrung von Neuem oder Ungewohntem verstanden werden kann, wie er in jenen Debatten vorherrscht, die die Sprengkraft ästhetischen Erfahrens hervorheben. Ästhetisches Erfahren nach Wittgenstein meint im Kontext einer Gemeinschaft normalisiertes und insofern konformes Gefallenfinden an ästhetischen Dingen.

18 Die Leitdifferenz bildende Voraussetzungen vs. bildende Wirkungen habe ich im Eingangskapitel beschrieben. Im vorliegenden Kapitel werden – mit Ausnahme des letzten Abschnitts – die bildenden Vo-

raussetzungen im Zentrum stehen, auch wenn sie sich nicht von den bildenden Wirkungen trennen lassen.

19 Shaftesburys Idee des *sensus communis* (*common sense*) ist in dieser Hinsicht aufschlussreich, weil sie die diskursiven Praktiken thematisiert, die ein vernünftiges Urteilen erst erlauben. Appelle an die Vernunft und eine entsprechende Urteilsbildung laufen Gefahr, nicht frei zu reflektieren, sondern sich an eine Autorität zu halten. In diesem Zusammenhang ist es wichtig, auch die situativen Bedingungen einer freien Urteilsbildung zu bedenken, und diese liegen im amikalen Beisammensein mit Freunden in der Form des englischen *Gentlemen's Club*. Nur hier kann man sich unverfänglich äußern, Gedanken und Argumente ausprobieren und schließlich der Vernunft zur vollsten Entfaltung verhelfen (vgl. Shaftesbury 2001: 1.75)

20 Man könnte den Satz »Über Geschmack lässt sich nicht streiten« allerdings auch im gegenteiligen Sinne verstehen, nicht als Hinweis auf die Universalität, sondern auf die Relativität des Geschmacks. Wenn nämlich Einigkeit darüber herrscht, dass jede ihren eigenen, relativen Geschmack hat, ist ein Streit in Geschmacksfragen ebenso hinfällig. In der hier referenzierten Debatte allerdings ist die verbreitete Meinung, dass es ein Nicht-Streiten über Geschmack dann gibt, wenn sich alle einig sind, was gefällt und was missfällt, wenn es also den beschriebenen Standard gibt.

21 Eine kritische Perspektive, die nicht nur den bürgerlichen und männlichen Standpunkt dieser Theorien problematisiert, sondern auch den kolonialistischen Hintergrund der englischen Philosophie jener Zeit beleuchtet, muss freilich zu der Überzeugung gelangen, dass es sich nicht um einen Dialog mit den Anderen, gar den Fremden, handelt, sondern um ein Instantiieren der eigenen Position, die sogleich als absoluter Bezugspunkt gesetzt wird. Für die Diskussionen über die kolonialen Implikationen der modernen Ästhetik, vor allem ihre englischen Spielarten im 18. Jahrhundert, danke ich Ruth Sonderegger.

22 Um sowohl die normalisierenden Bildungsvoraussetzungen wie auch eine entnormalisierende Bildungswirkung der ästhetischen Erfahrung thematisieren zu können, bedarf es eines Ansatzes, der Determination und Freiheit zusammen zu denken vermag. Im nächsten Kapitel verweise ich auf eine Reihe von Ansätzen, die das versuchen, aller-

dings mit einem Blick auf die politische Relevanz von Auseinandersetzungen mit ästhetischen Dingen und Kunst.

23 Obwohl Dubos in der rationalistischen Tradition steht, zeigt sich bei ihm eine für das 18. Jahrhundert nicht untypische Wende hin zum Sensualismus (vgl. Morizot 2013).

24 Denis Diderot, der neben Dubos wohl zu den einflussreichsten französischen Ästhetikern des 18. Jahrhunderts gezählt werden darf, vertritt dagegen die strikte Ansicht, dass die Beurteilung von Kunstwerken zunächst Aufgabe der Kritiker_innen ist, da der gemeine Mensch kaum die komplexen Techniken und Verfahren verstehen könne, die ästhetische Effekte erzeugen.

25 Dubos nimmt hier in gewisser Weise die bekannte Theorie des Sublimen von Edmund Burke vorweg, die ähnlich argumentiert, dass eine Erfahrung von Schrecken und Terror ästhetisch dann genossen werden kann, wenn sich die Betrachtenden in dem nötigen Abstand zum eigentlich Angst einflößenden Sachverhalt befinden.

26 Kants Ansatz wird im nächsten Kapitel ausführlich dargestellt.

27 Natürlich muss hier wieder die Frage gestellt werden, wer denn überhaupt am öffentlichen Leben partizipiert, wer bloß am Rande der Gesellschaft steht und wem der Zugang zu den Künsten dadurch möglicherweise zum Teil oder auch gänzlich verwehrt bleibt. Auch wenn sich Platon und Aristoteles als demokratische Denker verstehen, bezieht die demokratische Ordnung mitnichten alle ein, die im Staat leben.

28 Der Geschmack wird insofern von Kant nicht zufällig als gemeiner Sinn oder Gemeinsinn bezeichnet: »Man könnte den Geschmack durch *sensus communis aestheticus* [...] bezeichnen.« (Kant 2001: B 160, Anm.) Der spezifisch ästhetische Gemeinsinn unterscheidet sich in seiner Funktionsweise von den übrigen beiden »Maximen des gemeinen Menschenverstandes« dadurch, dass er nicht lediglich auf Vorurteilsfreiheit und dem aktiven Gebrauch der Vernunft beruht, sondern dass er verlangt, »an der Stelle jedes anderen [zu] denken« (ebd.: B 158).

29 Hierzu passt auch jene Passage in den Kallias-Briefen, in denen Schiller ausführt, dass sich Schönheit nicht auf Sittlichkeit, sondern Sittlichkeit dagegen auf Schönheit begründen muss: »Nur möchte ich nicht gern die Schönheit aus der Sittlichkeit, sondern lieber diese aus jener und beide aus einem höheren Prinzip deduzieren. Das *Interesse*

der Sittlichkeit, wovon Kant so viel spricht, scheint mir eben sich auf die Schönheit zu gründen.« (Schiller 1971: 19)

30 Rückt man allerdings wie Schäfer (2015: 154 ff.) in den Fokus, dass sich bei Benjamin ein Absehen vom Religiösen hin zum Politischen vollzieht, könnte man seine Position auch anders lesen. Schäfer betont, dass Benjamin im Unterschied zu Adorno sehr wohl die positiven Seiten der zunehmenden massenhaften Medialisierung der Kunst betont, sofern er nämlich die Eröffnung neuer, mit anderen geteilter ästhetischer Erfahrungsräume als Möglichkeit des Austauschs liest.

31 Eine Verschränkung von bildenden Voraussetzungen und bildenden Wirkungen zeigt sich in Brechts Überlegungen zum edukativen Wert des Theaters. Sein Entwurf eines epischen Theaters betont die Möglichkeit der ästhetischen Bildung im Rahmen des theatralen Spiels durch einen Vorgang der gezielten Entfremdung, des Durchbrechens von normalen Erfahrungsmustern und dem Gewöhnlichen durch die von ihm beschriebene und in eigenen Stücken umgesetzte Darstellungsweise (vgl. Brecht 1971: 39).

32 Eine bedenkenswerte Ausnahme bildet hier Alain Badiou, der sowohl die politische wie auch die ethische Seite der ästhetischen Erfahrung zu bedenken versucht. Dabei grenzt er sich aber, kaum überraschend, von einem antiken Verständnis der moralischen Dimension der Kunst ab. Für ihn ist die Nachahmung der Künste im platonischen Denken nicht auf Wahrheit gerichtet, sondern allein auf Wahrheitseffekte. In den Fängen der Kunst ist keine dialektische Operation möglich, die zur Wahrheitsfindung aber nötig ist. Badiou erklärt die Notwendigkeit der Überwachung und Kontrolle der Künste damit auch als logische Folge von Platons Unterwerfung der Wahrheit unter das philosophisch-dialektische Paradigma des Denkens (vgl. Badiou 2009: 7 ff.).

33 Was Rancière an der so verstandenen Ethik beunruhigt, ist, dass sie einen normativ vereinheitlichenden Zug hat, der eine Verschiedenheit von Meinungen auszuschließen scheint. Diese Wende schreibt den ethischen Subjekten vor, wie sie zu leben haben, ohne ihre Urteils- und Entscheidungsfähigkeit – die durchaus heterogene Urteile und Entscheidungen hervorbringt und somit dem Ideal eines einzig richtigen ethischen Imperativs widerspricht – in den ethischen Lebensentwurf miteinzubeziehen. »Bevor das Wort *Ethos* Norm oder Moralität bedeutet, bedeutet es [...] zwei Dinge: der Ethos ist der Auf-

enthalt und er ist die Seinsweise, die Lebensart, die diesem Aufenthalt entspricht. Die Ethik ist also das Denken, das die Identität zwischen einer Umwelt, einer Seinsweise und einem Tätigkeitsprinzip herstellt.« (Rancière 2007: 128)

34 Vgl. hierzu auch die Darstellung von Baumgartens Ästhetik im zweiten Kapitel, der die epistemische Dimension des Ästhetischen sehr ähnlich beschreibt wie Langer.

35 »Wir werden hier unter Ausdruck oder Ausdruckskraft die Eigenschaft verstehen, die ein Phänomen durch seine innere Konfiguration hat, dadurch etwas preiszugeben, das nicht ist oder sogar niemals gegeben wurde.«

Literatur

Addison, Joseph (1813): Essays on the Pleasures of the Imagination. Originally Published in the Spectator, London: Andrew Wilson.

Adorno, Theodor W. (1963): Eingriffe. Neun Kritische Modelle, Frankfurt/Main: Suhrkamp.

Adorno, Theodor W. (1968): Einleitung in die Musiksoziologie. Zwölf theoretische Vorlesungen, Reinbek bei Hamburg: Rowohlt.

Adorno, Theodor W. (1970): Ästhetische Theorie, Frankfurt/Main: Suhrkamp.

Adorno, Theodor W. (1998): Erziehung zur Mündigkeit, Frankfurt/Main: Suhrkamp.

Adorno, Theodor W. (2000): Ästhetische Theorie, Frankfurt/Main: Suhrkamp.

Arendt, Hannah (1994): Übungen im politischen Denken 1. Zwischen Vergangenheit und Zukunft, München: Piper.

Arendt, Hannah (2002): Vita activa oder Vom tätigen Leben. München: Piper.

Aristoteles (2008): Werke. Band 5. Poetik, Darmstadt: Wissenschaftliche Buchgesellschaft.

Aristoteles (2010): Nikomachische Ethik, Berlin: Akademie Verlag.

Aristoteles (2011): Politik, Berlin: Akademie Verlag.

Asbury, Carolyn/Rich, Barbara (2008) (Hrsg.): The Dana Consortium Report on Arts and Cognition. Learning, Arts, and the Brain, New York: Dana Press.

Bacon, Francis (1996): »Of the Proficience and Advancement of Learning«, in: Collected Works of Francis Bacon III/I. Philosophical Works, London: Routledge/Thoemmes Press, S. 259–491.

Badiou, Alain (2009): Kleines Handbuch zur Inästhetik, Wien: Turia + Kant.

Ballstaedt, Steffen-Peter (1997): Wissensvermittlung. Die Gestaltung von Lernmaterial, Weinheim: Beltz.

Bamford, Anne (2006): The Wow Factor. Global research compendium on the impact of the arts in education, Münster: Waxmann.

Bastian, Hans G. (2001): Musik(erziehung) und ihre Wirkung. Eine Langzeitstudie an Berliner Grundschulen, Mainz: Schott Musik International.

Baumgarten, Alexander G. (1988): Theoretische Ästhetik. Die grundlegenden Abschnitte aus der »Aesthetica« (1750/58), Hamburg: Meiner.

Baumgarten, Alexander G. (2011): Metaphysica. Historisch-kritische Ausgabe, Stuttgart: Frommann-Holzboog.

Benjamin, Walter (2007): Das Kunstwerk im Zeitalter seiner technischen Reproduzierbarkeit. Und weitere Dokumente, Frankfurt/Main: Suhrkamp.

Benner, Dietrich (2005) (Hrsg.): Erziehung – Bildung – Negativität, Weinheim: Beltz.

Bordwell, David (1985): Narration in the Fiction Film, London: Routledge.

Bourdieu, Pierre (1974): Zur Soziologie der symbolischen Formen, Frankfurt/Main: Suhrkamp.

Bourdieu, Pierre (1987): Die feinen Unterschiede. Kritik der gesellschaftlichen Urteilskraft, Frankfurt/Main: Suhrkamp.

Bourdieu, Pierre (2015): Kunst und Kultur. Kunst und künstlerisches Feld. Schriften zur Kultursoziologie 4, Berlin: Suhrkamp.

Bourdieu, Pierre/Darbel, Alain (2006): Die Liebe zur Kunst. Europäische Kunstmuseen und ihre Besucher, Konstanz: UVK.

Brecht, Bertolt (1971): Über Politik auf dem Theater, Frankfurt/Main: Suhrkamp.

Brecht, Bertolt (1992a): Gesammelte Werke in 20 Bänden. Band 18, Frankfurt/Main: Suhrkamp.

Brecht, Bertolt (1992b): Schriften zur Literatur und Kunst. Band I, Frankfurt/Main: Suhrkamp.

Broudy, Harry S. (1977): »How Basic Is Aesthetic Education? Or Is ›Rt the Fourth R‹?«, in: Educational Leadership 35/2, S. 134–141.

Buck, Günther (1969): Lernen und Erfahrung. Zum Begriff der didaktischen Induktion, Stuttgart: Kohlhammer.

Bünger, Carsten/Pongratz, Ludwig (2008): »Stichwort Bildung«, in: Erziehungswissenschaft. Ein Grundkurs, hrsg. von Hannelore Faulstich-Wieland und Peter Faulstich, Reinbek bei Hamburg: Rowohlt, S. 110–129.

Burke, John W. (1989) (Hrsg.): Competency Based Education and Training, Sussex: Falmer.

Burns, Richard W./Klingstedt, Joe Lars (1972): Competency-based Education. An Introduction, Englewood Cliffs: Educational Technology Publications.
Butler, Judith (2009): Frames of War. When Is Life Grievable?, New York: Verso.
Buytendijk, Frederik J. J. (1973): »Das menschliche Spielen«, in: Neue Anthropologie. Band 4, hrsg. von Hans-Georg Gadamer und Paul Vogler, Stuttgart: dtv, S. 88–122.
Carroll, Noël (2002): »The Wheel of Virtue: Art, Literature, and Moral Knowledge«, in: Journal of Aesthetics and Art Criticism 60/1, S. 3–26.
Danius, Sara/Jonsson, Stefan/Spivak, Gayatri Chakravorty (1993): »An Interview with Gayatri Chakravorty Spivak«, in: boundary 2 20/2, S. 24–50.
Deasy, Richard J. (2002) (Hrsg.): Critical Links. Learning in the Arts and Student Academic and Social Development, Washington: Arts Education Partnership.
Debes, John L./Williams, Clarence M. (1978): Visual Literacy, Languaging, and Learning, Washington: Center for Visual Literacy.
Dewey, John (2005): Art as Experience, London: Penguin.
Dietrich, Cornelie/Krinninger, Dominik/Schubert, Volker (2012): Einführung in die Ästhetische Bildung, Weinheim/Basel: Beltz.
Dörpinghaus, Andreas/Poenitsch, Andreas/Wigger, Lothar (2012): Einführung in die Theorie der Bildung, Darmstadt: Wissenschaftliche Buchgesellschaft.
Dubos, Jean-Baptiste (1748a): Critical Reflections on Poetry, Painting and Music. With an Inquiry Into the Rise and Progress of the Theatrical Entertainments of the Ancients. Volume 1, London: Printed for John Nourse.
Dubos, Jean-Baptiste (1748b): Critical Reflections on Poetry, Painting and Music. With an Inquiry Into the Rise and Progress of the Theatrical Entertainments of the Ancients. Volume 2, London: Printed for John Nourse.
Ehrenspeck, Yvonne (1998): Versprechungen des Ästhetischen. Die Entstehung eines modernen Bildungsprojekts, Opladen: Leske + Budrich.
Elkins, James (2010) (Hrsg.): Visual Literacy, New York: Routledge.
Frey, Nancy (2008) (Hrsg.): Teaching Visual Literacy. Using Comic Books, Graphic Novels, Anime, Cartoons, and More to Develop Comprehension and Thinking Skills, Thousand Oaks: Corwin Press.

Fricker, Miranda (2007): Epistemic Injustice: Power and the Ethics of Knowing, Oxford: Oxford University Press.
Gikandi, Simon (2014): Slavery and the Culture of Taste, Princeton: Princeton University Press.
Goodman, Nelson (1976): Languages of Art. An Approach to a Theory of Symbols, Indianapolis: Hackett.
Goodman, Nelson (1978): Ways of Worldmaking, Indianapolis: Hackett.
Gramsci, Antonio (2012): Gefängnishefte. Kritische Gesamtausgabe. 10 Bände, Hamburg: Argument.
Gross, Steffen W. (2001): Felix aestheticus. Die Ästhetik als Lehre vom Menschen. Zum 250. Jahrestag des Erscheinens von Alexander Gottlieb Baumgartens »Aesthetica«, Würzburg: Königshauen & Neumann.
Hall, Gene E. (1976): Competency-based Education. A Process for the Improvement of Education, Prentice Hall: PTR.
Haraway, Donna (2008): When Species Meet, Minneapolis: University of Minnesota Press.
Haraway, Donna (2016): Staying with the Trouble, Durham: Duke University Press.
Hegel, Georg W. F. (1955): Vorlesungen über die Ästhetik, Berlin: Aufbau.
Hegel, Georg W. F. (2003): Vorlesungen über die Philosophie der Kunst, Hamburg: Meiner.
Heinemann, Alisha MB/Castro Varela, Maria do Mar (2016): »Ambivalente Erbschaften. Verlernen erlernen!«, in: Zwischenräume 10, S. 1–7.
Herbart, Johann F. (1986): »Die ästhetische Darstellung der Welt als Hauptgeschäft der Erziehung (1804)«, in: Systematische Pädagogik, Stuttgart: Klett-Cotta, S. 59–70.
Hjort, Mette/Laver, Sue (1997) (Hrsg.): Emotion and the Arts, Oxford: Oxford University Press.
Hobbes, Thomas (2003): Leviathan, Cambridge: Cambridge University Press.
Home, Henry, Lord Kames (2005): Elements of Criticism, Indianapolis: Liberty Fund.
Horkheimer, Max/Adorno, Theodor W. (2006): Dialektik der Aufklärung. Philosophische Fragmente, Frankfurt/Main: Fischer.
Huber, Ludowika/Kahlert, Joachim (2003) (Hrsg.): Hören lernen. Musik und Klang machen Schule, Braunschweig: Westermann.
Hume, David (1978): A Treatise of Human Nature, Oxford: Clarendon.

Hume, David (1985): »Of the Standard of Taste«, in: Essays Moral, Political, and Literary, Indianapolis: Liberty Fund.

Husserl, Edmund (1973): Zur Phänomenologie der Intersubjektivität. Texte aus dem Nachlass. Erster Teil: 1905–1920. Den Haag: Martinus Nijhoff.

Husserl, Edmund (1980): Phantasie, Bildbewusstsein, Erinnerung. Zur Phänomenologie der anschaulichen Vergegenwärtigungen. Texte aus dem Nachlass (1898–1925), Dordrecht: Kluwer.

Husserl, Edmund (1994): Briefwechsel. Band VII. Wissenschaftlerkorrespondenz, Dordrecht: Kluwer.

Hutcheson, Francis (2004): An Inquiry into the Original of Our Ideas of Beauty and Virtue, Indianapolis: Liberty Fund.

Jensen, Sally (2016): »Empathy and Imagination in Education for Sustainability«, in: Canadian Journal of Environmental Education 21, S. 89–105.

Joas, Hans (1996): Die Kreativität des Handelns, Frankfurt/Main: Suhrkamp.

Kant, Immanuel (1838): Kant's Sämtliche Werke. Band 7. Kleine anthropologisch-praktische Schriften, Leipzig: Leopold Voss.

Kant, Immanuel (1912): »Beobachtungen über das Gefühl des Schönen und Erhabenen (1764)«, in: Kant's Gesammelte Schriften. Band 2. Vorkritische Schriften, Berlin: De Gruyter, S. 205–256.

Kant, Immanuel (2001): Kritik der Urteilskraft, Hamburg: Meiner.

Kernbauer, Eva (2011): Der Platz des Publikums. Modelle für Kunstöffentlichkeit im 18. Jahrhundert, Köln: Böhlau.

Kernbauer, Eva (2011): Der Platz des Publikums. Modelle für Kunstöffentlichkeit im 18. Jahrhundert, Köln: Böhlau.

Kieran, Matthew (1996): »Art, Imagination, and the Cultivation of Morals«, in: Journal of Aesthetics and Art Criticism 54, S. 337–351.

Klepacki, Leopold et al. (2011): Geschichte der ästhetischen Bildung. Band 2. Frühe Neuzeit, Paderborn: Schöningh.

Kokemohr, Rainer (2000): »Bildung in interkultureller Kooperation«, in: ... was es bedeutet, verletzbarer Mensch zu sein, hrsg. von Sönke Abeldt und Walter Bauer, Mainz: Grünewald, S. 421–436.

Koller, Hans-Christoph (1999): Bildung und Widerstreit. Zur Struktur biographischer Bildungsprozesse in der (Post-)Moderne, München: Fink.

Koller, Hans-Christoph (2012): Bildung anders denken. Einführung in die Theorie transformatorischer Bildungsprozesse, Stuttgart: Kohlhammer.

Krauss, Annette (2019): »Unlearning institutional habits. An arts-based perspective on organizational unlearning«, in: Klammer, Adrian/Grisold, Thomas/Nguyen, Nhien (Hrsg.): The Learning Organization, 26 (5), Bingley: Emerald Publishing Limited, S. 485–499. DOI: 10.1108/TLO-10-2018-0172

Laner, Iris (2016): Revisionen der Zeitlichkeit. Zur Phänomenologie des Bildes nach Husserl, Derrida und Merleau-Ponty, München: Fink.

Laner, Iris (2022): »Ästhetik«, in: Schlüsselbegriffe der Allgemeinen Erziehungswissenschaft. Pädagogisches Vokabular in Bewegung, hrsg. von Milena Feldmann, Markus Rieger-Ladich, Carlotta Voß, Kai Wortmann, Weinheim: Beltz Juventa, S. 38–46.

Langer, Susanne K. (1951): Philosophy in a New Key. A Study in the Symbolism of Reason, Rite, and Art, Cambridge: Harvard University Press.

Langer, Susanne K. (1953): Feeling and Form. A Theory of Art Developed from »Philosophy in a New Key«, New York: Scribner.

Langer, Susanne K. (1957): Problems of Art. Ten Philosophical Lectures, New York: Scribner.

Leiserowitz, Anthony (2006): »Climate change risk perception and policy preferences. The role of affect, imagery and values«, in: Climate Change 77, S. 44–72.

Lessing, Gotthold E. (2012): Laokoon oder Über die Grenzen der Malerei und Poesie, Stuttgart: Reclam.

Liebau, Eckart/Zirfas, Jörg (2008) (Hrsg.): Die Sinne und die Künste. Perspektiven ästhetischer Bildung, Bielefeld: transcript.

Locke, John (1998): An Essay Concerning Human Understanding, Oxford: Oxford University Press.

MacIntyre, Alasdair (1984): After Virtue. A Study in Moral Theory, Notre Dame: University of Notre Dame Press.

Marotzki, Winfried (1990): Entwurf einer strukturalen Bildungstheorie. Biographietheoretische Auslegung von Bildungsprozessen in hochkomplexen Gesellschaften, Weinheim: Deutscher Studien Verlag.

Menze, Clemens (1991): »Ästhetische Erziehung als Erziehung überhaupt«, in: Kunst und Bildung, hrsg. von Clemens Menze, Münster: Aschendorff, S. 16–85.

Merleau-Ponty, Maurice (1966): Phänomenologie der Wahrnehmung, Berlin: De Gruyter.

Merleau-Ponty, Maurice (1973): Vorlesungen 1, Berlin: De Gruyter.

Merleau-Ponty, Maurice (1984): Die Prosa der Welt, München: Fink.
Merleau-Ponty, Maurice (1986): Das Sichtbare und das Unsichtbare. Gefolgt von Arbeitsnotizen, München: Fink.
Merleau-Ponty, Maurice (2000a): Die Natur. Aufzeichnungen von Vorlesungen am Collège de France 1956–1960, München: Fink.
Merleau-Ponty, Maurice (2000b): Sinn und Nicht-Sinn, München: Fink.
Merleau-Ponty, Maurice (2003): Das Auge und der Geist. Philosophische Essays, Hamburg: Meiner.
Merleau-Ponty, Maurice (2006): Causerien 1948. Radiovorträge, Köln: Salon.
Merleau-Ponty, Maurice (2007): Zeichen, Hamburg: Meiner.
Merleau-Ponty, Maurice (2011): Le monde sensible et le monde de l'expression. Cours au Collège de France. Notes, 1953, Genf: MetisPresses.
Metz, Christian (2000): Der imaginäre Signifikant. Psychoanalyse und Kino, Münster: Nodus.
Meyer, Torsten (2013): »Next Art Education«, in: Kunstpädagogische Positionen 29, Hamburg: Hamburg University Press, S. 1–38.
Meyer-Drawe, Käte (2008): Diskurse des Lernens, München: Fink.
Mollenhauer, Klaus (1990): »Ästhetische Bildung zwischen Kritik und Selbstgewissheit«, in: Zeitschrift für Pädagogik 36/4, S. 481–494.
Mollenhauer, Klaus (1996): Grundfragen ästhetischer Bildung. Theoretische und empirische Befunde zur ästhetischen Erfahrung von Kindern, Weinheim: Juventa.
Moore, David M. (1994): Visual Literacy. A Spectrum of Visual Learning, Englewood Cliffs: Educational Technology Publications.
Morizot, Jacques (2013): »18th Century French Aesthetics«, in: The Stanford Encyclopedia of Philosophy, hrsg. von Edward N. Zalta, https://plato.stanford.edu/archives/sum2013/entries/aesthetics-18th-french/ (Zugriff am 12.11.2017).
Mörsch, Carmen (2019): Die Bildung der A_n_d_e_r_e_n durch Kunst: Eine postkoloniale und feministische historische Kartierung der Kunstvermittlung, Wien: Zaglossus.
Mouffe, Chantal (2014): Agonistik. Die Welt politisch denken, Berlin: Suhrkamp.
Nochlin, Linda (1988): Women, Art and Power and Other Essays, New York: Harper and Row, 1988.

Nussbaum, Martha C. (1986): The Fragility of Goodness. Luck and Ethics in Greek Tragedy and Philosophy, Cambridge: Cambridge University Press.

Oakeshott, Michael (1989): »A Place of Learning«, in: The Voice of Learning: Michael Oakeshott on Education, hrsg. von Timothy Fuller, New Haven: Yale University Press, S. 17–42.

Osborne, Harold (1970): The Art of Appreciation, London: Oxford University Press.

Otto, Gunter/Otto, Maria (1987): Auslegen. Ästhetische Erziehung als Praxis des Auslegens in Bildern und des Auslegens von Bildern, Velber: Friedrich.

Panofsky, Erwin (2006): Ikonographie und Ikonologie. Bildinterpretation nach dem Dreistufenmodell, Köln: DuMont.

Parmentier, Michael (1993): »Möglichkeitsräume. Unterwegs zu einer Theorie der ästhetischen Bildung«, in: Neue Sammlung 33/2, S. 303–314.

Peez, Georg (2008): Einführung in die Kunstpädagogik, Stuttgart: Kohlhammer.

Platon (1977): Sämtliche Werke. 6. Nomoi, Hamburg: Rowohlt.

Platon (1980): »Ion«, in: Sämtliche Werke. 1. Apologie, Kriton, Protagoras, Hippias II, Charmides, Laches, Ion, Euthyphron, Gorgias, Briefe, Hamburg: Rowohlt.

Platon (1994a): »Phaidros«, in: Sämtliche Werke. 2. Lysis, Symposion, Phaidon, Kleitophon, Politeia, Hamburg: Rowohlt.

Platon (1994b): »Politeia«, in: Sämtliche Werke. 2. Lysis, Symposion, Phaidon, Kleitophon, Politeia, Hamburg: Rowohlt.

Platon (1994c): »Symposion«, in: Sämtliche Werke. 2. Lysis, Symposion, Phaidon, Kleitophon, Politeia, Hamburg: Rowohlt.

Polanyi, Michael/Prosch, Harry (1977): Meaning, Chicago: The University of Chicago Press.

Rancière, Jacques (2000): »Konsens, Dissens, Gewalt«, in: Gewalt. Strukturen, Formen, Repräsentationen, hrsg. von Mihran Dabag, München: Fink, S. 97–112.

Rancière, Jacques (2006a): Die Aufteilung des Sinnlichen. Die Politik der Kunst und ihre Paradoxien, Berlin: b_books.

Rancière, Jacques (2006b): »Schiller und das ästhetische Versprechen«, in: Spieltrieb. Was bringt die Klassik auf die Bühne?, hrsg. von Felix Ensslin, Berlin: Theater der Zeit, S. 39–55.

Rancière, Jacques (2007): Das Unbehagen in der Ästhetik, Wien: Passagen.
Reichenbach, Roland (2001): Demokratisches Selbst und dilettantisches Subjekt. Demokratische Bildung und Erziehung in der Spätmoderne, Münster: Waxmann.
Ricken, Norbert (1999): Subjektivität und Kontingenz. Markierungen im pädagogischen Diskurs, Würzburg: Königshausen & Neumann.
Ricoeur, Paul (1996): Das Selbst als ein Anderer, München: Fink.
Rieger-Ladich, Markus (2016): »Deeply involved. Walter White, Heisenberg – und ich«, in: Ambivalenzwucherungen. Breaking Bad aus bildungs-, kultur- und sozialwissenschaftlichen Blickwinkeln, hrsg. von Mark Arenhövel, Anja Besand und Olaf Sanders, Köln: von Halem, S. 71–99.
Rieger-Ladich (2022): Das Privileg. Kampfvokabel und Erkenntnisinstrument, Stuttgart: Reclam.
Rittelmeyer, Christian (2017): Warum und wozu ästhetische Bildung? Über Transferwirkungen künstlerischer Tätigkeiten. Ein Forschungsüberblick, Oberhausen: Athena.
Rychen, Dominique S./Tiana, Alejandro (2004): Developing Key Competencies in Education. Some Lessons from International and National Experience, International Bureau of Education.
Sabisch, Andrea (2018): Bildwerdung. Reflexionen zur pathischen und performativen Dimension der Bilderfahrung, München: kopaed.
Schäfer, Alfred (2005): Einführung in die Erziehungsphilosophie, Weinheim: Beltz.
Schäfer, Alfred (2015): 1968 – Die Aura des Widerstands, Paderborn: Schöningh.
Schäfer, Gerd (1995): Bildungsprozesse im frühen Kindesalter. Selbstbildung, Erfahrung und Lernen in der frühen Kindheit, Weinheim: Beltz.
Schiller, Friedrich (1971): Kallias oder über die Schönheit. Fragment aus dem Briefwechsel zwischen Schiller und Christian Gottfried Körner. Über Anmut und Würde, Stuttgart: Reclam.
Schiller, Friedrich (2009): Über die ästhetische Erziehung des Menschen in einer Reihe von Briefen, Frankfurt/Main: Suhrkamp.
Schröder, Hendrik (2018): »Utopiekompetenz«, in: Politische Ideen und politische Bildung , hrsg. von Ingo Juchler, Wiesbaden: Springer VS, S. 17–34.
Selle, Gert (1988): Gebrauch der Sinne. Eine kunstpädagogische Praxis, Reinbek bei Hamburg: Rowohlt.

Shaftesbury, Anthony Ashley Cooper, Earl of (2001): Characteristicks of Men, Manners, Opinions, Times. Book 1–3, Indianapolis: Liberty Fund.

Shusterman, Richard (2012a): Thinking Through the Body. Essays in Somaesthetics, Cambridge: Cambridge University Press.

Shusterman, Richard (2012b): »Body and the Arts. The Need for Somaesthetics«, in: Diogenes 59/1–2, S. 7–20.

Sinatra, Richard (1986): Visual Literacy Connections to Thinking, Reading and Writing, Springfield: Thomas.

Singer, Dorothy G./Singer, Jerome L. (2011): »An Attitude Towards the Possible. The Contributions of Pretend Play to Later Adult Consciousness«, in: The Aesthetic Mind. Philosophy & Psychology, hrsg. von Elisabeth Schellekens und Peter Goldie, Oxford: Oxford University Press, S. 254–267.

Smith, Ralph A. (1993): Arts Education as Liberal Education, in: The Journal of Education 175/3, S. 1–14.

Smith, Ralph A. (2006): Culture and the Arts in Education. Critical Essays on Shaping Human Experience, New York: Teachers College Press.

Smith, Ralph A./Simpson, Alan (1991) (Hrsg.): Aesthetics and Arts Education, Illinois: University of Illinois Press.

Sontag, Susan (2003): Regarding the Pain of Others, New York: Picador.

Spivak, Gayatri Chakravorty (1990): »Strategy, Identity, Writing«, in: The Post-Colonial Critic, hrsg. von Sarah Harasym, New York/London: Routledge.

Spivak, Gayatri C. (1999): A Critique of Postcolonial Reason. Toward a History of the Vanishing Present, Cambridge: Harvard University Press.

Spivak, Gayatri Chakravorti (2007): An Aesthetic Education in the Era of Globalization, Cambridge: Harvard University Press.

Stein, Edith (2008): Zum Problem der Einfühlung, Freiburg: Herder.

Sternfeld, Nora (2014): »Verlernen vermitteln«, in: Kunstpädagogische Positionen 30, Hamburg: Hamburg University Press.

Taylor, Charles (1989): Sources of the Self. The Making of the Modern Identity, Cambridge: Harvard University. Press.

Vaage, Margrethe Bruun (2009): »Self-Reflection. Beyond Conventional Fiction Film Engagement«, in: Nordicom Review, 30, S. 159–178.

Vaage, Margrethe Bruun (2010): »Fiction Film and the Varieties of Empathic Engagement«, in: Midwest Studies in Philosophy 34, S. 158–179.

Vaage, Margrethe Bruun (2011): »Our Man Omar. Warum die Figur Omar Little aus ›The Wire‹ so beliebt ist«, in: Serielle Formen. Von den frühen Film-Serials zu aktuellen Quality-TV- und Online-Serien, hrsg. von Robert Blanchet, Kristina Köhler, Tereza Smid, Julia Zutavern, Marburg: Schüren, S. 211–227.

Velthaus, Gerhard (2002): Bildung als ästhetische Erziehung, Bad Heilbrunn: Klinkhardt.

Winner, Ellen/Hetland, Lois (2000) (Hrsg.): The Arts and the Academic Achievement. What the Evidence Shows, Journal of Aesthetic Education 34.

Wittgenstein, Ludwig (1967): Lectures and Conversations on Aesthetics, Psychology, and Religious Belief, Berkeley: University of California Press.

Wollheim, Richard (1980): Art and its Objects. With Six Supplementary Essays, Cambridge: Cambridge University Press.

Zirfas, Jörg et al. (2009): Geschichte der ästhetischen Bildung. Band 1. Antike und Mittelalter, Paderborn: Schöningh.

Zirfas, Jörg et al. (2014): Geschichte der ästhetischen Bildung. Band 3. Neuzeit. Teilband 1 Aufklärung, Paderborn: Schöningh.

Zirfas, Jörg et al. (2016): Geschichte der ästhetischen Bildung. Band 3. Neuzeit. Teilband 2. Klassik und Romantik, Paderborn: Schöningh.

Personenregister

Sachregister

Iris Laner hat Philosophie und Bildnerische Erziehung studiert und arbeitet als Professorin für Bildende Kunst und Bildnerische Erziehung an der Universität Mozarteum Salzburg. Sie interessiert sich für kunstpädagogische Theoriebildung ebenso wie für das Verhältnis von Theorie, Empirie und Praxis. Im Rahmen unterschiedlicher Forschungsprojekte geht sie Fragen nach den kritischen Potenzialen ästhetischen Urteilens, der gemeinschaftlichen Dimension ästhetischen Erfahrens wie auch dem Beitrag ästhetischer Bildung zu zukunftsfähigem Denken und Handeln nach. Ihre Dissertationsschrift *Revisionen der Zeitlichkeit. Zur Phänomenologie des Bildes nach Husserl, Derrida und Merleau-Ponty* ist 2016 bei Fink erschienen.